청년기의 자기탐색

전생애 발달심리학적 접근

청년기의 자기탐색

전생애 발달심리학적 접근

김도환 · 정태연 공저

동인

학문하는 삶이 무엇인지를 가르쳐주신
故 윤진 선생님께 이 책을 바칩니다

저자 서문

글을 쓴다는 것은 역시 쉽지 않다. 적절한 내용을 선택하는 것도, 그것을 보다 쉽고 정확하게 전달하는 것도, 효과적인 문장으로 다듬는 것도 모두 어렵다. 하지만 가장 힘든 것은 우리들이 가진 사고의 한계를 느낄 때이다. 그리고 우리가 구사하는 언어가 적절하지 않음을 깨달을 때이다.

일상적으로 편하게 주고받을 수 있는 언어가 있음에도 불구하고, 이렇게 전공과 관련된 책을 쓸 때에는 뭔가 정중하고 중립적인 방식을 취해야만 하는 강박감, 그 문제와 싸우고 타협하고 절충하는 것이 글쓰기를 몇 배 더 힘들게 만들었다.

그러기에 우리에게 글쓰기는 일종의 치료이다. 그리고 그 속에서 약간의 뿌듯함과 커다란 겸손을 배우게 된다. 처음 책을 시작할 때에는 바비큐 요리를 만들고 싶었으나, 끝내고 난 후의 감상은 야채와 소스가 뒤섞인 샐러드와 비슷하다.

이 책은 대학교 청년심리학 과목의 교재를 염두에 두고 썼다. 따라서 독자 수준도 이미 심리학 개론 정도는 들은 적이 있는 2, 3학년에 맞추었다. 대학교재긴 하지만, 이론들만 나열하는 형식은 피하려고 했다. 이론이 열거되는 것 자체가 나쁘지는 않지만, 대부분의 경우 현실과의 연결고리가 불분명하거나 따로 노는 책에 많이 질렸기 때문이다.

그래서 근엄한 학자의 목소리와 만만해 보이는 선배의 목소리를 섞어 보려고 했고, 대학교의 배부른 이야기와 현실의 배고픈 이야기 모두를 담으려고 노력했다. 그런데 지금 눈 앞에 있는 원고는 이도저도 아닌 얼치기 같다. 욕하면서 닮는다는 것이 이런걸 두고 하는 말인가?

책은 다섯 부분으로 이루어졌다. 1장은 전체적인 줄기를 잡는 역할을 맡았고, 2장부터 4장까지는 가지들이다. 5장은 이제 막 나오고 있는 싹이라고 할까. 그래서 1장에서는 성인 발달에 관한 이론적인 설명을 전개하고, 2장은 정체성, 3장은 사랑과 결혼, 4장은 직업의 문제를 다루었다. 5장은 한국 사회에서 말하는 성공의 의미를 되짚어 보면서, 다시 최초의 문제로 돌아오게 만들었다. 그 최초의 문제란 결국 "나는 누구인가"라는 바로 그 질문이다.

각 장마다 '보론'과 '추천도서'라는 곁가지가 붙어있다. 보론은 그 장의 주제와 관련이 되는 외부의 글을 전재한 것이다. 심리학자의 글이 아니거나, 학술적이지 않아도 굳이 개의치 않았다. 이 책보다 수준 높은 글을 동시에 읽어볼 수 있는 기회를 학생들에게 주고 싶었다. 추천도서는 말 그대로이다.

공동 저자인 김도환과 정태연의 작업은 이런 식이었다. 원래는 2, 3장씩 나눠서 쓸까도 했으나, 책이 너무 산만해질 것 같아 일의 순서를 나누었다. 먼저 둘이 전체적인 책의 기획과 설계, 자료 수집을 같이 했다. 이어서 김도환이 1차 원고를 쓰고, 그 위에 정태연이 빼고 넣고 다듬으면서 2차 원고를 작성했다. 끝으로 다시 또 같이 골방(?)에 마주앉아 최종 원고를 마무리했다. 그 연구실은 진짜 더웠다. 이렇게 하는 과정에서 훌쩍 한 계절이 지났다.

우리가 예상하는 이 책의 독자는 20대 대학생이다. 다들 20대를 이야기한다. 하지만 그 내용을 듣다보면 20대는 생각도 없고, 개념도 없고, 싸가지도 없는 아이들일 뿐이다. 하지만 우리는 20대에게 희망이 없기 때문이 아니라, 20대에게 희망이 없다고 너무 쉽게 이야기하기 때문에 더욱 심난하다. 언제나 변화의 주인공은 당신이 아니라 자신이어야 한다.

지금 이 순간에 이르기까지 너무나 많은 사람들의 배려와 인연이 있었다. 그러한 의미를 잊지 않겠노라고, 나도 그렇게 살겠노라고 약속드리는 것이 가장 정중한 인사일 것이다.

그래도 지면에서 밝혀야 할 최소한의 사람은 있게 마련이다. 지금은 돌아가신 윤진 선생님은 저자들의 대학원 석사과정 지도교수님이다. 이 책은 그 분에 대한 아주 조그만 보답인 셈이다. 다음은 동인출판사의 이완재 사장님이다. 재미있으면서도 깊이 있는 책을 쓰겠노라고 시작해 놓고 엉뚱한 글뭉치를 내밀었다. 하지만 그냥 웃으시며 맥주 한 잔 권하는 분이다. 십 년 가까이 보는데도 변하지 않는 인생의 용기에 경의를 표한다. 바쁜 와중에도 선배의 부탁이라, 노가다 타이핑을 마다하지 않은 전수연에게 감사한다. 너무 신세를 진 것 같다.

사랑하는 가족에 대한 감사는 언제나 디폴트(default)이다.

2002년 8월
저자 일동

청년기의 자기탐색
전생애 발달심리학적 접근

· 차 례 ·

1 어른이 되어서 발달한다고? ... 17

제1절 성인 초기에 대한 발달심리학적 접근 ... 18
    1. 전생애 발달심리학적 관점 / 26
    2. 발달심리학 연구방법에서의 몇 가지 문제 / 29

제2절 거인 어깨 위의 조그만 난쟁이: Erikson ... 33
    1. Erikson의 인간발달 8단계 이론 / 35
    2. Erikson의 이론에 대한 오해와 진실 / 44

보론 1: 붕어빵과 아동 (김정운) ... 49
추천 도서 ... 73

2 너 자신을 알라 ... 75

제1절 성인발달에 대한 이론들 ... 79

1. Levinson의 성인발달 이론 / 79
　　2. Sheehy의 성인발달 이론 / 88
　　3. 인생주기와 세대의 문제 / 90

제2절 나는 누구인가? ·· 95
　　1. 자아정체성 대 역할 혼미 / 97
　　2. 자아정체성을 둘러싼 몇 가지 이슈 / 102
　　3. 지금 우리의 모습은? / 106

보론 2: 군복무 경험을 통한 성인 초기 인생구조의 형성 (김도환) 108
추천 도서 ·· 135

3 가깝고도 먼 남성과 여성 ·· 137

제1절 남성과 여성은 다른 종(種)인가? ·································· 138
　　1. 진화심리학자들의 기발한 연구들 / 140
　　2. 남성성과 여성성, 그리고 양성성 / 142

제2절 사랑과 연애 ·· 146
　　1. Sternberg의 사랑의 삼각형 / 148
　　2. Lee의 사랑의 색깔 / 159

제3절 결혼이라는 딜레마 ··· 164

보론 3: 결혼, 사랑, 그리고 성 (조한혜정) ····························· 171
추천 도서 ·· 196

4 너 지금 행복하니? 197

제1절 직업, 니가 진짜로 원하는 게 뭐야 199
    1. 대학생이 직업을 준비한다는 것 / 205
    2. 선택하고 변화할 때 / 208

제2절 경력발달에 관하여 213
    1. 경력발달에 관한 심리학적 이론들 / 213
    2. 경력발달의 각 단계별 이슈 / 217
    3. 일 잘하는 사람 vs 일 못하는 사람 / 224

제3절 경력발달의 한 예: 교수 227
    1. 2006년, 박사대란이 온다 / 228
    2. 박사와 교수, 그 과정과 결과 / 230

보론 4: 정리해고의 사회학 (세이노) 237
추천 도서 257

5 똑똑하면 성공하나? 259

제1절 똑똑하다는 것이 뭔데? 262
    1. Gardner의 다중 지능 이론 / 264
    2. Sternberg의 지능의 삼각형 이론 / 266
    3. 정서 지능 / 271

제2절 한국 사회에서 성공의 의미 275

1. 성공한 사람들 / 278
2. 성공하고 싶다면? / 286
3. 다시, 성공이란 무엇인가? / 290
4. 나는 어떻게 살 것인가? / 291

보론 5: 늦가을 비 내리는 고속도로에서 느낀 생각 (강준만) ······· 296
추천 도서 ·· 309

참고문헌 / 311
필자소개 / 325

• 표 차례 •

<표 1-1> 전생애 발달심리학적 관점의 특징적인 명제들에 대한 요약 · 27
<표 1-2> Erikson의 인간발달 8단계 이론(Erikson, 1968) ········ 35
<표 2-1> Erikson의 인간발달 8단계 이론: 청년기 단계 ············ 98
<표 2-2> 자아정체성 발달의 상태(Marcia, 1966) ···················· 102
<표 2-3> 발달적 변화에 대한 분류(Overton, 1998) ················ 118
<표 2-4> 피면접자에 대한 개괄적인 정보 ································ 120
<표 3-1> 성역할 척도의 검사 결과 ··· 145
<표 3-2> 세 가지 요소가 조합된 사랑의 종류 ························ 151
<표 3-3> 사랑의 삼각형 검사의 결과: 미국의 경우 ················ 158
<표 3-4> 혼인 부부의 연령별 분포(통계청, 1999) ·················· 165
<표 3-5> 일반적인 결혼 준비 일정표(기쁜우리, 1993) ············ 167
<표 3-6> ○○ 결혼정보회사의 내부 심사 기준표 ···················· 170
<표 4-1> 수입이 높은 직업: 상위 20위(단위: 만원/월) ············ 200
<표 4-2> 주요 기업의 연봉 현황(류해진, 2001) ······················ 202
<표 4-3> 고등학교 졸업자의 4년제 대학 진학비율(진미석, 2001) ·· 206
<표 4-4> 일 잘하는 사람 vs 일 못하는 사람(堀場雅夫, 2000) · 225
<표 4-5> 연도별 박사학위자 배출 현황(동아일보, 2001a) ······· 229
<표 4-6> 남녀 박사 학위자 비교(동아일보, 2001b) ················· 232
<표 4-7> 박사학위 소요경비 조달 방법(동아일보, 2001b) ······· 232
<표 4-8> 주당 시간 배분표: 국내박사와 외국박사 대비 ·········· 232
<표 5-1> 백만장자들의 성공요인(Stanley, 2000) ····················· 279
<표 5-2> 방어기제의 종류 ··· 285
<표 5-3> 바람직한 직업과 라이프스타일(Koch, 1997) ············· 286

• 그림 차례 •

<그림 1-1> 문명진화론의 발달관(Langness, 1974, 30) 60
<그림 2-1> T-SRM 프로파일의 예: 긍정적인 경우 77
<그림 2-2> T-SRM 프로파일의 예: 부정적인 경우 77
<그림 2-3> 인생주기의 시대와 전환기(Levinson, 1978) 81
<그림 2-4> 나는 누구인가? 95
<그림 2-5> 성인 초기 전환기로서의 군복무 경험 130
<그림 3-1> Singh의 연구에 사용된 자극의 예: 정상 체중 집단 141
<그림 3-2> 성역할 척도의 검사 결과 144
<그림 3-3> 세 가지 요소가 조합된 사랑의 종류 150
<그림 4-1> Holland 이론에서의 여섯 가지 유형(김충기, 1999) 216
<그림 5-1> 관점의 차이: 상 261
<그림 5-2> 관점의 차이: 하 262
<그림 5-3> 정서 지능에 대한 비유(이수정·장근영, 1997) 274

1장

어른이 되어서 발달한다고?

나는 왜 이 길에 서 있나, 이게 정말 나의 길인가
이 길의 끝에서 내 꿈은 이뤄질까
무엇이 내게 정말 기쁨을 주는지
돈인지 명예인지 아니면, 내가 사랑하는 사람들인지
알고 싶지만 알고 싶지만 알고 싶지만
아직도 답을 내릴 수가 없네
자신 있게 나의 길이라고 말하고 싶고
그렇게 믿고 돌아보지 않고, 후회도 하지 않고
걷고 싶지만 걷고 싶지만 걷고 싶지만
아직도 나는 자신이 없네

나는 왜 이 길에 서 있나, 이게 정말 나의 길인가
이 길의 끝에서 내 꿈은 이뤄질까
나는 무엇을 꿈꾸는가, 그건 누구를 위한 꿈일까
그 꿈을 이루면 난 웃을 수 있을까

(god의 노래 '길' 중에서)

제1절 성인 초기에 대한 발달심리학적 접근

이 책은 2002년 현재 한국 사회에서 살아가고 있는 대학생의 발달에 대한 이야기이다. 세계적인 대학 입시 지옥을 지나 대학에 오긴 왔으나, 그들에게 혼란은 오히려 더욱 심해진다. 매일 매일의 일상과 학교생활도 그렇거니와, 앞으로의 진로, 연애, 부모님과의 갈등, 이런 모든 것들이 수많은 대학생들에게서 공통적으로 나타나는 문제이다. 어찌 보면 '유예(猶豫) 되었던' 청년기 혼란이 뒤늦게 찾아온 듯하기도 하다. 이러한 성인 초기의 문제들, 즉 정체성, 사랑, 직업, 성공 등이 이 책에서 앞으로 다룰 주요 내용들이다.

여기서 먼저 이런 질문을 던져 보자. '성인 초기에 대한 발달심리학적 접근'이라는 것이 과연 학문적으로 다룰 수 있는 주제인가? 전체적인 논의를 분명하게 하기 위해서 먼저 결론부터 밝히자면 '그렇다'이다. 그 근거로서, ① 성인을 발달이 완성된 상태로 생각하기 쉽지만, 인간 발달은 결코 성인기에서 멈추지 않고 전생애에 걸쳐 지속된다는 점, ② 아동과 달리 성인의 경우 바람직하고 정상적인 발달 기준이 모호하지만, 그러한 다양성이야말로 성인발달의 진면목이라는 점, ③ 지금까지 개인을 주로 강조해 왔던 전통적인 심리학적 연구가 성인발달에서는 보다 넓은 사회문화적 맥락으로 확장되는데 그것이 성인발달을 이해하는데 필수적이라는 점을 들 수 있다. 이에 대해 보다 구체적인 논의를 시작해 보자.

'성인 초기에 대한 발달심리학적 접근'이라는 학문 영역을 위협하는 첫번째 도전은 '성인은 이미 완성된 존재'라는 생각이다. 과연 그럴까? '다 큰 어른'이라고 막연히 추측해 왔던 그 나이는 언제인가? 주민등록증을 받던 17살, 투표권이 생기던 20살, 아니면 대학 졸업, 결혼…?. 이에 대한 수많은 연구와 탐색들의 결론은 성인 초기는 결코 완성된 시기가 아니라는 것이다. 인생의 완성된 시기는 아예 존재하지 않을지도 모른다. 간단한 일화를 보자.

"예, 처리됐습니다."
대학원 교학처 직원의 목소리가 멍하게 들려왔다. 지도교수, 학과장, 도서관, 예비군중대를 거치면서 서류에 도장들을 빼곡이 받으러 다니던 것에 비하면, 휴학원서 접수는 너무나 간단했다. 나이 서른이 넘어서 지금까지 십 년 넘게 하던 일을 그만두는데 말이다.

낡은 건물 층계를 걸어 내려오면서 막막함이 밀려왔다. 휴학이라는 사건을 저지르기는 했지만, 이제 어디서부터 어떻게 수습을 해야할지.

지금까지 스스로도 대견하게 '앞만 보면서' 탈없이 살아왔던 것 같다. 그렇게 대학을 들어왔고, 대학원을 가고, 군대를 갔다 와서, 박사과정에 들어 왔다. 성실한 학생으로서, 가정적인 남편으로, 사람 좋은 친구로 잘 살아 오던 유리구슬이 깨지게 된 것은 나 자신에게도 지극히 뜻밖의 일이었다.

힘들었다. 어디로 가야할지. 이제까지는 시키는 대로 무던히 달려왔는데, 이젠 그게 아니었다. 내 앞에는 '현실'이 있었고, '정답'은 없었다. 따라서 선택을 해야 했다. 그러나…

난 너무나 나를 몰랐다. 아니 알려고 하지 않았는지도 모른다. 내가 진정으로 원하는 것이 무엇이고, 그것을 위해 지금 해야 할 것과 포기해야 할 것들. 그게 내 휴학의 동기였다. 어떤 이는 '그래 봤자 헛고생'이라면서 빨리 학위를 끝내라고 독촉하고, 어떤 이는 부러워하는 눈치였다.

서른 셋의 나이, 이때쯤이면 어른이 되어 있을 줄 알았다. 하지만 어른은커녕 더욱 헷갈렸다. 지금까지는 어느 정도의 똑똑함과 어느 정도의 일상 속에서 살짝살짝 피해 다니면서 여기까지 왔던 것 같다.

과연 1년간의 휴학, 지연된 선택, 늦방황을 통해 그걸 선택할 수 있을까? 근데 그게 뭐지. 백양로를 지긋이 내려오면서 또다른 고민이 잠시 엄습했다. 그게 중요한 건 아니지, 나도 알아, 말은 쉽지. 내 안의 나들은 계속해서 떠들어대고 있었다.

한 무리의 아이들이 내 옆을 스쳐 지나갔다. 이번에 입학한 신입생들 같았다. 2월 중순의 캠퍼스는 마치 '타버린 재' 같다. 그럴 때면 새로운 장작들이 이 곳에 다시 나타나고 불꽃은 다시 살아난다. 나에게는 벌써 십 몇 년 전이 되어버린 그 때가 순간 내 의식 위로 떠올랐다. 나도 저랬지. 나도 모르게 피식 웃음이 스치는데, 플랭카드 하나가 시야에 들어 왔다.

"인문학부 산소 학번 새내기 여러분 방가방가.
새내기 오리엔테이션 2월 21일~23일, 속리산 유스호스텔"

갑자기 울컥했다. 사람들이 볼까봐 침을 삼키고 힘을 줘서, 눈물을 흘리지는 않았다. 왜일까? 뭐 때문에 플랭카드 하나에 이리도 오만가지 느낌이 터지고 있는 걸까? 걸으면서 내내 생각해봤지만 잘 모르겠다. 몇 달 전에 보았던 영화 '박하사탕'의 주인공처럼 "나 돌아가고 싶어", 그것도 아니다. 허나 감정은 좀처럼 수그러들지 않고 계속해서 촉촉했다. 힘들었다. 어느새 몸은 학교 정문을 나서고 있었다.

대학을 졸업한지 10년이 된 주인공은 여전히 심리적 변화를 경험하고 있다. 자기 자신에 대한 정체성이 이 시기까지도 흔들리고 있는 것이다. 이 글을 보는 독자들 입장에서는 도대체 언제쯤이면 이런 고민을 정리할 수 있을까 답답하겠지만…. 앞으로 보다 자세히 언급할 Erikson(1963, 1968), Levinson(1978, 1996), Sheehy(1976) 등의 연구들은 성인기 이후에도 인생에서의 끊임없는 변화와 재구조화에 대해 보고하고 있다.

'성인 초기에 대한 발달심리학적 접근'을 내적 체계와 논리적 엄밀성을 갖춘 하나의 독립된 학문 영역으로 인정하고자 할 때 직면하는 두 번째 도전은 좀 더 심각하다. 성인의 삶은 다양하고 개인차가 너무 심하다는 것이다. 여타의 다른 학문 연구들은 특정한 변수에 대한 정상적이고 규범적인 형태가 존재하고 이를 통해 전형적인 결과를 제시할 수 있는데, 과연 '성인 초기에 대한 발달심리학적 접근'에서도 이게 가능하냐는 것이다. 아이들이 세상에 태어나서 처음으로 걷고 말하게 되는 원리처럼, 사람들이 직업을 찾고 회사를 그만 두고 결혼을 하고 이혼을 하고 자식들을 키우는 문제들을 이론화할 수 있는가? 이러한 문제들은 '아무리 힘들어도 어쩔 수 없이' 각 개인이 알아서 혼자 해결해야하는 딜레마 같은 것은 아닌가?

하지만 잠깐 생각을 바꿔 보자. 매년 통계청에서는 한국에서 '통계학적으로' 가장 평균적인 한국인을 발표한다. 그런데 그 사람은 한국사람들의 진짜 전형적인 모습일까? 즉 어떤 현상에 대해서 특정한 하나의 값이 과연 전체를 대표할 수 있는지에 대한 질문이다.

'지긋지긋했던' 고등학교 수학 시간으로 돌아가 보자. 숫자들의 분포가 있으면 우리는 '자동적으로' 전체의 대표값을 찾는다. 그러한 대표값에는 평균(mean), 중앙치(median), 최빈치(mode)가 있고, 그 중에서 우리에게 가장 익숙한 도구는 평균이라는 것이다. 그런데 어떤 변인의 평균이 전체의 대표값으로 인정받기 위해서는, 그 변인의 분포가 정상분포에 가까운 좌우 대칭이어야 한다. 만일 분포가 좌우 대칭 구조가 아니거나, 극단값들이 존재한다면, 전체를 대표하는 평균의 기능에 심각한 손상이 생긴다.[1]

이와 비추어 볼 때, 성인 발달이라는 현상은 어떤 분포일까? 사람들의 키나 몸무게처럼 '예쁜' 좌우 대칭의 정상분포로 존재할 것인가? 여기에서 우리 고민의 해결을 위해 잠시 Gould(1996)의 설명을 들어보자.[2]

---

[1] 이에 대한 보다 자세한 내용은 성내경(1995)의 53~56쪽을 참고하라.
[2] Stephen Jay Gould는 하버드대학교 지질학 교수로서 세계적인 진화생물학자인데, 진화론에 대한 그의 논의를 읽다가 두 번째 도전과 관련된 귀중한 통찰을 얻게 되었음을 밝혀둔다. 또한 장(場) 이론으로 유명한 심리학자 K. Lewin 역시 이와 매우 유사한 주장을 펴고 있다. 그는 평균치라든지 평균 사태라고 하

(여러 가지 형태의 분포에 대해서) 안타깝게도 어떤 중심 경향성 측정법이 가장 적합한지를 결정해 주는 수학 법칙은 없다. 결정은 주어진 경우와 관련된 모든 요소에 대한 지식과 기본 양심을 바탕으로 내려질 수밖에 없다. … 사람들은 정규 분포를 가장 표준적인 것으로 생각하는데, 그 이유는 모든 시스템에는 반드시 이상적인 '옳은' 값이 있으며 무작위적인 변이는 그 양쪽에 있는 것으로 보기 때문이다. 이것은 또 하나의 좀처럼 근절되지 않는 플라톤 철학의 영향이다. 아쉽게도 자연은 우리의 기대에 부응하는 경우가 별로 없다. … 사물의 분류 문제와 관련해서 우리는 플라톤 시대로부터 물려받은 유산에서 아직 벗어나지 못하고 있다. 즉, 하나의 이상형이나 평균을 그 시스템의 '본질'로 추상화하고 전체 집단을 구성하는 각 개체들 사이의 변이를 무시하거나 평가 절하하고 있다. … 이 책을 통해 여러분들이 '이 세계는 무엇으로 만들어졌는가?'라는 질문에 대해 그 무엇으로도 환원될 수 없는 '변이variation 그 자체'로 세계가 구성되어 있다고 대답해야 한다는 사실을 배우기 바란다.

이제 두 번째 도전에 대해서도 이해가 되었기를 빈다. 즉, 우리는 다양한 현상에 대해서 언제나 '더 그럴싸하고 전형적인' 평균을 기대하는데, 사실 그러한 대표값보다 더 중요한 것은 다양성 그 자체이다. 따라서 성인발달과 관련하여, 전형적인 결과를 제시할 수 없다는 것이 학문적 엄밀성을 손상시키는 것은 아니다. 오히려 이제 핵심은 그러한 다양성을 다른 사람들이 납득할 수 있는 패턴과 담론으로 어떻게 제시할 수 있는가이다.

성인발달을 하나의 학문영역으로 정립하고자 할 때 직면하는 세 번째 도전으로 넘어가자. 전통적으로 현대 심리학은 이성, 태도, 정서 등의 심리학적 개념들을 개인의 특성으로 파악해 왔다. 즉, 타인의 존재는 개인에게 어느 정도 직접적인 영향을 미치는 한에서만 파악되고, 집

―――――――――

는 생각은 추상적이며, 이러한 추상은 어떠한 역학적 연구에 있어서도 도움이 되지 않는다고 주장했다(村田孝次, 1992).

단, 제도, 사회 역시 개인과 관계될 때에만 심리학적 범주에 포함되었다(Gergen, 1994). 그런데 성인 발달의 연구는 세대(generation) 문제와 맞물리면서 사회문화적 맥락에 대한 논의로 이어질 수밖에 없다. 이것이 이제까지 100년 넘게 '개인 중심의 연구와 엄밀한 양적 방법론'으로 여타 사회과학과 자신을 차별화했던 심리학의 노력에 커다란 혼란을 야기할 수 있다.

구체적인 연구들을 살펴보면 양상이 보다 분명해질 것이다. 먼저 Mannheim(1952)은 세대 문제에 대한 사회학적 분석에서, 세대간 의식의 차이를 '경험 성층화'(經驗 成層化; stratification of experience)라는 개념을 가지고 설명한다. 어린 시절의 경험과 인상은 경험 목록의 가장 밑에 위치하며, 그러한 기층 경험 위에 이후의 경험들이 순서적으로 차곡차곡 누적된다는 것이다. 물론 경험들은 시간적 순서에 따라 단순히 누적되는 것이 아니라, 기층 경험과의 관련을 통해 변증법적으로 통합되며, 이러한 경험 성층화가 개인 의식을 형성하는 기반이 된다고 한다.

사회화 과정에 대한 Schuman과 Scott(1989)의 연구 역시 흥미롭다. 그들은 미국의 대규모 표본을 대상으로, 각자가 중요하다고 생각하는 사회적 사건들이 무엇인지 물어 보았다. 그 결과 이들은 세대와 상관없이 10대 후반에서 20대 중반 사이에 경험한 사건들을 가장 중요한 것으로 선택했다. 이것은 바로 그 시기에 개인의 사회화가 집중적으로 이루어지며, 그 시기의 경험이 이후에도 개인의 삶에 지속적으로 영향을 주고 있음을 보여 준다.

이러한 연구들이 지적하고 있는 개념이 바로 '출생동시집단'(cohort group)인데, 같은 시기에 태어나 동일한 경험을 공유하며 발달하게 되는 연령집단을 의미한다. 우리 사회에서 흔히 일컬어지는 '386세대'[3]가

---

3) '386세대'라는 명칭은 "30대의 생애주기를 겪고 있고, 80년대 대학생활의 사회적 경험을 공유하며, 60년대에 태어난 출생동시집단"을 의미한다. 하지만 이러

좋은 보기일 것이다. 결국 성인 발달의 문제는 개인이 속해 있는 사회와 문화 등으로부터 결코 자유로울 수 없고, 따라서 성인 초기를 발달심리학적으로 접근할 때 이러한 영역들을 고려하는 것이 필수적이다.

때때로 학문을 하는데 있어서는 어린이가 상급 학교로 진학하듯이, 자신의 정체를 새로이 구성하는 도약의 자세가 필요하기도 하다. 따라서 이제까지의 한국 심리학은 한국 사회 역사 형성에의 참여를 통해 탈바꿈할 필요가 있다고 볼 수 있다(민경환, 1991). 물론 이러한 연구 영역의 확대는 자칫 이론적 과부담(theoretical overload)으로 인해, 어설픈 아마추어리즘으로 전락할 위험성도 동시에 내포하고 있다. 하지만 그러한 한계점을 염려하여, 편한 우회로를 선택하는 것은 결코 현명하지도 정당하지도 않다고 생각한다.

마지막으로 덧붙여, 성인 초기를 발달심리학적으로 연구해야 하는 실용적인 문제도 있다. 그것은 대학생들이 자기 자신에 대해 알고 싶어 하는 욕구는 지극한데, '그래서 어떻게 해야 할지'에 대해서는 너무나 무력하고 연습이 안되어 있다는 것이다. 이러한 현상은 마치 정서 지능 이론을 제안한 Daniel Goleman이 "나는 21세기를 이렇게 예측한다. 앞으로 모든 학교에서 전통적인 학과목 이외에 실용적인 삶의 기술도 가르칠 날이 올 것이다. 그리하여 공감(empathy)이 대수(algebra)와 똑같이 교과의 한 과목으로 편입될 것"(Griffiths, 1999)이라던 예측을 보는 듯하다. 마찬가지로 성인 초기에 대한 체계적이고 학문적인 탐구는 이 시기에 속하는 대학생이 자신을 이해하고 그러한 이해에 기초하여 자신의 삶을 설계하고 준비하는데 기여할 것이다.

한 작명(作名)의 적절함과 의사소통의 유용성에도 불구하고, 이 단어가 지닌 배타적 정의는 상당히 많은 것을 생각하게 한다. 즉, 60년대에 태어난 그 수많은 사람들 중에서, 대학생이 아니었던 반 이상의 사람들이 이 정의 속에는 배제되어 있다는 것이다.

그렇다면 이런 학문 영역이 왜 지금까지 본격적으로 연구되지 않았던 것일까? 아마도 그 이유는 사람들에게 '성인기'라는 것이 독립된 주제로 인지·표상되지 않았기 때문이 아닐까? 이에 대한 힌트로 아동연구에 대한 역사를 살펴보는 것이 도움이 된다.[4]

오늘날 우리가 너무나 당연시 여기고 있는 어린이에 대한 표상과 연구들은 사실상 지극히 근대적 현상이고 사회문화적 맥락에 좌우된 것이다. 다시 말해서 현재 암묵적으로 정의되는 '순수하고 때묻지 않아 교육을 통해 잘 길러져야 하는 존재'로서의 아동은 20세기에 들어와서 심리학자, 교육학자들에 의해 만들어진 창조물이다. 발달심리학 이론의 존재 근거가 되는 아동의 개념 자체가 역사적으로 상대적이다(김정운, 2000). 그리고 이러한 인식의 대전환 이후에야 비로소 아동은 연구되기 시작한다.[5]

마치 아동기가 발견되고 나서야 비로소 아동에 대한 연구와 과학적 논의들이 이루어지듯이, 또한 서구에서 70년대 이후 노년기가 새롭게 부각되면서 노화(aging)가 사회적 이슈가 되듯이, '성인기'라는 생애주기는 예전부터 분명히 존재하였지만, 이전까지는 성인기에 대한 학문적 인식과 과학적 연구의 필요성이 부재하였다.

하지만 최근 들어 후기 산업사회의 사회경제적 조건과 문화적 변화와 맞물려, 성인기에 대한 문제가 급속도로 부각되고 있는 것처럼 보인다. 이는 "오직 어린이를 중요시하는 시대(century of a child)가 도래하고 나서야 우리는 비로소 아동기에 대해 연구했듯이, 언젠가 다가올 성인의 세기에는 성인을 연구하게 될 잠재적 가망성이 있다"고 한 Erikson(1976)의 예측이 새삼 떠오른다.

---

[4] 이에 대한 본격적인 논의는 이 장의 보론에 있는 김정운의 주장에 잘 나타나 있다. 또한 아동과 청소년 그리고 성인에 대한 한국사회의 인식에 대한 연구로 정태연·최상진·김효창(2002)을 참고하라.
[5] 20세기 초에 이루어진 광범위한 아동발달 연구운동에 대해서는 村田孝次(1992)의 142~148쪽을 참고하라.

이제 서론을 정리하면서, 독자들은 '성인 초기에 대한 전생애 발달 심리학적 접근'이라는 제목 하에 자기를 찾아 떠나는 여행을 출발해 보자. 이러한 과정은 아마도 자기 자신을 보다 체계적으로 검토해 보는 나침반 같은 역할을 할 것이다.

1. 전생애 발달심리학적 관점

이 책은 발달심리학의 다양한 입장들 중에서, 전생애(life-span) 발달심리학적 관점을 유지할 것이다. 여기서 말하는 전생애 발달심리학적 관점이란 수태에서 죽음까지의 인생과정을 통해, 개체 행동의 일관성과 변화에 대해 연구하는 것을 의미한다(Baltes, 1987).[6] 이러한 관점의 특징적인 모습은 <표 1-1>에 요약되어 있다. 전생애 발달심리학적 관점에서는 인간발달에 영향을 주는 세 가지 요인을 전제한다(Baltes, 1987).

(1) 연령단계별 영향들은 ① 생물학적인 연령과 상당히 강한 관계를 가지며, 시간적 순서(발생, 지속)에 있어서 예측 가능하고, ② 대부분의 개인들에게 유사한 효과를 주는 생물학적·환경적 결정요인들로 정의된다. 생물학적 성숙 및 연령단계별 사회화 사건들은 이것의 실례들이다.

(2) 역사단계별 영향들은 생물학적 및 환경적 결정요인 모두를 다 포함하는바, 역사적 시대와 연관되어 있으며 개인들이 발달하는 보다 커다란 진화적인 맥락과 생물·문화적 상황으로 정의된다. 두 가지 형태의 역사단계별 영향이 있을 수 있는데, 예를 들면 근대화를 향한 장기간의 변화나 또는 전쟁 같은 것들이다.

---

[6] 전생애 발달심리학에 대한 개관은 Baltes(1987)를 참고하라.

<표 1-1> 전생애 발달심리학적 관점의 특징적인 명제들에 대한 요약

개념	명제
생애발달	개체발생적 발달은 평생에 걸친 과정이다. 어느 연령 시기도 인간발달을 본질적으로 통제하는 우위를 점하지 못한다. 일생의 모든 단계에서 연속적, 비연속적 과정 모두가 다 작용한다.
다방향성	동일한 영역 안에서조차 매우 큰 다양성 또는 다원성이 개체발생을 구성하는 변화들의 방향성에서 나타난다. 변화의 방향은 행동 범주에 따라 다양하다. 동일한 발달시기 동안 행동의 어떤 체계들은 증가하는 반면 다른 것은 기능적 수준에서 분명한 감소를 보인다.
획득과 상실로서의 발달	발달의 과정은 상승적인 성장처럼 더 높은 효율성을 향해 나가는 단순한 과정이 아니다. 일생을 통해 발달은 언제나 획득(성장)과 상실(쇠퇴)의 통합적인 발생으로 이루어진다.
가소성	개인의 커다란 가소성(수정가능성)이 심리적 발달에서 나타난다. 한 개인의 생활조건 및 경험에 따라 발달과정은 여러 가지 형태로 일어난다. 핵심적인 발달사항은 가소성의 범위 및 그것의 한계를 찾는 것이다.
역사적 기반	개체발생적인 발달은 역사문화적인 조건에 따라 상당히 다르다. 연령과 관련된 개체발생적 발달이 어떻게 진행되는가는 특정한 역사적 시기에 존재하는 사회문화적 조건들의 종류와 그리고 그것들이 시간이 지남에 따라 어떻게 발전하는가에 따라 크게 영향을 받는다.
맥락주의 패러다임	개체발달의 특정 경로는 발달적 영향들, 즉 연령단계별, 역사단계별, 그리고 비규범적인 세 가지 체계들 사이의 변증법적 상호작용의 결과로서 이해된다. 이러한 체계들의 작용은 맥락과 밀접한 관련이 있으며, 상위이론적 원리들에 의해 특징지워질 수 있다.
다학문적 발달분야	심리학적 발달은 관련된 다른 학문들(인류학, 생물학, 사회학 등)이 제공하는 학제간 맥락에서 볼 필요가 있다. 생애조망의 학제적 입장에서 보면, 가장 '순수한' 심리학적 견해는 수정에서 사망까지의 행동발달의 부분적인 표상만을 제시한다.

(3) 비규범적인 영향들은 역시 생물학적, 환경적 결정요인을 포함하는데, 주요한 특징은 발생, 유형화, 계기성이 다수의 개인들에게 적용되지 않을 뿐만 아니라, 일반적이고 예측가능한 과정을 따르지도 않으며, 대신에 행동발달의 특이성 또는 개별성을 나타낸다.

여기에서 이야기하는 연령단계별 영향은 우리가 흔히 인생주기라고 일컫는 것이다. '20대는 어떻고, 30대는 어떻다'는 등의 많은 논의들이 이에 해당된다. 지금까지의 발달심리학적 연구 역시 이 부분과 관련해서 가장 많이 수행되어 왔다.

두 번째의 역사단계별 영향이란 개인이 겪게 되는 사회적 경험과 출생동시집단(cohort) 효과를 포함한다. 1987년 6월 민주화 항쟁은 한국 사회에 살고 있는 모든 사람들에게 동일한 사회적 경험을 제공했다. 그러나 동시에 각 출생동시집단은 그 경험을 다르게 해석하고 구조화한다. 일반적으로 사회학, 인류학, 역사학의 분야에서 이러한 역사단계별 영향을 주로 이론 없이 연구해 왔으나, 전생애 발달심리학적 관점에서는 이 부분에 대한 이론적 개입이 필수불가결하다.

마지막으로 언급하고 있는 비규범적인 영향들은 주로 개인차에 관한 것들이다. 보통 이러한 개인차는 일반인들이 가장 궁금해하는 것으로, 심리학자들에게서 그 해답을 얻고자 한다. 그러나 일반적으로 심리학자들은 경향성을 연구한다. 앞서 진술한 바 있는 평균과 변이의 딜레마로 비유한다면, 심리학자들은 특정 현상의 평균을 찾아내려고 한다.[7] 하지만 사례 연구와 같은 분야에서는 이러한 비규범적인 영향들 역시 중요한 변수로 부각될 수밖에 없다. 가령 학자에 따라서는 성인발달에서 가장 설명력이 높은 변수가 개인의 운(運)이라는 극단적 주장을 하기도 한다.

---

7) 물론 성격심리학이나 상담・임상심리학과 같은 분야는 개인에 대해 많은 관심이 있다. 여기서의 언급은 일반적 수준에서의 이야기이다.

끝으로 확인해야 할 문제가 있다. 이러한 전생애 발달심리학적 연구는 종래의 발달심리학(주로 아동 발달심리학)에 하나의 새로운 연구 영역을 접목시키는 것이 아니라, 발달에 대한 새로운 관점을 제창한 것이며, 종래의 발달심리학 견해를 전생애적 관점으로 다루려는 하나의 운동이라고 볼 수 있다. 따라서 그것은 지금까지의 발달심리학에 새로운 지식 체계를 부가하는 것이 아니라, 새로운 관점을 부여하려는 것이다. 이는 '인간의 발달이 그 전생애를 통해 영위된다'는 지극히 타당한 모델에 따르는 것으로서, 발달심리학에 있어서 가장 지체된 '깨우침'이었다고 할 수 있다. 따라서 전생애 발달심리학은 아동심리학, 청년심리학, 또는 노인심리학과 같은 전문적 연구영역을 가지고 있지는 않으며, 발달심리학의 방향성 내지 오리엔테이션을 목적으로 하고 있다는 것이다 (村田孝次, 1992).[8]

2. 발달심리학 연구방법에서의 몇 가지 문제

다른 학문 분야와 달리, 발달심리학은 시간이라는 골치 아픈 변수를 껴안고 나가야만 한다. 그런데 '시시각각 변한다'는 사실은 발달심리학의 연구방법론을 어렵게 만드는 원인이면서 동시에 세련되게 만드는 동인(動因)이기도 하다. 이 문제에 대한 해결책으로 제안된 것이 바로 횡단적(橫斷的) 연구방법과 종단적(縱斷的) 연구방법이다. 즉 시간이라는 축을 어떤 방향으로 다룰 것인가의 문제이다.

먼저 횡단적 연구방법을 살펴보자. 만일 연구자가 대학생의 학년에 따른 부정행위를 알아보려는 목적으로, 각 학년에서 100명씩을 무선 표집(random sampling)[9]하여 지난 6개월 동안 부정행위를 몇 번이나

---

8) 이 문제에 대한 보다 자세한 내용은 村田孝次(1992) 397~418쪽과 황상민·김도환(2001)을 참고하라.
9) 만일 N명을 대상으로 n명을 무선 표집한다고 하면, 각 개인이 선택될 확률은 n/N으로 모두 동일해야 한다. 그러나 현실적인 의미에서, 완전한 무선 표집은

저질렀는지를 조사했다면, 이러한 방식이 횡단적 연구방법이다.10)

그 결과 학년이 올라감에 따라 부정행위가 증가하는 결과가 나왔다고 할 때, 연구자는 다양한 해석을 하게 된다. 예를 들어, 1, 2학년 때는 아직 때가 묻지 않아서 순수하다가 3, 4학년이 되면서 학점·취업 걱정에 도덕성이 해이해져서 부정행위를 더 많이 저지를 수 있다. 과연 그럴까? 그럴 수도 있다. 하지만 전혀 다른 해석도 가능하다. 지금의 3, 4학년은 1학년 때부터 일관되게 부정행위를 해오고 있고, 지금의 1, 2학년들은 앞으로 졸업할 때까지도 지금처럼 부정행위를 별로 하지 않을지도 모른다. 바로 이 지점이 횡단적 연구방법이 가지고 있는 치명적 약점이다. 여기서 핵심은 연구 결과에 대해 시간적 경향성을 이야기할 수 있는가이다.

이에 대한 대안으로 제시된 것이 종단적 연구방법이다. 다시 앞의 예로 돌아와서, 대학교 1학년 학생 100명을 무선 표집하여 지금부터 앞으로 4년 동안 매년 이 집단에 대해 반복적으로 조사하는 것이다. 이는 시간 특성과 집단 특성을 동시에 고려한 깔끔한 해결책이다. 즉, 동일한 집단을 반복적으로 측정함으로써 측정시기에 따른 집단간 차이의 문제가 발생하지 않는다. 또한 측정시기가 다르기 때문에, 측정치들간의 차이는 거의 전적으로 측정시기, 즉 시간적 차이에 따른 것으로 볼 수 있다. 그러나 이러한 방법에 기초한 연구를 실제로 수행하기에는 비용과 부담이 만만치 않다. 따라서 최근에는 횡단적 연구방법과 종단적 연구방법을 결합한 혼합형 연구방법을 자주 사용하고 있다.

이 책에서는 학문적인 의미뿐만 아니라 현실적인 맥락에서도 흥미

거의 불가능에 가깝다.
10) 여기에서 조사설계의 문제는 잠시 논외로 하자. 사람들이 솔직하게 응답했는지, 전공별로 시험 빈도가 틀리기 때문에 단순 빈도는 서로 비교할 수 없다든지, 개인이 과연 그 사실들을 기억하고 있을지, 학년에 따라 뻔뻔함이 차이가 나지 않을지 등등.

로운 몇 가지 대표적인 종단적 연구들을 소개할 것이다. 그 중에는 하버드 대학교의 우수 학생 268명을 1937년부터 60년에 걸쳐 연구한 그랜트 연구(Grant Study; Veilant, 1977)와 하버드 대학교 MBA 과정의 1974년 졸업생 115명을 20년간 추적한 프로젝트(Kotter, 1995) 등이 포함된다.

하지만 안타깝게도 국내에서 종단적 연구방법을 적용한 발달심리학 연구는 거의 찾아보기 힘들다. 체계적으로 수행된 유일한 예는 아마도 한국행동과학연구소의 '한국 아동의 종단적 연구' 프로젝트이다. 이 프로젝트는 1975년 3월에 서울 시내 병원에서 출생한 115명을 대상으로, 매년 각종 심리·사회적 변수에 대한 조사를 지금까지 계속해 오고 있다(이성진, 2001; 임진영, 2001). 이 프로젝트 역시 종단적 연구방법의 난점을 여실히 보여주고 있다. 연구의 시작은 115명에서 출발했으나, 1994년에는 54명으로 줄었고, 2002년 현재 25명 정도만이 연락가능한 연구대상으로 남아있다.

하지만 종단적 연구방법이 지니고 있는 어려움은 비단 연구대상의 탈락에만 그치지 않는다. 연구 주제의 신뢰도와 타당도 역시 상당히 어려운 문제인데, 예를 들어 지능을 측정한다고 하자. 5세 아동과 15세 청소년, 그리고 30세 성인의 지능을 어떻게 비교할 것인가? 5세와 30세에게 동일한 측정 도구를 사용할 수도 없다. 그렇다면 매번 해당 연령대에 적절한 다른 측정도구를 사용할 경우, 그 결과의 상호 비교가 불가능해진다.

연구방법뿐만 아니라, 연구의 해석에서도 주의할 점이 있는데, 바로 인과(因果) 관계 대 상관(相關) 관계의 구분이다. 즉 어떤 두 변수 사이에 상호 관련된 경향성이 나타난다고 해서, 이를 곧장 원인과 결과로 추론해서는 안된다는 것이다.

몇 가지 유명한 예를 들어보자. 하나는 특정 지역에서 아이스크림

판매량과 단순폭력 범죄율 사이의 높은 상관 관계이다. 이를 보고 '아이스크림의 차갑고 달콤한 성분이 개인의 폭력성을 증가시킨다'는 해석은 곤란하다. 그렇다면 이러한 결과를 도대체 어떻게 받아들여야 하는가? 그 해답은 제3의 변수에 있다. 즉, 두 현상 모두 더위와 불쾌지수에 의한 것일 뿐, 아이스크림과 범죄율은 단지 '까마귀 날자 배 떨어진' 관계라는 것이다.

또다른 예는 개인의 엄지발가락 길이와 IQ 사이의 높은 상관 관계이다. 앞의 예도 그랬듯이, 이 관계도 일관되게 나타나는 현상 중의 하나이다. 왜 이런 현상이 나타나는지 여러분이 한번 생각해 보기를. 힌트는 여러 개의 제3의 변수들이 관련되어 있다는 것이다. 아무튼 만일 위의 예가 맞다면, 우리가 지금 해야 할 일은 공부가 아니라….

인과 관계와 상관 관계의 혼동은 대중매체를 비롯하여 우리 주변에서 매우 빈번하게 벌어지는 일이다. 심지어 학술적인 연구에서도 이런 오류가 발견되기도 한다. 결론적으로, 인과 관계를 말하기 위해서는 세 가지 조건이 반드시 필요하다. ① 두 변수가 같이 변해야 하고(상관), ② 두 변수 사이에 시간적인 선후 관계가 분명해야 하며, ③ 두 변수에 영향을 미치는 다른 변수들이 통제된 상황에서도 동일한 관계가 나타나야 한다는 것이다.

보통 사람들은 교과서에 써 있거나 유명한 사람이 주장한 모형이나 이론들을 너무 쉽게 정답으로 간주하고 받아들이는 경향이 있는데, 연구방법이나 해석의 측면에서 의심해 보면 의외로 많은 곳에서 모형이나 이론의 허점이 드러나곤 한다. 이런 면에서 우리가 절대 잊으면 안 되는 사실은 모형은 단지 자료 해석을 편리하게 하기 위하여 가정된 것이며, 동시에 모형은 현상에 대한 근사(近似)라는 점이다. 또한 현실을 근사할 수 있는 모형은 유일 무이한 것이 아니라, 사람에 따라 수천만 가지나 존재할 수도 있는 것이다(성내경, 1995).

제 2절 거인 어깨 위의 조그만 난쟁이: Erikson

Erik Homburger Erikson(1902~1994)은 1973년 미국의 인문과학을 위한 국립기금(National Endowment for The Humanities)의 제퍼슨 강연자(Jefferson Lecturer)였다. 이 강연은 국제적인 명성을 지닌 학자로 하여금 백악관의 고위 관리, 국회의원, 기타 저명인을 대상으로 그의 지혜, 지식, 그리고 경험을 피력하게 함으로써, 현실 문제와 학문 사이의 거리를 좁히려는데 그 목적이 있던 행사이다. Erikson이 200명이 넘는 경쟁자 속에서 두 번째 강연자로 선정되었다는 사실은 그의 학문적 영향력을 짐작케 한다. 그는 이 강연의 시작을 다음과 같은 문장으로 시작했다.11)

> 저는 단지 '거인 어깨 위의 조그만 난장이'(A dwarf on a giant's shoulder)에 불과합니다. 제가 인간의 삶에 대해서 멀리 내다 볼 수 있었던 것은 나의 스승인 Freud라는 거인의 어깨 위에 올라앉아 있을 수 있었기 때문입니다.

아마도 인간발달을 연구하는 사람 중에서 그의 이론에 영향을 받지 않은 사람이 없다고 해도 과언이 아닐 만큼 Erikson의 인간발달 이론은 심대한 영향을 주고 있다(Shaffer, 1996). 특히 Erikson은 '자아정체성'(ego-identity)이라는 용어로 우리에게 잘 알려져 있다. 청소년기부터 성인 초기, 아니 죽는 그 순간까지도 끊임없이 거의 모든 사람들을 기쁘게도 하고 슬프게도 하는 그 질문은 바로 "나는 누구인가?"이다. Erikson이 자아정체성 연구에 평생을 바치게 된 것은 결코 우연이 아닐 것이다. 그는 아버지가 누구인지 모르는 채 유태인인 어머니 밑에

---

11) Erikson에 대해서는 Erikson(1968)에 실린 조대경의 해제(解題), 문은희(1982)를 참고하라.

 서 자랐으며, 유태인 또래 집단 속에서는 너무나 이질적인 외모로 이방인 신세였다. 또한 그의 꿈은 화가였으나 결국 Freud의 영향을 받아 심리학자로서의 인생을 살았고, 정규 교육은 고등학교 졸업이지만 하버드 대학교의 교수로서 은퇴했고, 유럽에서 태어났으나 2차 세계대전으로 인하여 인생의 후반기를 미국에서 이민자로 살았다. 그는 개인적·사회적으로 엄청난 자기정체성 혼란 속에서 살았던 것이다.

Erikson의 인간발달 8단계 이론은 종종 그의 학문적 아버지인 Freud의 심리-성적 발달이론과 비교된다(표 1-2 참고). 즉 Freud 이론이 아동기에 국한하여 개인의 심리-성적 문제에 초점을 맞춘 반면에, Erikson 이론은 인간발달이 전생애에 걸쳐 지속되고, 개인뿐만 아니라 사회역사적 맥락 역시 인간발달에서 매우 중요하다고 강조한다. 또한 Erikson은 인생에서 각 단계의 발달이 긍정-부정의 양 측면을 동시에 포함하고 있고, 점성적(漸成的, epigenetic) 원칙에 의해 발달한다고 본다. 그가 주장하는 점성적 원칙이란 다음과 같다(Erikson, 1976).

(1) 기본적 특질들의 각각의 조합은 육체적, 인지적, 정서적, 그리고 사회적 발달로 인해 위기를 느끼게 될 때, 보다 우위(優位)의 단계로 넘어간다. 이 우위의 단계들은 대각선을 구성한다.
(2) 각각의 우위의 단계들은 '그 단계 나름의' 성숙의 위기에까지 수직적으로 전진해야만 하는 선행단계가 (대각선의 아래쪽에) 있다.
(3) 각각의 위기는 계속되는 위기가 출현할 때마다 (대각선의 위쪽에) 그 당시의 우세한 갈등의 새로운 수준까지 전진해야만 한다.

<표 1-2> Erikson의 인간발달 8단계 이론(Erikson, 1968)

	1	2	3	4	5	6	7	8
H:노년기								자아통합 대 절망 (지혜)
G:중년기							생산성 대 침체 (배려)	
F:성인기						친밀감 대 고립 (사랑)		
E:청년기					정체성 대 역할 혼미 (충실성)			
D:학령기				근면성 대 열등감 (유능감)				
C:소년기			주도성 대 죄의식 (목적)					
B:유년기		자율성 대 수치 및 의심 (의지)						
A:유아기	기본적 신뢰 대 불신 (희망)							

1. Erikson의 인간발달 8단계 이론

이제 본격적으로 Erikson의 이론에 대해 살펴보자. 성인 초기에 대한 전생애 발달심리학적 접근이라는 이 책의 주제와 관련하여, 그의 이론은 성인 초기를 하나의 동떨어진 시기가 아닌, 전생애적 관점 하에서 사고할 수 있도록 도와준다.

일반적인 교과서의 서술과는 달리, 직접 Erikson의 설명을 통해서 그가 제안하는 인간발달 8단계 이론과 각 단계에서의 특징을 알아보도

록 하자.12)

기본적 신뢰(basic trust) 대 불신(mistrust)

질문: 선생님께서는 Freud의 심리-성적 단계와 유사한 심리사회적 발달을 제안하시고, 각 단계에는 성격적인 차원이 있다고 말씀하셨습니다. 생애 최초의 단계에서, 선생님께서는 기본적 신뢰 대 불신에 대해 말씀하셨습니다. 이 단계에서 발달하는 기본적 신뢰 대 불신이 무엇을 의미하는지 말씀해 주시겠습니까?

Erikson: 태어나서 1년여에 걸친 이 단계에서 학습하게 되는 기본적인 심리사회적 태도는 어머니의 모습을 통해서 세상을 신뢰할 수 있다는 것, 어머니가 돌아와서 음식을 줄 것이라는 것, 어머니가 알맞은 음식을 알맞은 시간에 알맞은 양으로 줄 것이라는 것, 그리고 불편할 때 어머니가 와서 편안하게 해 줄 것이라는 것 등을 믿는 것입니다.

다시 말해서, 우리의 내적 욕구와 외적 세상이 어느 정도 서로 상응한다는 것, 이것이 바로 제가 의미하는 기본적 신뢰입니다. 아시다시피, 동물에게는 이미 이것이 본능적인 장치로 주어져 있습니다. 하지만 사람은 이것을 배워야만 합니다. 그리고 어머니가 바로 이것을 가르쳐야 하는 당사자입니다. 더구나 다른 문화, 계층, 인종의 어머니들이 서로 다른 방식으로 이 신뢰를 가르쳐야만 합니다. … 그러나 불신하는 것을 배우는 것도 이에 못지 않게 중요합니다. … 사실상 우리들이 갖는 기본적인 사회적 태도에서 신뢰와 불신 사이의 특정한 비율이 결정적인 요인입니다. 어떤 상황에 처했을 때, 우리는 얼마나 신뢰할 수 있는지 그리고 얼마나 신뢰하면 안되는지를 구별할 수 있어야만 합니다.

질문: 그리고 선생님은 이러한 첫 단계에서, 희망(hope)이라는 덕성

---

12) 아래의 서술은 Evans(1969)와 Hall(1983)이 Erikson과 나눈 대담의 내용을 기초로, 필자가 재구성하였다.

(virtues)13)을 연결시켜서 말씀하고 계시는데?

Erikson: 다소 도전적이기는 하지만 인간의 고상한 도덕적 실천의 진화론적인 근거를 지적하기 위해, 저는 이것들을 기본적인 '덕성'이라고 불렀습니다. … 고대 영어에서 '덕성'이라는 단어는 약의 효능을 나타내기 위해 사용되기도 했습니다. 그래서 만약 약을 먹지 않고 너무 오래 놔두면, 그 '덕성'을 잃어버린다고 말하기도 했습니다. 바로 이것이 제가 의미하는 덕성입니다. … 희망이란 모든 힘의 기본적인 요소입니다. 동물들은 이미 희망과 유사한 뭔가를 가지고 태어납니다. 그러나 사람은 변하는 조건과 상황 하에서 신뢰와 불신 사이에서 평생 동안 투쟁하여야 하기 때문에, 희망을 굳건히 발달시켜야 하고, 살아가면서 지속적으로 희망을 확인하고 또 재확인해야 합니다.

"존재의 시작을 특징짓는 애매한 충동과 분노에도 불구하고, 희망은 기본적 소망의 획득 가능성에 대한 지속적인 신념이다."

자율성(autonomy) 대 수치심과 의심(shame & doubt)

Erikson: 두 번째 단계는 2살에서 3살 사이에 나타납니다. 그러나 각각의 문화에서 또 각각의 아이에게서 그 기간과 강도는 서로 다릅니다.

이 발달 단계에 들어가는 아이는 항문뿐만 아니라 그의 근육을 어

---

13) Erikson의 후기 저작에는 '덕성'이라는 표현 대신에 '심리적 강점'이라는 단어가 사용되고 있다. 그러한 변경에 대한 Erikson의 설명은 다음과 같다. "처음에는 각 단계에서의 강점을 '덕성(virtue)'이라고 불렀습니다. 그러나 그 후 덕성이라는 단어가 남성다움이라는 의미를 내포하고 있는 라틴어의 virtus라는 단어에서 파생된 것이라는 것을 알았습니다. 따라서 덕성의 언어적 함의가 남성적인 특성이라는 것을 의미할 수도 있기 때문에, 저는 그것을 '강점'(strength)으로 바꾸어야 했습니다."(Hall, 1983)

떤 의도(will)를 가지고 조종하는 방법 역시 배워야만 합니다. … 문화는 각각 서로 다른 방식으로 이 의지를 키워주기도 하고 또는 약화시키기도 합니다. 더러는 수치심을 사용하기도 하는데, 이것은 어떤 사람에게는 두려운 자기소외의 한 형태가 될 수도 있습니다. … 이 시기는 아이가 얼굴을 붉히기 시작하는 연령인데, 이것은 다른 사람이 (또한 자신의 내부에서도) 자신을 보고 있다는 것을 알고, 또 자신의 부족한 점이 드러났다는 것을 알고 있다는 증거입니다.

두 번째 단계에서 발달하는 덕성은 의지력(will power)인데, 우리는 단지 의지력의 싹에 대해서만 말하고 있을 뿐이지, 결코 성숙한 의지력에 대해 말하고 있는 것이 아니라는 점을 분명히 강조해야 합니다. 오직 성숙한 사람만이 완전한 의미에서의 의지력을 가질 수 있습니다. 그러나 초기의 단계에서도 그것이 없으면 나중에 성숙한 인간적 능력이 발달할 수 없는 뭔가 근본적인 것이 발달합니다.

"억제되지 않는 고집과 통제받는 것에 대한 분노로 생기는 예전의 수치심과 자기 회의에도 불구하고, 의지는 자기 통제와 자유로운 선택을 하려는 꺾이지 않는 결단이다."

주도성(initiative) 대 죄의식(guilt)

Erikson: 이 때는 그의 전반적인 주도성이 집으로부터 벗어날 준비를 해야 하고, 또 벗어나야만 할 시기이며, 새로운 목표를 찾아야만 하는 시기입니다.

이 단계에서의 덕성은 목적(purpose)입니다. 예를 들어 어린이가 하는 놀이는 단지 자신의 의지를 시험해 보는 것이거나 또는 조작할 수 있는 자신의 능력을 시험해 보는 것만이 아닙니다. 그는 사실상 나름대로의 사업(project)을 갖기 시작하는 것입니다. … 그는 뭔가를 위해 일해야만 한다는 것을 배우기 시작합니다. 또한 전지전능하게 되려는 자신의 비밀스러운 소망도 구체적인 것 또는 체현(體現)될 수 있는 것과 결합되어야만 한다는 것을 배우기 시작합니다. 이율배반적이게도 그는 계속 자신의 환상 때문에 죄의식을 느낍니다.

"목적성은 유아적인 공상의 좌절이나 그 공상으로 야기되는 죄책감과 처벌에 의해 억눌리지 않은 채 가치 있는 목표를 재미있게 상상하고 정열적으로 추구하는 용기이다."

근면성(industry) 대 열등감(inferiority)

Erikson: 이 단계의 어린이는 엄청난 호기심, 즉 배우려는 욕망과 알고 싶어하는 욕망을 갖고 있습니다. … 이 단계에서 모든 문화는 어린이를 훈련시키고 가르칩니다. 숲 속에 사는 인디언은 소년들에게 작은 장난감 활과 화살을 줍니다. 우리는 글을 읽고 쓰는 문화에 살고 있습니다. 따라서 우리는 어린이들에게 어떻게 쓰고 읽는지를 가르쳐 줍니다. … 근면성이란 단어는 모든 사람들에게 적용되는 것이고 실제적으로 부지런하다는 것을 의미합니다. 그것은 정글이나 공장 등 어디에서나 뭔가를 바쁘게 하는 것이고, 뭔가를 완성하기 위해 부지런히 배우는 것이며, 일을 열심히 하는 것을 의미합니다.

여기에서 유능감(competency)이라는 덕성이 나타나는데, 열등감은 유능감에 대한 어린이의 구체적 시도가 실패하면 생기는 것입니다.

"유능감은 유아적인 열등감에 의해 손상되지 않은 채, 지능을 자유롭게 발휘하여 과제를 달성하는 것이다."

정체성(identity) 대 역할 혼미(role confusion)[14]

질문: 이제 선생님께서 사춘기 또는 청소년기라고 부르시는 시기로 넘어가겠습니다. 이 시기는 대략 13세나 14세에서 나타나는데, 선생님께서는 중요한 심리사회적 기제(mechanism)인 정체성 대 역할 혼미라는 개념을 소개해 주셨습니다. 저는 이 개념들이 선생님의 연구 가운데 가장 흥미롭고 주목받는 부분이라고 생각합니다.

Erikson: 이 시기의 젊은이들은 (의식적 또는 무의식적으로) 부모에게서 자신들의 부정적인 정체성을 인식하고, 지금까지 부모와의 동일시가 예전에 생각했던 것만큼 유용한지에 대해 회의(懷疑)하기 시작합니다. 바꿔 말하면, 정체성을 형성하는 것은 이전의 모든 동일시를 예상되는 미래를 고려하여 실제로 재구조화(restructuring)하는 것입니다.

하지만 심리사회적 정체성은 단순히 '개인적' 정체성, 다시 말하면 우리가 누구인지에 대한 지식을 초월합니다. 우리 주위에서 얼마든지 볼 수 있듯이, 청소년기는 대부분 인간의 과거와 미래를 재결합시킵니다. … 또한 한 문화가 청소년들에게 자유로운 선택을 더 많이 하게 하면 할수록, 또 앞으로 어떤 사람이 될 것인지에 대한 결정을 스스로 하게 하면 할수록, 그들의 공개적인 갈등은 더 많이 유발됩니다.

또한 저는 정체감이 긍정적인 요소와 부정적인 요소 모두로 구성되어 있다고 생각합니다. 우리가 되기를 원하고, 또 우리가 그렇게 되어야만 한다는 것을 알고 있으며, 만약 좋은 사회역사적 환경만 주어지면 우리가 달성할 수 있는 것이 있습니다. 반면에 우리가 되기를 원하지 않고 또 되어서는 안 되는 것도 있습니다.

질문: 선생님께서는 정체성이라는 것이 전생애를 통해 계속 되풀이되어 나타나는 문제라고 암시하고 계시는 것 같습니다.

---

[14] 청소년기의 자아정체성에 대해서는 제2장 제2절에서 보다 자세히 다룰 것이다.

Erikson: 그렇습니다. 정체성은 젊은 시절에 처음 나타나는 것이 아닙니다. 그리고 그것은 발달의 목표도 아니고 또 종착역도 아닙니다. 따라서 정체성의 위기를 해결했다고 할지라도, 그 후의 삶의 변화에 의해 위기가 새롭게 촉발될 수 있습니다. … 노년기에서도 역시 그렇게 될 수 있습니다. 왜냐하면, 젊었을 때 정체성의 문제를 적절하게 해결하지 못한 사람은 자신이 아직도 또 다른 정체성을 발달시킬 수 있는지 보려고 굉장히 노력하기 때문입니다.

질문: 끝으로 이 단계에서 발달하는 덕성은 충실성(fidelity)인데?

Erikson: 충실성이라고 이야기할 때, 저는 어떤 구체적인 이데올로기에 대한 믿음(faith)을 의미하는 것은 아닙니다. … 하지만 저는 우리 모두가 충실성에 대한 본능을 가지고 있다고까지 주장하고 싶습니다. 이것은 우리가 어떤 특정한 연령에 이르면, 어떤 특정한 이데올로기적인 견해에 충실할 것을 배울 수 있고 또 배워야 한다는 것을 의미합니다. 정신의학적으로 본다면, 충실성의 능력이 발달하지 않는다면, 사람들은 우리가 '약한 자아'라고 부르는 것을 가지든지 아니면 충실할 수 있는 일탈된 집단을 찾게 되든지 둘 중의 하나가 될 것이라고 말할 수 있습니다.

"피할 수 없는 가치 체계의 모순과 혼란에도 불구하고, 충실성은 자발적으로 서약한 것에 지속적으로 충성할 수 있는 능력이다."

친밀감(intimacy) 대 고립(isolation)

Erikson: 제가 의미하는 친밀감은 우정이나 사랑과 같은 친밀한 관계뿐만 아니라, 성적 친밀감, 자기 자신과 자신의 내적 자원(資源) 그리고 자신이 흥미를 느끼고 몰입하는 일들에 대한 친밀함까지도 포함하는 것입니다. 진정한 의미에서의 친밀감이란 자신의 중요한 것을 잃을 것이라는 두려움 없이 다른 사람의 정체성과 자신의 정체성을 융해(融解)할 수 있는 능력을 의미합니다. 스스로 선택한 유대(bond) 관계로서의 결혼을 가능하게 만드는 것이 바로 이 친밀감의 발달입니다. 만약 이것이 발달하지 않는다면 결혼은 의미가 없습니다.

질문: 그렇다면 이전 단계인 청소년기에 진실된 친밀감이라고 오인하기 쉬운 가짜 친밀감이 발달할 가능성이 있군요. 아무튼 여기에서 나타나는 덕성은 사랑(love)입니다. 이 시기는 실제로 우리가 이타적인 종류의 성숙한 사랑이라고 부르는 것의 시작이지요?

Erikson: 그 말씀이 옳습니다.

"사랑은 분리된 기능에 내재해 있는 적대감을 극복하면서 영원히 상호 헌신하는 것이다."

생산성(generativity) 대 침체(stagnation)

Erikson: 중년기가 되면 사람들은 사회에서 자신의 위치를 가지기 시작합니다. 그리고 그가 생산한 것이 무엇이든지 그것이 발전하여 완전해지도록 노력하기 시작합니다. 그리고 그것에 대한 책임도 지게 됩니다. 만약 이 힘을 '창조성'이라고 부른다면, 일반적으로 특수한 사람들에게 속하는 것이라고 생각되기에 … 저는 '생산성'이라는 단어를 사용합니다. 왜냐하면 이 용어는 세대간에 걸쳐서 생산하는 모든 것, 즉 자녀, 생산품, 아이디어, 그리고 예술작품 등 모든 것을 의미하는 것이기 때문입니다.

질문: 이 단계에서 나타난다고 선생님께서 제안하신 배려(care)란 개념은 다소 어울리지 않는 것처럼 보입니다. 이 점과 관련하여, '배려'란 용어가 무엇을 의미하는지 분명하게 말씀해 주시겠습니까?

Erikson: 단어 하나가 필요했는데, 제가 생각한 모든 단어들 가운데서 그래도 '배려'가 가장 적당하다고 생각했습니다. 저에게 영어는 모국어가 아니기 때문에, 사전이 친구여야만 했고 또 관용법 역시 고려해야만 했습니다. 원래 배려는 지나친 걱정을 의미합니다. 그러나 저는 그것이 더 긍정적인 함의가 있다고 생각합니다. 저는 뭔가를 하는 것을 '좋아한다'(to care to do), 누군가를 또는 무언가를 '돌보다'(care for), 보호와 주의를 필요로 하는 것을 '관리하다'(take care of), 그리고 파괴적인 뭔가를 하지 않도록 '조심한다'(take care not to), 이런 것들을 포함하는 의미에서 '배려'라는 용어를 사용했습니다.

"사랑, 필요 또는 우연에 의해 생산된 것들에 대한 폭넓은 관심으로서, 배려는 취소할 수 없는 의무를 해야 할 때 경험하게 되는 양가감정을 극복한다."

자아통합(ego integrity) 대 절망(despair)

질문: 선생님께서는 생애주기의 마지막 단계를 자아 통합 대 절망의 시기이고, 지혜(wisdom)가 이 시기에 나타나는 덕성이라고 말씀하셨습니다.

Erikson: 저는 '지혜'라는 용어가 마음에 들지 않습니다. 왜냐하면 그것은 너무나 노력해서 성취해야만 하는 것을 의미하는 것으로 보이기 때문입니다. 만약 우리가 충분히 오래 살기만 하면, 우리 모두에게 유아적인 경향이 다시 나타나게 된다는 것 또한 너무나 분명합니다. 만약 우리가 운이 좋다면, 그것은 어떤 특정한 순진하고 솔직한 어린이다운 특징을 지니게 될 것이고, 만약 우리가 운이 나쁘다면, 그것은 망령든 유치하고 철없는 어린이의 특징을 지니게 될 것입니다. 여기서 중요한 점은 다시 말하지만 발달적인 측면입니다. 즉 '재능을 타고난' 사람들이 노년기에서만 진정한 지혜를 발달시킬 수 있다는 것입니다. 그리고 만약 노인을 '고금(古今)의 지혜' 또는 소박한 사람들의 '기지'(機智)를 이해하고 대표한다는 의미에서만 본다면, 노년기에서 어느 정도의 지혜는 틀림없이 발달합니다.

질문: 그렇다면 어떤 의미에서는, 선생님께서 지혜라고 부르는 것이 이 8단계 모두가 구체화된 것이군요.

Erikson: 그렇습니다. 하지만 그것은 또한 우리가 노년기 이전의 것 가운데 더러는 포기할 수 있어야 한다는 것을 의미하기도 합니다. 왜냐하면 우리가 젊었을 때 가졌던 것이나 또는 가지지 못했던 것을 아직도 잡으려고 한다면, 우리는 결코 현명해질 수 없기 때문입니다.

"죽음 그 자체에 직면하여 삶 그 자체에 대해 가지는 초연하면서도 적극적인 관심으로서, 지혜는 육체적·정신적 기능이 저하됨에도 불구하고 경험의 통합을 유지하고 전달한다."

2. Erikson의 이론에 대한 오해와 진실

이상에서 간단하게 살펴 본 바와 같이, Erikson 이론은 그 포괄성과 함축성에서 Freud 이론에 비견될 만큼 장대하고 심오하다고 할 수 있다. 하지만 모든 대가(大家)의 이론처럼, 그의 이론 역시 흔히 오해되고 왜곡되는 점들이 있다. 박아청(1999)도 지적하고 있듯이, Erikson 이론의 전제(前提)와 배경에 대한 충분한 검토가 없을 경우 그의 인간발달 8단계 이론은 정확하게 이해될 수 없다. 그 중에서 크게 두 가지에 대해서 살펴보자.

첫 번째 문제는 각 발달단계를 구성하고 있는 대칭적인 특징에 관한 것이다. 언뜻 생각해 보면, 각각의 대칭 중에서 긍정적인 쪽만을 계속해서 발달시켜 나가는 것이 가장 적응적으로 보인다. 이것은 2^8 혹은 256가지 경우의 수 중에서 '최선의' 하나이다.

하지만 Erikson 이론은 변증법적 역동성을 제안하고 있는바, 그 역동성 안에서 최종적인 강점은 경쟁하는 두 가지 특질들 가운데 하나가 없다면 생길 수 없다. Erikson 본인 역시 "모든 단계를 똑같이 잘 해결한 사람을 상상할 수 없고, 사실상 그런 사람을 만나리라고 전혀 기대하지 않는다"(Hall, 1983)고 밝히고 있다. 이에 대한 Erikson의 격앙된 주장을 들어보자.15)

이 곳에서 제시된 도식의 주된 오용(誤用) 중의 하나는 각 단계에서 영구적인 '성취들'로 이루어진다고 가정하는 '긍정적' 감각들만을 지나치게 강조하는 것이다. 사실 어떤 사람들은 각 단계에서의 성취 척도를 제작하려고 하는데 너무나 열심인 나머지, 기본적 불신 같은 모든 '부정적' 잠재성을 가볍게 제거한다. 하지만 그것들은 일생을 통하여 긍정적 잠재성의 역학적 대처물로서 존재할 뿐만 아니라 삶의 심리사회적 측면에 있어서도 마찬가지로 필요한 것들이다. 불신의 능력이 없는 개인은 신뢰가 없는 사람과 마찬가지로 살아나갈 수 없을 것이다.

주어진 단계에서 아동이 획득하는 것은 긍정적인 것과 부정적인 것 사이의 특정한 비율인데, 만일 균형이 긍정적인 쪽에 있다면 이후의 위기에서 활력을 지니고 대처하는데 도움을 주게 된다.

그럼에도 불구하고 어떤 단계에서 내적인 갈등과 외적인 변화의 영향을 받지 않는 긍정적 특성을 성취할 수 있다는 생각이 만연하는 것은 우리의 사고

---

15) 필자가 보기에, Erikson 이론에서 각 발달단계의 대칭들은 마치 동양의 주역(周易)을 구성하는 최소단위인 효(爻)와 매우 유사한 의미를 지닌다. 주역은 자연, 인간, 사회를 구성하는 사물들과 운동의 두 가지 범주를 상징하는 기호로서 음효(--)와 양효(—)를 상징하고 있는데, 이 둘의 관계는 대대(對待) 관계를 이룬다고 한다. 그 관계는 '서로 대립하면서도 서로 의존하는 관계', '서로 반대되는 상대가 존재해야 비로소 자신이 존재할 수 있는 관계', '서로가 서로를 품은 관계' 등으로 이해할 수 있다(최영진·이기동, 1994).

에 매우 위험하게 침투한 성공-소유 이데올로기가 아동발달에 투사(投射)된 것이다(Evans, 1969).

두 번째 문제는 Erikson 이론의 범위에 관한 것이다. 그가 주장하는 발달은 한 개인의 발달만을 지칭하는 것이 아니라 발달의 의미를 한 세대에서 다른 세대에로, 과거의 역사 속에서, 그리고 한 사람의 자아를 초월하여 확대하고 있기 때문에, 단순한 발달이론의 구조로 설명할 수 없는 '장대한 이론적 지평'을 가지고 있다(박아청, 1999).

그런데 일반적으로 심리학자들은 인간발달의 문제를 개인 단위로 접근하는데 익숙해져 있다. 물론 이는 심리학자들의 잘못일 수도 있지만, 심리학적 연구방법이 개인을 벗어난 사회나 제도에 대해서 적절하게 대처할 수 없기 때문이기도 하다. Erikson 이론의 거시적 관점과 전통적인 심리학자들의 미시적 접근이 유발하는 불균형은 종종 Erikson 이론을 한 개인에 국한된 현상으로 제한하곤 한다.

그러나 Erikson 이론은 아래에서 보는 바와 같이, 개인을 대상으로 하는 실험 방법의 전통적인 심리학적 접근에서 더 나아가, 이론적으로는 연구대상을 사회, 제도, 역사까지 확장하고, 방법론적으로도 전기(傳記)나 질적 연구방법론을 포섭(包攝)한다는 사실을 주지할 필요가 있다.

모든 심리사회적 강점(strength)은 소극적인 순응(adjustment)보다 적극적인 적응(adaptation)을 가정하고 있다는 점을 강조해야만 한다. 즉, 적극적인 적응은 환경이 제공하는 기회를 선별적으로 활용할 경우에서조차도 그 환경을 변화시킨다. 따라서 (힌두교에서 말하는) '세상의 유지'(maintenance of the world)는 단지 단순한 노역(勞役, servitude)이나 응종(應從, compliance)에 의한 것이 결코 아니다. 오히려 그것은 사회적 발달과 심리적 발달이, 그리고 보다 큰 제도와 작은 제도가 지속적이며 상호촉진적으로 작용해야 한다는 것을 의미한다. 또 그것은 그런 상호촉진이 불가능한 경우에는 사회적 관습과

제도가 급격하게 변해야 한다는 것을 의미하는 것이다.

    바로 이런 이유 때문에, 생애주기에 대한 연구는 전기(biography)와 역사에 대한 연구 그리고 사회경제적 조건에 대한 연구로 이어지게 된다. 이 점이 의미하는 것은, 개인이 사회적 의식(儀式)에서와 마찬가지로 일상 생활 속에서도 (여기에서 제안된) 긍정(affirmation)과 확인(confirmation)을 발견하지 못한다면, 개인과 세대 간의 주기 모두가 병리적 증상을 보일 것이며, 사회적 변화가 필요하다는 것을 구체적으로 지적하는 것이다(Erikson, 1976).

    이렇듯 Erikson은 인간발달에 대한 거대한 프로젝트의 제안자이면서도 자신이 제공할 수 있는 것은 "단지 사물을 보는 견해(a way of looking at things)일 뿐이다"(Erikson, 1963)라고 말한다. 즉, 인간발달의 여러 가지 장면을 세밀하게 서술하면서 최종적으로 제공하는 것은 거기에 묘사된 어떤 '정보'가 아니라 그러한 정보를 얻기 위한 '보는 견해'에 지나지 않다는 것이다(박아청, 1999).

세상을 바라보는 위치 (쥘 슈타우버 Jules Stauber의 작품)

보론 1: 붕어빵과 아동 (김정운)16)

<해설> 먼저 재미있는 이야기 하나를 들어보자.

일등 항해사를 싫어했던 한 선장이 모종의 사건 이후 "일등 항해사가 오늘 술에 취했다"라고 항해 일지에 적었다. 그 항해사는 전에는 한번도 그랬던 적이 없었기 때문에, 자신의 고용에 문제가 생길 것을 우려하여 선장에게 그 문구를 삭제해 달라고 애걸했지만 거절당했다. 그러자 항해사는 다음날 자신의 일지를 쓰면서 "선장은 오늘 취하지 않았다"고 기록했다(Gould, 1996).

나중에 항해 일지와 항해사 일지를 본 사람들의 입장에서 볼 때, 고용에 문제가 생기는 것은 선장일까? 항해사일까? 이렇듯 과거의 기록을 현재의 관점에서 본다는 것은 자칫하면 엉뚱한 해석을 할 가능성이 존재한다.

첫 번째 보론으로 선택된 김정운의 글은 이런 면에서 우리에게 많은 통찰을 준다. 그는 고려대 심리학과를 졸업하고, 독일 베를린 자유대학에서 발달심리학으로 석사, 박사를 받고, 현재 명지대학교 응용문화학부 교수로 재직중이다.

자칫 '사회과학 아닌 사회과학'으로 전락할 수 있는 심리학에 대해, 탄탄한 지식사회학적 배경과 도발적인 필치로 써내려 가는 그의 글과 주장들을 읽다 보면, 사회, 역사, 문화적 맥락 속에서의 인간발달과 심리학의 문제에 대해 다시금 생각해 보게 된다.

관심이 있는 사람은 그가 쓴 "문화심리학 어떻게 할 것인가"(1999), "아동의 생산과 소비"(2001) 역시 일독(一讀)을 권한다. (♠)

---

16) 귀중한 글의 전재(全載)를 허락해 주신 김정운 선생님께 진심으로 감사드립니다. 출처: 김정운 (2000). 붕어빵과 아동. 문화와 사람, 2, 223~243. 서울: 사계절.

붕어빵엔 붕어가 없다.
칼국수에는 칼이 없다.
…
아동학에는 아동이 없다.

1. '아동의, 아동에 의한, 아동을 위한'?

　휴일만 되면 놀이공원으로 가는 고속도로는 한 가족씩 가득 찬 승용차로 만원이 된다. 그동안 가족과 함께 하지 못한 시간을 만회하려는 젊은 가장은 교통체증으로 인한 짜증을 참느라 이를 꽉 깨문다. 아이가 행복해 하는 모습을 볼 수만 있다면, 이 정도의 스트레스는 가볍게 견뎌 내야 아버지의 자격이 있다고 생각한다.
　백화점으로 가면 아동복 및 아동용품 코너는 매장의 거의 한 층을 차지한다. 아이 옷이라고 만만히 보고 들어섰다가는 낭패보기 십상이다. 유명 메이커의 아이 옷은 어른 옷보다 비쌀 뿐만 아니라 세일 기간에도 예외가 된다. '변신 로봇' 시리즈로부터 최근의 '포켓몬'에 이르기까지 아이들 장난감의 가격은 말 그대로 장난이 아니다. 그러나 아이들에 대한 부모의 배려는 자본주의의 얄팍한 상혼으로 인해 결코 탈색되지 않는다.
　어린이날이 공휴일로 정해진 다음부터 아이들은 적어도 일년에 한 번은 자신들이 원하는 것을 거의 제한 없이 요구할 수 있는 권리를 갖는다. 아동을 학대한 자는 어떠한 자비도 기대해서는 안 된다. '아동의 이름'으로 행해지는 일에 반대하는 이는 아이에 대한 애정이 없는 자이며, 더 나아가 인간임이 의심되는 냉혈한으로 취급되기 십상이다.
　이 정도라면 한국은 '아동의, 아동에 의한, 아동을 위한 나라'라고 해도 과언이 아니다. 적어도 1950~1960년대, 또는 그 이전에 아동기를 보낸 부모나, 그 부모의 부모들의 입장에서 본다면 현재는 분명히 아동의 천국이다. 배려받지 못한 아동기를 보낸 부모들의 입장에서 볼 때, 자신들의 암울했던 과거가 단순히 경제적인 궁핍함 때문이라고 생각하기에는 무언가 석연치 않다. 경제적으로 여유가 있었다고 해도 과연 지금과 같이 아동을 중심으로 가정의 모든 일이 운영되었을까?

간단히 말해 아동에 대한 사회적 관념이 바뀐 것이다. 적어도 부모들의 어린 시절에는 "아이는 낳아 놓으면 쑥쑥 자라며", "자기 먹을 것은 스스로 챙겨 태어나는" 존재였다. 아동기에 사랑이 결핍되어서 성격이 비뚤어졌다거나, 결손가정에서 태어나 범죄자가 되었다는 요즈음의 심리학적 설명 방식은 당시에는 낯선 것이었다. 전쟁이나 가난으로 인해 그들의 대부분은 결손가정에서 자라났으며, 사랑의 개념조차 낯선 시절이었기 때문이다. 어쩌면 그들은 '아동'의 개념조차 없는 시절에 자랐는지도 모른다. 방정환이 '어린이'라는 단어를 새롭게 만들어 서구적 또는 근대적 의미의 아동 개념을 전파한 지 오래되었지만, 그 시절에 그들의 부모가 이러한 선구적 사상에 접했다고는 보기 힘들다. 이렇게 본다면 지금의 '아동의, 아동에 의한, 아동을 위한' 지금의 노력들은 불과 몇십 년 전만 해도 아주 낯선, 이해하기 힘든 일이었던 것이다.

2. '아동'은 없었다

오늘날 한국 사회의 교육제도나 가정에서 실천되고 있는 아동의 개념은 철저하게 서구적이다. 근대화 이전의 전통적인 교육제도나 아동 개념은 일제하의 강요된 자본주의화 과정에서 그 바탕부터 해체되었다. 그 비워진 자리에 일본을 거쳐오며 변형된 서구식 교육제도와 아동 개념이 채워졌다. 교육제도란 인간에 의해 만들어지며 국가마다 다를 수 있고 문화적인 특성을 지닌다는 것은 상식이다. 하지만 아동의 개념이 역사·문화에 따라 다를 수 있다는 사실을 의식하는 이는 거의 없다.

예를 들어 파키스탄 등의 나라에서 아동이 노동을 한다고 할 때 우리는 그 사실을 미개한 나라에서나 가능한 아동학대, 아동착취로 이해할 뿐, 아동의 개념이 문화적으로 다를 수 있다고 생각하지는 않는다.

하지만 아동은 문화나 시대에 따라 다르게 이해되어 왔다. 오늘날에 암묵적으로 정의되는 "순수하고 때묻지 않았기에 교육을 통해 잘 길러져야 하는 존재"로서의 아동은 20세기에 들어서서 심리학자, 교육학자들에 의해 만들어진 창조물이다. 죽음의 개념, 사적 영역과 공적 영역의 구분, 아동성의 개념 등의 문화사적인 연구로 새롭게 각광받고 있는 아리에(Aries)는 아동의 개념 자체가 중세에는 없었다고 주장한다.

> 12세기 정도까지 중세 미술은 아동의 존재에 대해 무지했거나 혹시 알았더라도 묘사하려는 시도가 없었던 것 같다. 이렇게 아동의 묘사를 등한시한 것이 예술가의 무지함이나 무능력함에서 기인한 것으로 보기는 어렵다. 오히려 중세에는 아동기에 대한 개념이 없었던 것처럼 보인다(Aries, 1962, 33).

물론 중세와 그 이전의 그림에도 아동이 묘사되어 있다. 하지만 아동은 신체 크기만 성인에 비해 작을 뿐 얼굴의 생김새나 표정, 팔, 다리의 근육 등은 성인과 똑같이 묘사되어 있다. 이러한 그림에서 아동의 개념을 구태여 끌어낸다면 아마도 '성인과 단지 신체의 크기만 다른 존재'일 것이다. 아리에에 따르면, 회화에 나타난 아동의 모습에 변화가 온 것은 종교화에서 마리아의 모성애를 나타내기 위한 배경으로 천사와 아기 예수가 나타나면서부터이다. 하지만 종교화에서 보이는 아동의 모습은 오늘날 우리가 이해하는 아동과는 거리가 먼 거룩한 아동일 뿐이다. 아동이 종교화에서 독립하여 일상적인 모습들, 즉 친구와 노는 아동, 엄마 손을 잡고 있는 아동, 쉬하는 아동 등으로 묘사되기 시작하는 것은 15~16세기 이후에 이르러서이다.

아동이 나타나지 않았던 것은 회화에서뿐만 아니다. 성인의 옷과 구별되는 아동을 위한 옷은 17세기가 되어서야 비로소 나타났다. 물론 처음에는 귀족과 상인의 자녀들을 위해서였다. 아동만을 위한 놀이의 개념 또한 중세에는 없었다고 아리에는 주장한다. 아이들은 어른들의 놀이에 아무런 제재 없이 함께 참여할 수 있었고, 심지어는 어른과 성에 대해 아무런 거리낌 없이 이야기할 수 있었다고 한다. 아리에는 외설적인 이야기를 어른과 아동이 함께 나눈 것들에 대한 기록들을 예로 들며 아동이 성에 대해 관심을 가지면 순수함이 더럽혀질 수 있다는 생각은 17세기 이후에나 가능한 생각이었다고 주장한다. 결국 17세기 이전의 놀이, 의복, 회화 등의 생활사에 대한 분석을 통해 나타나는 아동은 성인과 구별되지 않는 단지 '작은 성인'일 뿐이다. 다시 말해 성인과 구별되는 순수한 아동의 개념은 그리 오래되지 않은 역사를 가지고 있는 것이다. 우리가 문화를 초월해 보편적이라고 생각하는 아동의 개념은 17세기 이후 귀족이나 부르주아들로부터 시작된 개념이다. 결국 인류 최초의 아동은 17세기 유럽 귀족의 정원에서 태어난 것이다.

이전에 아동에 대한 개념이 없었던 이유를 아리에는 피임이나 위생학의 더딘 발전으로 인한 높은 유아 사망률로 설명한다. 즉 아동은 언제 죽을지 모르는 존재이기에 아동기를 특별히 중요시하여 그림에 담아둘 필요성을 느끼지 않았다는 것이다. 또한 죽은 아이는 곧 잊혀져야 하는 별로 중요하지 않은 존재였다. 따라서 아동들에게 특별한 애정을 주기를 어머니들은 주저했으며 한 인격체라고 생각하지도 않았다. 아동은 죽으면 아무데나 버려졌고 아동을 학대하는 것이 유별나게 비난받아야 할 이유도 없었다.

3. 아동은 없다: 너 몇 살이니?

엘리베이터 안에 낯선 아주머니가 아이를 데리고 함께 탔다. 당신이 만약 어색한 상황을 피하려 한다면 어떤 시도를 할 것인가? 대부분의 경우 예외 없이 아이에게 묻는다. "너 몇 살이니?" 만약 아이가 자신의 나이를 손가락으로 정확히 표시하거나 말한다면 아이의 엄마는 무척 뿌듯해 하며 웃는 표정으로 당신을 바라볼 것이다.

아동을 만나면 제일 먼저 물어 보는 것이 항상 나이이다. 아동이 어릴수록 나이를 더욱 자세하게 물어본다. 몇 개월까지. 하지만 성인의 나이를 물어보는 것은 많은 경우 실례이다. 특히 처음 만난 여성의 나이를 물어보는 것은 예의를 아는 사람이라면 결코 해서는 안 되는 일이다. 왜 처음 만난 성인의 나이를 물어 봐서는 절대 안되고 처음 보는 아동의 나이는 꼭 물어 봐야 할까?

엘리베이터의 어색한 침묵을 모면하고자 할 때 이외에 아동의 나이가 결정적으로 중요한 분야가 있다. 발달심리학이다. 나이에 따른 인생의 시기를 발달심리학에서는 학자마다 약간의 차이가 있지만 흔히 다음과 같이 나눈다.

① 태아기: 출생 전
② 영아기: 출생 후 약 2세까지
③ 유아기: 2세부터 약 6~7세까지
④ 아동기: 6~7세부터 12~13세까지
⑤ 청소년기: 12~13세부터 17~18세까지
⑥ 청년기: 20대
⑦ 성인 전기(청장년기): 30세부터 40세까지
⑧ 성인 중기(중년기): 40세에서 60세까지
⑧ 성인 후기(노년기): 60대 이후

위와 같은 인생의 시기구분과 관련하여 최근 다음과 같은 아주 흥미로운 사건이 있었다. 2000년 벽두에 국무총리 산하 청소년보호위원회가 임권택 감독이 세계영화제 입상을 목표로 만들었다는 '춘향뎐'의 제작자에 대해 '미성년 성적 학대죄'(?)로 고소를 고려하고 있다는 기사가 신문에 났다. 이유는 춘향이로 출연한 여주인공이 아직 고등학교 1학년인 미성년자이기 때문이다. 미성년자인 여고생이 성인 취향의 영화인 '춘향뎐'에 출연한 것도 걱정할 만한데, 영화에는 가슴을 드러낸 춘향이와 이도령의 성관계 장면까지 포함되어 있다고 하니, 우리 나라 청소년을 책임지고 보호해야 하는 청소년보호위원회가 발끈하게 된 것은 당연하다. 이에 대해 영화를 만든 회사에서는 사극의 특성상 원전에 충실하다 보니 그렇게 됐다며 억울하다는 반응을 보였다. 즉 원전에 의하면 춘향이의 나이가 이팔청춘인 16세이니 고등학생을 쓸 수밖에 없었다는 것이다. 결국 청소년보호위원회에서는 유감을 표현하는 수준에서 사건을 마무리했다.

이 사건을 통해 우리는 춘향전이 쓰여질 무렵에는 지금과 같은 청소년 개념이 없었다고 추측할 수 있다. 아니면 적어도 오늘날과 같은 나이로 이해되지는 않았을 것이다. 결국 나이에 따른 인생의 시기구분이란 시대적·문화적으로 상대적일 수밖에 없는 것이다.

앞의 발달심리학적 시기구분과 관련하여 재미있는 것은 나이가 어릴수록 시기구분이 비교적 명확하며, 성인기에 이르면 나이에 따른 각 시기의 구분이 그다지 큰 의미가 없다는 사실이다. 심리학의 관점에서 보자면 어릴수록 나이가 중요한 이유는 나이에 따라 도달해야 할 발달 과제가 있기 때문이다. 청소년보호위원회가 발끈한 이유는 청소년 나이인 고등학생의 발달 과제에 성관계는 포함되어 있지 않기 때문이다. 성인기의 발달 과제가 '자아실현'과 같이 명확히 규정되지 않는 반면, 어릴수록 도달해야 할 발달 과제는 명확하다. 영아는 말하는 것, 걷는 것 등을 배워야 하며, 아동은 논리적으로 사고하는 법을 배워야 한다. 청소년은 자아정체감 형성을 통해 자기가 어떠한 존재인가를 알아야 하며, 성인들은 생산활동을 통한 자아실현을 해야 한다고 발달심리학자들은 주장한다. 발달 과제에 대한 규정은 나이의 경계에 따른 금지를 명확히 하는 것이기도 하다. 3세에 학교 가는 것은 금지되고, 10세에는 흡연이 금지되며, 16세에 결혼하는 것은 금지된다.

어릴수록 나이를 끊임없이 물어보는 이유는 아동이 태어난 지 몇 해가 지났으며 체격이나 인지적 능력은 이에 상응하게 성장했는가를 확인하기 위한 것이다. 즉 이제까지의 발달 과제를 성공적으로 완수했는가를 물어 보는 것이며, 아동이 지나온 과거에 대한 확인인 것이다. 이 과거에 대한 질문은 미래에 아동이 도달해야 할 발달 과업에 대한 확인이기도 하다. 아동의 생일파티를 꼼꼼하게 챙겨 주는 오늘날의 가족문화는 아동이 지내 온 과거를 케이크에 꽂힌 초의 숫자로 확인하는 동시에 도달해야 할 미래의 과업을 확인하는 의례인 것이다. 결국 나이에 따른 인생의 시기구분이 의도하는 바는 아동이 성인이 되는 과정에 대한 지침을 제공하는 것이다. "어린이는 미래의 희망이다"라는 주장은 '어린이는 미래의 성인'이라는 의미이다. 따라서 아동은 성인이 될 미래를 위해 존재한다, 바꿔 말하면 "현재의 아동" 그 자체에는 아무런 의미가 없다(James & Prout, 1990). 현재의 아동이 중요하고 보호받아야 하는 이유는 그가 미래의 성인이기 때문이다. 또한 현재의 아동을 둘러싼 모든 제도적 장치들은 미래의 성인을 준비하기 위한 것들이다.

아동의 나이가 중요한 이유는 결국 인생의 시기를 나누는 단계론적 발달 개념 때문이다. 흔히 위로 향한 계단으로 표현되는 단계론적 사고는 발달심리학의 핵심이다. 발달심리학 교과서의 대부분은 인지발달 단계, 자아발달 단계, 도덕성발달 단계 등과 같은 다양한 발달단계 이론으로 가득 차 있다. 발달심리학의 핵심 이론들이 모두 계단 또는 사다리와 같은 상징을 사용하는 것은 3차원 공간상에 좌표로 설정되지 않는 시간의 특성 때문이다. 인생의 시기를 나누는 기준이 되는 연령은 시간의 흐름을 인위적으로 정해 놓은 단위일 뿐이다. 정작 시간의 흐름은 방향이 없을 뿐만 아니라 간격이 일정하지도 않으며 끝도 없다. 시간을 일정한 단위로 묶어 놓은 시계는 시간의 공간적 표현일 뿐이다.

우리에게 정작 중요한 지각되는 시간, 즉 심리적 시간은 공간화되지 않는다. 마찬가지로 우리가 겪은 인생이란 공간이 아니다. 그럼에도 불구하고 방향도 없고 끝도 없는 인생의 시간을 계단과 같은 상징을 통해 단계로 표상하는 이유는 시간을 통제하려는 의도와 관련이 있다. 인생의 시간을 계단으로 상징화하고 아동기의 계단을 지정하는 시기구분이 특별히 명확한 이유 또는 이러한 아동기를 통제하려는 의도와 무관하지 않다(Walkerdine, 1993).

1년 365일이라는 단위로 끊어 매해의 시작이 마치 이전의 해가 반복되는 것으로 착각하며 매년의 첫날을 축제로 맞이하는 것은 끝없는 시간을 통제 가능하며 반복 가능한 것으로 만들고자 하는 시도이다. 이는 인간이 의식이 있기 시작부터 반복되어 온 아주 오래된 습관이다. 발달심리학의 인생의 시기에 관한 단계론은 인간의 시간을 반복 가능하며 통제 가능한 것으로 만들고자 하는 '시간의 공간화'의 결과인 것이다.

4. 아동/성인, 원시/문명의 이분법을 통한 아동 개념의 생산

시간의 흐름을 반복 가능한 것으로 만들어 통제하고자 했던 시도는 인류 역사의 곳곳에서 발견되지만, 발달이 계단과 같이 직선으로 위를 향해 진보한다는 생각은 매우 독특한 서구적 개념이다. 즉 발달 과제를 전제하고 있는 발달 개념은 보편적이고 시대를 초월하여 적용되는 것이 아니라 인간 역사 속의 한구석에서 느닷없이(?) 나타난 개념인 것이다.

아동에서 성인으로의 성장을 단선론적인 진보의 과정으로 설명하는 오늘날의 발달심리학적 사고의 기원은 진화론적 가설인 '발생반복설'(recapitulation theory)이다. '개체 발생은 종의 발생을 반복한다'는 의미의 발생반복설은 쉽게 말해 태아로부터 성인으로의 발달은 인간이라는 종의 진화 과정을 반복한다는 뜻이다. 발생반복설을 논리적인 면에서 본다면 모순이다. 다시 말해 한 개체에 있어서 나타난 변이가 유전되지 않고 단순히 개체 발생이 종의 발생을 반복만 한다면 새로운 종의 탄생이 불가능하며, 이는 진화론의 근본 주장과 모순 관계에 있는 것이다.

흔히 이 발생반복설이 다윈주의로 이해되지만, 사실 다윈의 본래 주장과는 약간 차이가 있다. 인간과 동물의 관계를 진화적 연속성으로 설명하려 했던 다윈은 아동의 정서적 특징들에서 동물과의 유사성을 발견한 메모들을 많이 남기고 있다. 아울러 태아의 성장이 보여주는 특징들이 인류의 기원을 보여준다는 주장을 반복해서 하고 있다. 하지만 다윈 진화론의 핵심은 돌연변이를 통해 획득된 성질은 유전된다는 의미의 '자연도태설'(the theory of natural selection)이다. 이는 발생반복설과는 그 근본에 있어 모순적인 이론이다. 발생반복설을 처음 주장한 이는 다윈이 아니라 19세기 말의 독일 철학자인 에른스트 해켈(Ernst Haeckel; 1834~1919)이다(Morss, 1990). 생물학적 진화론을 철학적으로 재구성하려 했던 그는 "진화의 과정은 자연이 지배하는 어떤 목적에 의해 결정된다"는 '신라마르크주의'(Neo-Lamarckism)에 기초하여 발생반복설을 조장한다. 하지만 헤켈의 발생반복설은 19세기 말 유럽의 지식인들 사이에서 크게 유행하던 철학적 사고를 정리해 낸 것에 지나지 않는다.

모건(L. H. Morgan), 타일러(E. B. Tylor) 등으로 대표되는 18~19세기 인류학자들의 주장은 발생반복설의 문명진화론에로의 확장으로 볼 수 있으며, 실험심리학의 창시자 분트(W. Wundt, 1900, 1912)의 민족심리학은 이러한 문명진화론의 방법론적 응용으로 볼 수 있다.

발생반복설을 증명하기 위해 중요한 것은 발생학적 증거들을 진화적 순서에 따라 재구성하는 일이었다. 이 작업은 두 가지 방식으로 이루어진다. 하나는 아동으로부터 성인으로의 성장 과정을 추적하는 일이다. 다른 하나는 종의 발달을 추적하는 일이다. 아동에서 성인으로의 성장 과정은 추적할 수 있지만, 종의 발달을 추적하는 일은 화석을 통해서나 추적 가능한 아주 어려운 일이다. 하지만 이 어려운 일을 당시의 인류학자들은 다른 방식으로 해냈다. 당시의 인류학적 연구의 목적이란 아직도 '미개한 타민족'을 연구함으로써 인간이란 종의 발생 과정을 현재에서 문명진화론의 관점에서 재구성하는 것이었다(Oelze, 1991).

'순수하고 아직 때묻지 않은 아동'이란 진화론적으로 이야기하자면 아직 진화가 덜된 원시적 상태의 다른 표현이다. 따라서 '아동=미개한 종족들'이라는 가설을 증명하는 것은 당시 아동학자와 인류학자들의 중요한 과제가 된다. 실제로 인류학적 연구 결과는 곧바로 아동심리학자들에 의해 인용되었고, 그들의 논문에서 아동=미개인이라는 등식을 찾는 것은 그리 어려운 일이 아니었다. 예를 들어 타일러는 1871년에 발간한 『미개한 문화』(Primitive Culture)라는 책에서 미개한 종족들의 사고를 '애니미즘'(animism)으로 특징짓고 있다. 이를 아동학 발달에 중요한 기여를 했던 영국의 셜리(J. Sully)는 1895년에 펴낸 『아동 연구』(Studies of Childhood)라는 책에서 그대로 인용하며 애니미즘은 아동의 사고를 가장 잘 특징짓는 요소라고 주장한다(Morss, 앞의 책, pp. 21~23). 아동이 애니미즘적으로 사고한다는 주장은 오늘날의 아동발달심리학 교과서에서도 쉽게 찾을 수 있다.

당시 인류학자들의 피라미드 형태의 문명발달관은 위의 그림과 같이 표현될 수 있다. 이 그림에서 피라미드의 옆면은 마술적 세계관으로부터 과학적 세계관으로의 진화 과정을 뜻한다. 동시에 이는 동시대에 살고 있는 각 종족들의 문명 수준을 평가하는 기준이 되어 각 종족들의 진화적 시간에 따른 발달 순서를 그림과 같이 나타내게 된다. 이 그림에서 중요한 것은 '진보'(progress)의 개념이다. 진보란 단순히 근대 유럽인을 향한 진화론적 시간의 경과만을 뜻하는 것이 아니다. 근대 유

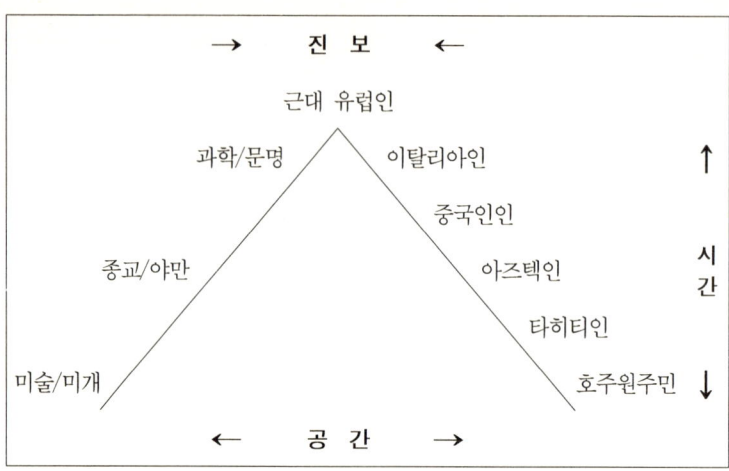

<그림 1-1> 문명진화론의 발달관(Langness, 1974, 30)

럽에로의 공간적 통합을 동시에 포함하고 있으며, 이는 근대 유럽의 식민지주의의 또 다른 표현인 것이다.

하지만 공간적 통합이 의미하는 유럽 식민지주의가 단순히 경제적 착취를 목적으로 행해진 것은 아니다. 아직도 야만에 젖어 사는 미개한 이들을 문명화시켜야 한다는 도덕적 사명감이 포함되어 있었던 것이다. 미개한 이들을 교육시켜 문명화시켜야 한다는 의무감을 제외한다면 당시의 식민지주의는 제대로 이해될 수 없다. 한국을 봉건의 미몽에서 깨우쳐 근대적인 자본주의로의 이행을 가능케 했다는 일본의 주장은 단순히 종군위안부들의 보상금을 회피하려 꾸며내는 주장이 아니다. 그들은 한국의 자본주의적 성장의 기본이 되는 철도·항만 등의 사회간접시설의 기초를 자신들이 닦았다고 생각하며, 한국의 오늘날의 성장은 그로 인해 가능해졌을 뿐만 아니라 근대적 교육제도의 틀을 잡아 한국인들을 개화시켜 문명인으로 만들었다고 실제로 믿는다.

무지와 야만으로부터 해방시켜 주겠다는 '착한 의도'(?)의 식민지주의 저변에 깔려 있는 도덕적 의무감은 아동은 교육받아 합리적으로 사고할 수 있는 성인이 되어야 한다는 현대 교육사상과 한 뿌리를 가진 다른 가지이다. 하지만 이와 같은 계몽주의적 사고의 치명적 문제점은 발달 또는 진보의 개념을 단선론적으로 정리한다는 사실이다. 단선론적인 진보의 개념은 자신들의 문화를 발달의 정점으로 규정하며, 근대 유럽 문화로의 발달을 역사 또는 문명화의 필연적 법칙으로 생각한다. 즉 야만적인 다른 민족들은 우리의 과거와 같으므로 필연적으로 우리와 같은 방식으로 발달해야 한다는 것이다. 이러한 사고는 오늘날의 서구인들의 다른 문화를 이해하려는 시도의 일반적인 방식이 되어 버렸다(김정운·한성열, 1999). 이러한 타자의 이해 방식은 오늘날 '서구화된/문명화된'(?) 한국인이 경제적으로 가난한 다른 민족을 이해하는 방식이기도 하다. 이러한 단선론적 진보관은 자신들과 다른 '차이'들을 모두 자신들의 과거로 위치시킨다. 즉 자신과는 차이나는 모습들을 자신들의 몇백 년 전의 문화와 비교하거나 자신들의 아동기·청년기와 비교하는 것이다.

하지만 이들의 논리에는 보다 중요한 문제가 있다. 이제까지의 문명의 발전이 자신들의 수준으로의 단선적인 진보의 과정이었고, '미개한' 다른 문화는 필연적으로 이러한 진보의 과정을 따라야 한다고 주장하지만, 정작 자신들의 진보의 방향이 어떻게 정해지는가라는 결정적인 질문의 해답이 없다는 점이다. 자신들의 이래의 발전 방향이 시간의 흐름에 따라 우연적으로 결정된다는 사실은 누구도 부정할 수 없으면서, 자신들의 과거의 전개 과정을 필연적인 진보의 과정으로 규정하는 단선론적 진보관은 계몽주의 이후 서구의 근대적 사고를 가장 잘 특징짓는 부분이기도 하다. 이러한 단선론적 진보관은 다양한 종류의 이분법을 낳는다: 문명/원시, 도시/시골/, 남성/여성, 이성/감성, 성숙/미성숙, 백인/흑인 등.

아동에서 성인으로의 발달을 단선적인 단계로 설명하며, 아동이 각 단계에서 할 수 있는 것과 할 수 없는 것을 나누는 성숙의 개념으로 각 발달 단계를 나누는 발달심리학 이론에서 우리는 이러한 이분법의 흔적을 발견한다. 아동의 근대적 개념의 성립은 당시의 시대정신인 단선론적 진보관이 구체적인 개별 학문에 적용되는 과정에서 나타난 부산물이라 할 수 있다.

5. 여자의 아동

20세기 들어서면서 이론적인 측면에서나 제도적인 응용에 있어서 아동과 관련된 학문 분야(아동학, 아동교육학, 아동심리학 등)는 여타 인문사회과학과는 비교가 되지 않을 정도의 비약적 발전이 있었다. 아동 관련 학문 분야의 초기 이론은 아동의 성격이나 능력이 선천적(유전)인가 후천적(학습)인가에 관한 논쟁과 깊이 관련되어 있다. 과학 분야의 연구 결과들이 발표되면서 유전과 학습에 관한 논쟁은 아동에 대한 교육의 중요성을 강조하는 방향으로 잠정적 결론이 내려졌다. 즉 "일정 부분은 선천적이지만 후천적으로 변화 가능하다"는 것이다.

초기 아동교육학 분야에서 아동은 백지와 같은 상태에서 태어나며 아동기의 교육이 어떠한가에 따라서 성인이 되었을 때의 성격, 사회적 성공 여부가 결정된다고 이해되었다. 교육학적 논의가 진행됨에 따라 아동에 대한 집단적·제도적 교육을 약 7~8세부터 시작되는 것으로 결정되었다. 이러한 규정에는 피아제(Piaget, 1976)의 발달심리학이 많은 영향을 미쳤다. 그에 따르면 구체적 조작기가 시작되는 이 시점에 비로소 교육학적 시도들이 의미가 있다고 한다. 발달심리학적으로 볼 때 아동은 인과관계의 개념 등을 이 시기에 비로소 이해하기 시작하고, 아울러 논리적 사고의 초기적 형태가 형성됨으로써 교육자와의 인지적 상호작용이 가능해지기 때문이다.

제도적 교육이 이루어지기 이전의 단계는 주로 정서적인 측면에 대한 교육이 강조되었다. 이는 프로이트의 정신분석학 이론과 볼비

(Bowlby, 1975)의 '애착 이론'(attachment theory) 등이 많은 영향을 미쳤다. 이러한 이론들의 교육학적 적용은 영·유아기의 부모, 특히 어머니와 아동 간의 정서적 상호작용과 관련 있다.

볼비의 애착 이론은 보다 적극적으로 영·유아 단계의 정서적 발달을 강조하고, 어머니의 안정된 정서적 상호작용 방식에 초점을 맞추어 교육학적 이론을 전개한다. 볼비와 그의 제자들은 어머니와 유아 사이의 초기 정서적 상호작용 방식이 내면화되어 '내적 작용모델'(internal working model)을 형성하는데, 이 모델은 아동이 앞으로 겪게 되는 모든 종류의 상호작용에 결정적인 영향을 미칠 뿐만 아니라 아동의 성격을 형성하는데 가장 중요한 요소가 된다고 주장한다. 영·유아기의 어머니-아동 관계는 안정 애착, 불안정-회피 애착, 불안정-저항 애착, 불안정-혼돈 애착 등으로 구분되어, 성인기 문제행동의 원인을 영·유아기의 불안정 애착의 결과로 설명한다.

피아제, 프로이트, 볼비 등의 발달심리학 이론에 영향받은 아동교육학 이론에서는 아동을 교육하는 환경, 특히 어머니의 역할과 일정기간이 지난 후 이어지는 학교 교육의 역할을 강조한다. 이 이론에서는 아동이란 교육의 주체이기보다는 교육의 대상으로, 즉 모든 교육 프로그램을 받아들이는 수동적 존재로 이해된다. 이러한 무능력한 아동의 개념으로 일관하던 아동학 관련 분야의 이론에서 최근 커다란 변화가 일고 있다. 아동이란 이제까지 이해해 왔듯이 무기력하고 무능력한 존재가 아니라는 것이다. 일련의 영·유아의 능력에 관한 연구 결과들은 아동이 아주 어릴 때부터 일정한 수준의 인지적·정서적 능력을 가지고 있다는 것을 보여주고 잇다. 이에 근거하여 일군의 학자들은 이제까지의 아동학 관련 이론은 이러한 아동의 능력을 과소평가했다고 비판한다(Singer, 1993).

최근 아동심리학들은 태아가 일정한 감각적 능력을 가지고 있다고 주장한다. 즉, 자궁을 통해 유입되는 부모의 음성 따위의 감각적 자극에 유쾌·불쾌의 반응을 보일 수 있다는 것이다. 아울러 태어날 아이에 대한 어머니의 기대감의 결과로 이해되던 태아 교육이 더 이상 비과학적인 생각이 아니며, 오히려 체계적인 태아 교육의 중요성이 강조되고 있다(Dornes, 1995). 물론 이 과정에서 상업적 이용 가능성에 대한 관심도 크게 한몫하고 있다.

'무능력한 아동에서 능력 잇는 태아로의 아동 개념의 변화'를 아동에 대한 과학적 연구 방법의 발전에서 기인하는 것으로 설명할 수도 있다. 그러나 연구 방법의 발전만으로 설명하기에는 많은 부분에 문제가 있다. 즉 과학적 연구들의 이러한 아동의 능력을 일관되게 지지하지는 않기 때문이다. 오히려 과학방법론 외적인 부분에서 원인을 찾는 것이 더 설득력 있다. 즉 "어떤 관심으로부터 능력 있는 아동의 개념이 파생되는가" 하는 의문에서 이러한 변화를 바라봐야 한다는 것이다(Kessen, 1993).

능력 있는 아동 개념이 나타난 이념적 배경을 지식사회학자들은 여권 신장과 연결시켜 설명한다. 여권 신장은 여성들의 적극적 사회 진출로 이어졌고, 이들 직업 여성들에게 출산은 많은 부담이 될 수밖에 없다. 아이를 낳을 경우 (서구의 복지국가의 경우) 주어지는 짧은 출산휴가 후에 대부분의 여성들은 직장을 계속 다닐 것인가, 아니면 아이의 양육에 전념할 것인가라는 딜레마에 빠진다. 이들 직업 여성들에게 영·유아기의 어린이-아동 간의 정서적 상호관계를 아동 발달의 결정적 요인으로 강조하는 아동학 이론들은 커다란 심리적 부담이 되기 때문이다. 아이를 탁아소나 대리모에게 맡기고 사회활동을 계속할 경우, 혹시 발생할 수도 있는 아이의 일탈이나 비정상적 성격 형성의 책임이 어머니의 직업 유지로 설명되는 사회적 통념은 앞의 발달심리학 이론에 기초하고 있다. 이들 이론은 정서적 유대가 결정적인 영·유아기의 어머니 박탈이 아이의 잘못된 성장을 예고하고 있기 때문이다.

페미니스트들은 아이 양육과 관련하여 직업 여성들에게 주어지는 위와 같은 심리적 부담을 남성중심주의 이데올로기의 은밀한 음모로 설명한다. 모성을 천성적인 것으로 규정하고, 출산 후에도 사회활동을 계속하려는 여성들을 천성을 부정하는 비인간적인 사람들로 간주하는 가부장적 이데올로기는 과학이라는 이름을 빙자하여 여성들을 아이 양육에 묶어 놓고 있다는 것이다. 또한 페미니스트들은 어머니-아동 간의 상호관계뿐만 아니라 아버지-아동 간의 상호관계의 중요성이 간과되고 있는 점에 대해 비판하며, 아동학 이론에서 강조되는 어머니・아버지는 물론이고 아이에게 애정을 줄 수 있는 성인이라면 얼마든지 대체될 수 있다고 주장한다(Burman, 1994). 만약 아동의 정서적 발달을 위해 어머니는 다른 누구로도 대체될 수 없다는 기존의 아동발달 이론에 따르자면 뜻하지 않은 사고로 인해 어머니를 잃은 사람들은 모두 범죄자가 되어야 한다는 당혹스런 결론이 도출되기 때문이다. 또한 '결손가정'이라는 사회적 편견 역시 이러한 아동학 관련 이론들과 깊은 상관이 있다.

 사회문화적으로 구성된 가치를 자연적인 것으로 절대화하는 아동이론에 대한 페미니스트들의 비판들로 인해, 최근의 영・유아 관련 연구들은 탁아소의 아동이 어머니에 의해서만 양육되는 아동들에 비해 사회성이 뛰어나다는 연구 결과를 발표하기도 한다(Singer, 1993). 더 나아가 아동이 외부 환경에 의해 일방적으로 교육당하는 피동적 존재가 아니라 스스로 교육과정에 참여하는 적극적 존재임이 강조된다. 결국 아동의 교육과정은 아동과 그를 둘러싼 환경과의 상호작용이며, 이는 아동과 환경 간의 '협상'(negotiation) 과정으로 표현될 수 있다는 주장인 것이다. 이렇게 최근의 발달 이론은 아동 또는 피교육자인 한 개인에게 초점을 맞추는 시각에서 아동 자신 교육의 주체가 되는 상호작용 자체를 중요시하는 교육이론으로 변화하고 있다(Bruner, 1996).

6. 글로벌리제이션과 아동의 권리: 나가 놀아라!

언제부터인가 우리는 거리의 아동 또는 청소년을 두려워하기 시작했다. 거리의 아동이 가족이나 학교의 통제 범위를 벗어난 존재로 인식되기 시작한 것이다. 더욱이 밤거리의 아동이나 청소년이 집단으로 모여 있는 경우 대부분의 성인들은 이들을 잠재적인 범죄 집단으로 취급하며 쉽사리 경계심을 늦추지 못한다. 아동들이란 거리에 있어서는 안 되는 존재인 것이다. 하지만 얼마 전만 해도 아동들이란 '나가 놀아야 하는' 존재였다. 물론 남자아이에게만 제한된 것이긴 하지만 아이들이 집안에서 뒹구는 것을 우리 어머니들은 무척 귀찮아했다. 또한 아이들이란 밖에서 친구들과 '떼지어' 놀아야만 건강하다고 우리의 어머니들은 생각했던 것 같다. 어느 정도 나이든 이들의 아동기의 추억이란 집 밖에서 밤늦게까지 친구들과 돌아다니다가 밤늦게 집에 들어와 쓰러져 잤던 기억들이 대부분이다. 결국 당시에는 건강한 아동이란 거리에 있어야만 했다.

그러나 오늘날 도시의 아동들은 함부로 '나가 놀아서는' 안 된다. 거리란 교육의 범위를 벗어난 것으로 인식되기 때문이다. 즉 거리의 아동이란 학교·가정·학원 등의 통제 범위를 벗어난 것으로 인식된다. 이러한 아동의 개념은 자본주의 발흥에 따른 산업화·도시화의 과정과 깊은 관계가 있다. 즉 자본주의가 진행됨에 따라 대량생산·대량소비를 위한 도시가 형성되고, 도시는 다시 빈부의 격차에 따라 각기 다른 구역들로 나뉜다. 이때 함부로 나가 놀아서는 안 되는 아동들이란 노동자 계층이 모여 사는 구역의 아동들이 아니다. 높은 담으로 생활 영역을 축소하여 자신들의 활동 범위를 담 안쪽으로만 규정한 구역의 아동들만이 나가 놀아서는 안 되었다. 고등교육이 어느 정도 일반화된 오늘날에는 거의 모든 아동들이 일정한 나이까지 거리에 나타나선 안 된다. 이러한 거리와 학교/가정의 이분법은 아동의 노동에 대한 사회적 인식의 변화와도 깊은 관련이 있다(Burman, 1996).

산업자본주의 초기에는 아동의 노동이 무척 참혹한 형태로 자행되었던 것 같다. 아동의 노동에 대한 당시의 기록들은 그 잔인했던 상황을 자세히 설명하고 있다(Engels, 1971). 아동들의 노동 착취는 19세기 이후에서야 비로소 종교가나 사회개혁가들에 의해 비인간적으로 규정되었다. 그리고 법과 제도를 통해 아동들을 보호하기 시작했다. 이 법과 제도의 구체적인 내용이란 부르주아 계층의 아동들에게만 해당되었던 교육을 노동자 계층의 아동들에게도 확대하는 것이었다. 즉 노동자 계층의 아동들이 공장에서 학교로 보내진 것이다. 하지만 이 과정을 단순히 '인간의 얼굴을 한 자본주의'라고 하기엔 몇 가지 살펴봐야 할 것이 있다. 우선 산업자본주의의 확대는 가족의 의미 변화를 가져왔다는 사실이다. 즉 경제 단위로서의 가족이 해체된 것이다. 그 이전의 생산이란 가족을 단위로 이루어졌으며 숙련된 노동자를 키워 내는 도제 훈련 과정 역시 가족의 구조와 불가분의 관계에 있었다. 산업혁명은 노동 과정과 가족의 분리를 촉진하였으며, 숙련된 노동자를 키워 내는 교육의 책임을 가정에서 학교로 옮기는 결과를 가져왔다. 숙련된 노동자를 대량으로 키워 내는 대중교육기관으로서의 학교가 급속도로 확대되어 갔고, 학교 교육의 의미는 생산 과정에 참여하기 위한 준비 과정으로 이해되었다. 노동과 관련된 성인/아동의 이분법은 생산과정으로부터 아동의 분리를 의미하며 의미 있는 생산은 성인에게만 해당되기 시작한 것이다. 이후 산업화된 사회에서의 아동의 노동이란 비인간적인 것으로 규정되어 금지된다.

거리/가정, 가정/학교 등의 산업자본주의적 이분법에 근거한 서구의 아동관은 글로벌리제이션 과정에서 문화적 맥락에 관한 아무런 고려 없이 '가장 발달한 것'으로 간주되어 곳곳으로 수출되고 있다. 이 과정에서 전통적 교육관은 자동적으로 미개한 것, 전근대적인 것으로 간주되는 것을 흔히 볼 수 있다. 이와 관련해서 '아동권리협약'(1989)에 대한 문화적 해석의 차이에 관한 논의를 살펴보는 것으로 이 글의 결론을 이끌어 내고자 한다.

1989년 UN에서 아동 권리에 관한 국제협약을 만장일치로 채택한 후 1990년 '아동권리협약'이 국제적으로 효력을 나타내게 되었다. 그 후 이 아동권리협약을 구체적으로 적용되는 과정에서 아시아, 아프리카, 남아프리카의 아동복지 관련 종사자들은 많은 문제점을 발견하게 된다. 아동권리협약의 적지 않은 내용이 문화적 편향, 즉 서구의 복지국가의 가족제도, 아동양육 방식, 교육제도 등을 바탕으로 쓰여져 있어 실제로 서구 이외의 나라에 적용시키는 과정에서 여러 가지 문제점이 드러난다는 지적이다. 앞서 설명한 대로 서구적 형태의 산업자본주의로의 이행이 이루어지지 않은 아시아나 아프리카의 여러 나라에서 아동의 노동금지(아동권리협약 제32조)는 생산 과정과 관련된 가족 및 아동교육 과정의 해체를 의미하기에 그 문화의 구성원이 받아들이기 힘든 조항이다.

아동권리협약이 전제하고 있는 아동관은 발달심리학 이론과 같은 아동 관련 이론에 기초하고 있으며, 보편적이며 일반화된 아동관을 전제하고 있다. 하지만 구체적 맥락을 떠난 보편적이며 일반화된 아동관이란 무의미하거나 일정한 문화적 가치를 포함하는 경우가 대부분이다. 예를 들어 "아동은 사랑을 받아야 잘 자란다"는 막연한(?) 주장은 아동에 대한 사랑이 구현되는 방식에 대한 일정한 전제들이 포함될 때만 의미가 있다. 즉 "사랑은 아동이 정서적으로 안정되게 자라기 위해서는 꼭 필요하다. 사랑을 받지 못한 아동은 정서적으로 안정되게 자라지 못한다"라는 주장에는 정서적으로 안정되게 자라는 방식에 대한 특정한 아이 양육 방식이 전제되어 있는 것이다.

서구의 발달심리학 교과서에서 주장하는 정서적으로 안정된 발달을 위해 바람직한 아동양육 방식은 자녀의 수가 한두 명에 불과한 핵가족에서만 가능한 방식이다. 자녀의 수가 많은 타문화권의 아이들은 영·

유아기에 어머니와의 긴밀한 정서적 상호관계가 가능하지 않으며, 오히려 많은 형제들로 인한 정서적 긴장과 갈등으로 말미암아 불안정한 정서발달로 이어질 확률이 높다. 결국 대가족의 아이들은 건강하지 못한 성격으로 성장할 것으로 처음부터 규정되는 것이다.

아동권리협약은 지금의 성인 세대에게 익숙한 '아동보호'라는 교육이념에서 오늘날의 '아동권리'라는 교육이념으로의 전환을 의미한다. 즉 아동이 교육의 수혜 대상에서 교육의 주체로 인식되어야 한다는 의식의 변화를 포함하고 있다. 그러나 한국의 부모·교사 등 아동양육에 참여하는 성인들에게 '아동권리'라는 개념은 아직도 생소하다. 일반화된 주장에는 동의하면서도 구체적인 현실적용에는 당혹감을 숨길 수 없는 경우가 대부분이다. 어쩌면 '권리'하는 개념 자체가 서구의 민주제도가 정착하는 과정에서 내용적 함의를 축적한 것이기에 현대적 의미의 민주주의가 제대로 정착된 지 얼마 되지 않은 한국 사회에서 '아동권리'의 개념은 너무 낯선 것일 수도 있다.

가정에서 자녀가 법적으로 규정된 부모에 대한 자신의 권리를 아무런 거리낌 없이 주장할 수 있고, 부모가 이를 거부할 경우 법적인 강제력을 동원할 수도 있다는 사실에 대해 한국의 부모들은 무척 당혹해한다. 뿐만 아니라 아동의 권리를 가르쳐야 하는 교사들의 경우, 만약 학생이 자신의 체벌 행위를 경찰에 신고한다면 심각한 정신적 상처를 입을 것이다. 서구의 '선생-학생'의 관계에서는 상정되지 않는 전통적 '선생-제자'의 관계를 한국의 교사들은 표상하고 있기 때문이다. '아동의 권리'라는 추상적 개념에는 동의하지만 '아동의 권리'가 적용되는 구체적 상황에 대한 이해가 문화마다 다를 수 있다는 사실은 일반화된 추상적 개념으로서의 아동 개념을 사회문화적 구성 개념으로 대치할 것을 요구한다.

또한 아동의 개념은 관련 인접 개념들, 즉 가족·학교·부모 등의 가치와 역할에 대한 문화적 이해와 동반되는 것이라 할 수 있다. 예를 들어 아동의 양육 방식은 가족 또는 부부의 개념과 깊은 상관관계가 있다(Shweder, 1996). '독립적인 아이가 건강한 아이'라는 서구의 아동 교육 이념은 부부와 자녀들이 서로 독립된 단위로 규정되는 것에서부터 출발한다. '신에게 바쳐진 신성한 부부'라는 기독교적 개념에서 출발하는 서구의 부부는 자신들만의 공간인 침실이 자신들의 아이들에 의해서도 침해받아서는 안 된다고 생각한다. 따라서 아이들은 어릴 때부터 부부와 떨어져 독립적으로 지내야 한다는 서구의 아동양육 방식은 이러한 서구의 부부의 표상과 깊은 관계가 있는 것이며, 독립적인 아이를 위한 교육이념은 차후에 구성된 것이다. 이러한 부부의 표상과 아동양육의 관계를 둘러싼 문화적 배경에 대한 충분한 이해 없이 무비판적으로 수용된 서구적 교육이념은 한국의 구체적 교육환경 속에서 불협화음을 일으킬 수밖에 없다.

우리가 막연하게 이해하고 있는 추상화되고 일반화된 의미의 아동이란 그 본질에 있어 서구의 근대적 아동 이해 방식을 무비판적으로 수입한 산물이다. 그 결과 서구에서는 나타나지 않는 아동 관련 사회문제들이 우리 사회에서는 자주 발견된다. 예를 들어 아동의 학교 성적을 위해 부모의 희생은 물론 아동 스스로의 희생까지도 서슴지 않는 한국 부모들의 아동양육 방식은 서구인들에게는 이해가 안 된다. 이는 결국 현재 우리 사회에서 구체적으로 적용되는 아동 개념이 그들과 다르기 때문이라고 볼 수 있다. 추상적이며 일반화된 의미의 아동 개념은 동일할 수 있지만, 개념이 구체적으로 적용되는 과정이 다른 것이다. 아동 개념의 구체적 적용이란 아동과 관련된 인접 개념들, 예를 들어 가족, 부부, 교육의 의미 등등이 함께 적용되는 것을 의미한다.

이렇게 본다면 인접 개념들과의 관련성에 대한 설명이 없는 아동학 관련 교과서의 아동의 개념은 아직도 명확히 규정되지 않은 것이라 할 수 있다. 아동 개념의 올바른 이해는 아동과 인접 개념들과의 관련성에 대한 이해와 이들 개념의 변화 과정에 대한 추적을 통해서 가능하다.

이러한 문화적 개념 구성 과정에 대한 추적은 근대적인 의미의 산업자본주의로의 이행이 자유롭지 못했던 우리에게는 더욱더 중요하다. 오늘날 우리 사회의 많은 문제는 이로부터 야기되기 때문이다.

7. 보론의 참고문헌

김정운·한성열 (1999). 문화심리학 어떻게 할 것인가. 한국심리학회지: 일반, 17 (1), 97~114.

아동권리협약(The convention of the Rights of the Child) (1989).

Aries, P. (1965). *Centuries of Childhood: A Social History of Family Life*. New York: Vintage.

Bowlby, J. (1975). *Bindung*. München: Kindler.

Bruner, J. (1996). *The Culture of Education*. Harvard: Harvard University Press.

Burman, E. (1994). *Deconstructing developmental psychology*. London: Routedge.

Burman, E. (1996). Local, global or globalized?: Child development and international child rights legislation. *Child, 3*, 45~66.

Dornes, M. (1995). *Der kompetente Saeugling: Die praeverbale Entwicklung des Menschen*. Frankfurt am Main: Fischer.

Engels, F. (1971). *The Condition of the Working Class in England*. Oxford: Blackwell.

James, A. & Prout, A. (1997). Re-presenting Childhood: Time and Transition in the Study of Childhood. In A. James & A. Prout (eds.). *Constructing and Reconstructing*

Childhood: Contemporary Issues in the Sociological Study of Childhood. London: Falmer Press.

Kessen, W. (1993). Avoiding the emptiness: The full infant. *Theory & Psychology, 3 (4)*, 415~427.

Langness, L. L. (1974). *The Study of Culture*. San Francisco: Chandler & Sharp.

Morss, J. R. (1990). *The Biologising of Childhood: Developmental Psychology and the Darwinian Myth*. Hove and London: Lawrence Erlbaum.

Oelze, B. (1991). *Wilhelm Wundt: Die Konzeption der Völkerpsychologie*. Münster: Waxmann.

Piaget, J. (1976). *Sprechen und Denken des Kindes*. Frankfurt am Main: Ullstein.

Shweder, R. A. (1996). True ethnography: The lore, the law, and the lure. In R. Jessor, A. Colby & R. A. Shweder (Eds.). *Ethnography and human development*. Chicago: University of Chicago Press.

Singer, E. (1993). Shared Care for Children. *Theory and Psychology, 3 (4)*, 429~449.

Walkerdine, V. (1993). Beyond developmentalism?. *Theory and Psychology, 3 (4)*, 451-469.

Wundt, W. (1900). *Völkerpsychologie: Eine Untersuchung der Entwicklungsgesetze von Sprache. Mythos und Sitte, 1*, Bd. Leipzig: Engelmann.

Wundt, W. (1912). *Elemente der Völkerpsychologie: Grundlinien einer psychologischen Entwicklungsgeschichte der Menschheit*. Leipzig: Kröner.

추천 도서

▷ **청년기 갈등과 자기이해**

(김애순·윤진 공저, 중앙적성출판사, 1997)

책제목과 동일한 이름의 연세대학교 교양과목이 매 학기 1,000명 정도의 학생들이 수강할 정도의 폭발적인 인기를 끌고 있는데, 이 책은 그 과목의 교재로 집필된 것이다. 전체적으로 평이하게 서술되어 있으며, 각종 국내외 자료를 충분히 인용하고 있다는 점도 눈에 띈다.

▷ **노년기의 의미와 즐거움**

(한성열 편역, 학지사, 2000)

심리학의 대가들인 Erikson, Skinner, Rogers가 자신들 역시 노년이 된 입장에서, 각자 이론적 입장에 따라 노년기에 대해 이야기하는 논문을 편역한 책이다. 정신분석, 행동주의, 인본주의적 관점의 차이가 저자들의 일상적이고 솔직한 대화체에 묻어 나는 것이 흥미롭다.

▷ **성공적인 삶의 심리학**

(조지 E. 베일런트 지음, 나남출판, 1993)

하버드 대학교의 졸업생들을 대상으로, 1937년부터 지금까지도 진행되고 있는 그랜트 장기종단 연구의 중간보고서 격의 책이다. 연구 결과 드러난, 성인발달에서의 정신건강, 적응의 문제 등에 대해 종합적인 논의를 제공하고 있다.

2장

너 자신을 알라

"이제는 변해야 할 때입니다. 가을로 바뀌는 일이 나뭇잎과 새에게는 본능적으로 다가오겠지만 우리들에게는 체면을 잃는다는 의미입니다. 다시 모든 것을 시작한다는 의미입니다. 그리고 거기에는 늘 고통이 따릅니다. 그것은 내가 미안하다고 말한다는 의미입니다. 그것은 우리에게 변화할 능력이 있음을 인식한다는 의미입니다. 이 모든 일들이 끔찍할 만큼 하기에 힘이 들지만 돌아가지 않으면, 영원히 우리는 어제의 방식 속에 갇혀 지내게 될 것입니다." (Bill Clinton, 1998년 백악관 연례 조찬기도회 연설문에서)

얼마 전에 어느 정신과 의사(정혜신, 2001)가 쓴 책을 읽다가 다음과 같은 이야기를 보고 한참 웃었다.

미국의 어느 젊은 기자가 '미국 국회의원들은 모두 다 저능아다'라는 신문기사를 작성했다고 한다. 그 문장을 미리 본 고참 기자는 그에게 충고했다. 그 기사가 나가면 국회의원들의 항의가 빗발칠 것이다. 그러니 한 구절만 추가하자. 다시 고친 문장은 이랬다.
"미국 국회의원들은 한 명만 빼고 모두 다 저능아다."
기사가 나간 후 항의한 국회의원은 한 명도 없었단다. 국회의원들은 모두 그 '한 명'이 바로 자기라고 믿었기 때문이다.

자기 자신에 대해 객관적으로 본다는 것이 이토록 힘든 일일까? 위의 이야기가 너무 코믹하다면, 보다 사실적인 자료 하나를 보자.

다음 결과는 집단 내 대인지각의 양상을 알아보기 위하여, 국내 모 기업의 ○○○○팀을 대상으로 심리검사를 실시하여 나온 결과이다. 그 검사는 'T-SRM'(Teambuilding-Social Relations Model)이란 것인데, 이는 개인들의 타인지각, 자기지각, 그리고 메타지각을 알아보고 그것들 사이의 차이를 통해 개인의 조직 적응을 돕고자 만들어진 것이다. 여기에서 '타인지각'이란 다른 팀원들이 내린 나에 대한 평가, '자기지각'이란 내가 나 자신에 대하여 내린 평가, 그리고 '메타지각'이란 다른 팀원들이 나를 어떻게 평가하고 있는지에 대한 나의 추측을 의미한다.

인간관계 측면에서 볼 때, 이런 3가지 평가유형이 다 나름대로 중요한 의미를 가지고 있지만, 그 중에서도 특히 타인지각이 가장 기본적이라고 할 수 있다. 왜냐하면 대인관계란 기본적으로는 다른 사람과 관련되어 있기 때문에, 나에 대한 나 자신의 평가(자기지각)보다도 나에 대한 다른 사람의 평가(타인지각)가 서로의 관계에 있어서 더 중요하고 강력한 영향력을 행사하기 때문이다. 또한 메타지각이란 기본적으로 타인지각에 근거하여 이루어질 가능성이 높을 뿐만 아니라, 그럴 때 메타지각의 정확성이 증가하기 때문에, 타인지각이 메타지각의 근간을 이룬다고 할 수 있기 때문이다.

따라서 T-SRM에서 가장 바람직한 유형은 나에 대한 타인지각이 긍정적이며, 내가 그러한 타인지각을 정확히 파악하고 있고(메타지각의 정확성), 그리고 마지막으로 나에 대한 타인의 지각과 나 자신의 지각이 일치하는 경우라고 할 수 있다(정태연·박제일·김도환, 2001).

<그림 2-1>과 <그림 2-2>를 보면, 특정 개인에 대하여 내외향성,

정서안정성, 업무능력, 업무협조, 업무잠재력의 다섯 가지 영역에서 평가된, ① 타인지각(■), ② 자기지각(●), ③ 메타지각(▲) 점수의 평균(7점 만점)이 제시되어 있다.

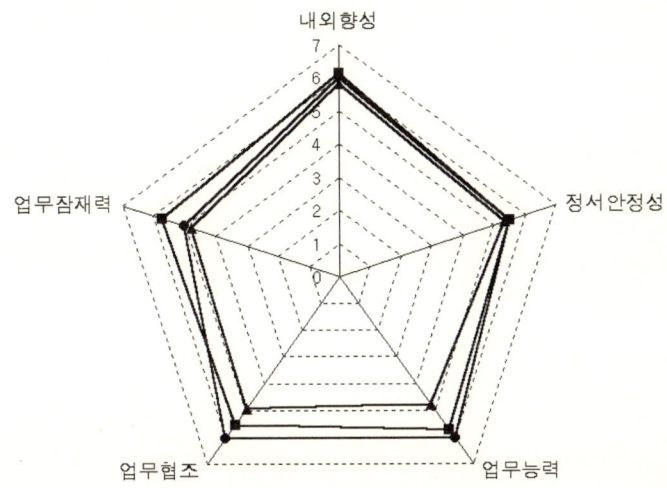

<그림 2-1> T-SRM 프로파일의 예: 긍정적인 경우

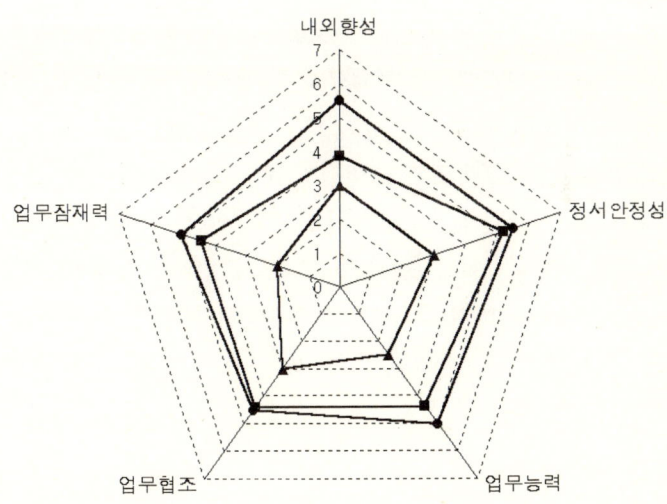

<그림 2-2> T-SRM 프로파일의 예: 부정적인 경우

실제 두 사람의 결과를 비교해 보면, 첫 번째 사람의 경우 다섯 가지 영역 모두에서 절대 점수가 높고 세 다각형이 거의 일치하는 이상적인 경우이다. 안타까운 사실은 이런 사례가 매우 드물다는 것이다. 실제로 필자들이 얻은 자료에 따르면, 첫 번째 사람과 같은 프로파일은 전체의 10%도 되지 않았다. 오히려 두 번째 사람의 결과와 같이, 다각형들이 찌그러지고 서로 불일치하는 경우가 훨씬 많이 나타났다.

두 번째 사람의 경우 세 다각형 중에서 자기지각이 가장 바깥에 존재하고 메타지각은 가장 안쪽에 존재하는 양상이다. 즉 본인은 스스로를 괜찮은 사람이라고 생각하고 있는 반면, 다른 사람들은 자신을 별로 좋지 않게 볼 것이라고 짐작하는 것이다. 실상 타인지각은 그 두 다각형의 중간에, 그것도 자기지각에 가깝게 위치하고 있다. 결국 이 사람은 다른 사람들이 자신을 어떻게 생각하고 있는지를 제대로 파악하지 못하고 있다.

만일 이러한 심리검사를 실시한다면, 여러분 자신은 어떤 프로파일을 받게 될까? 첫 번째 사람의 프로파일과 비슷할까? 아니면 두 번째 사람처럼 나타날까? 현대 사회에서 흔히 접하게 되는 자기보고식(自己報告式) 심리검사에는 두 가지 중요한 전제조건이 깔려 있다. 하나는 '사람들은 자신에 대해서 잘 안다'는 것이고, 다른 하나는 심리검사의 질문에 대해 '사람들이 솔직하게 응답할 것'이라는 것이다. 만일 이 두 가지 전제 중에서 하나라도 깨지게 되면, 그 수많은 심리검사들은 상당히 난처한 상황에 빠지고 만다. 그렇다면 사람들은 실제로 자신을 잘 알고 있을까? 아마도 우리가 흔히 예상하는 것보다는 더 부정확하게 알고 있을 것이다.[1]

---

[1] 물론 이러한 부정확성에는 그럴만한 심리적 이유가 있을 것이고, 정확히 아는 것이 무조건 행복한 것도 아닐 것이다.

2002년 6월 한반도를 축제의 열기로 몰아 넣었던 한국 축구 국가대표팀 감독이었던 Guss Hiddink가 시종일관 강조한 것은 "생각하라"이다. 무엇을? 경기에서 자신의 역할이 무엇이고, 따라서 어떻게 경기할 것인지를. 물론 그렇게 한다고 해서 모든 경기를 이기는 것은 아니다. 승리를 위해서는 무수히 많은 환경적인 조건들과 운(運)도 맞아떨어져야 하기 때문이다.

필자 역시 이 책 전반에 걸쳐 강조하는 것은 "생각하라"이다. 무엇을? 내가 누구이며, 따라서 어떻게 살지를. 물론 그렇게 한다고 인생의 성공이 보장되지는 않는다. 성공을 위해서는 무수히 많은 환경적인 조건들과 운(運)도 맞아떨어져야 하기 때문이다. 그럼에도 불구하고, 자신에 대해서 생각한다는 것은 성공적이고 만족스러운 삶을 만들어 가는데 필수적인 요소 중의 하나이다.

이 장의 핵심인 자아정체성을 본격적으로 다루기 전에, 먼저 전생애를 통한 발달과 자아정체성의 관계에 대해 알아보도록 하자. 여기에서는 성인발달에 관한 몇몇 심리학적 이론들을 성인 초기를 중심으로 살펴볼 것이다.

제1절 성인발달에 대한 이론들

1. Levinson의 성인발달 이론

처음으로 다룰 내용은 Daniel Levinson(1978)의 성인발달 이론이다.2) 그와 그의 동료들은 1967년부터 십여 년에 걸쳐 미국 북동부 지역에 사는 40명의 중년 남자들을 대상으로 심층 면접을 통해 얻은 자료에 근거하여, 성인발달의 단계를 제시했다. Levinson은 개인의 인생에는 출생에서 사망에 이르기까지 개인차를 초월한 보편적 유형이 있다고 보고, 특정한 단계나 기간이 연속적으로 순서대로 나타나는 계절(era)의 개념으로 인생을 접근하였다.

<그림 2-3>에서 보는 바와 같이, 개인의 인생에는 아동·청소년기, 성인 초기, 성인 중기, 성인 후기라는 질적으로 서로 다른 네 개의 계절이 존재하고, 각 계절은 약 20년 정도 지속된다고 보았다. 그러므로 성인기의 인생도 아동기나 청소년기와 마찬가지로 기본적인 순서에 의해서 진행하기 때문에, 성인발달에 대한 연구에서도 발달적 접근이 필요하며, 그 인생의 구체적인 특성들을 탐구해야 함을 강조하였다.

Levinson에 의하면, '인생구조'(life structure)의 발달은 일군의 발달심리학자들이 이야기하는 '성격발달'과는 다르다. 그가 인생구조의 개념을 사용하여 지적하고자 하는 성인발달은 각 개인의 어떤 개별적 특징에 집중하기보다는 훨씬 더 포괄적으로 그 개인이 세계와 맺고 살아가는 '관계'(relations)에 집중한 것이라고 한다. 따라서 그는 자신의 발달 개념이 꼭 진보적인(progressive) 것으로 이해될 필요는 없다고 밝히고 있다(Levinson, 1990). 그가 제안한 인생구조는 다음과 같은 세 변수들로 이루어져 있다.

① 개인에게 심리적으로 중요한 사회문화적 세계; 이것은 출신지역, 부모의 직업과 경력수준, 개인과 가족 전체의 소비수준과 같은 사회경제적 배경에 해당하는 요인이다. 또한 천재지변, 정치·경제적 변화와 같은 시대적 격변도 이에 해당한다.

---

2) 아래의 설명들은 Levinson(1978)의 내용을 요약·발췌한 것이다.

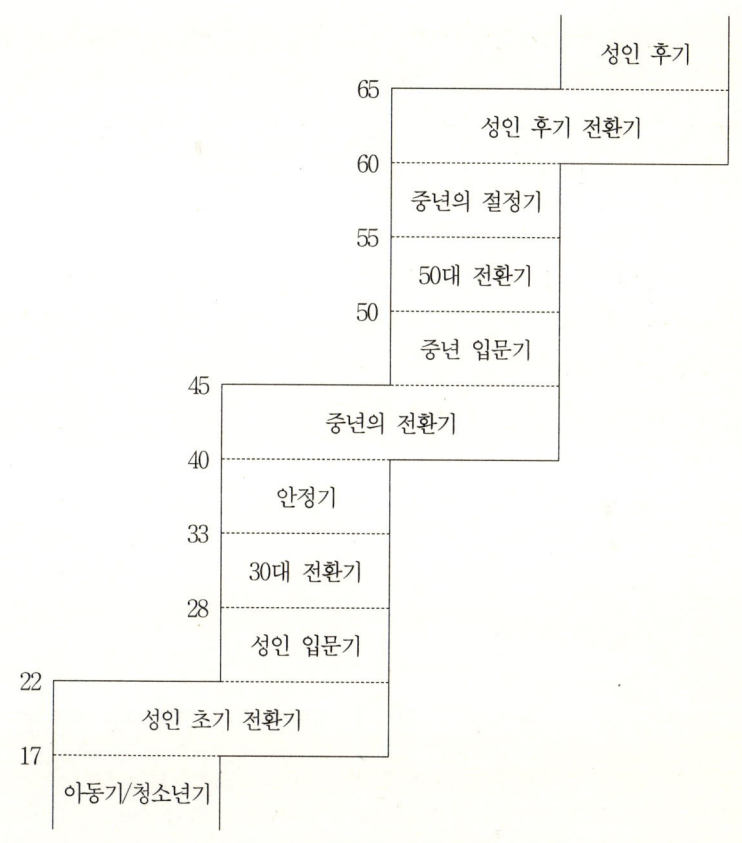

<그림 2-3> 인생주기의 시대와 전환기(Levinson, 1978)

② 숨겨져 있거나 현재 가장 부각된 자아의 구성요소들; 개인에게는 다양한 자아의 측면들이 있다. 그러나 그 개인이 현재 처한 발달적 맥락에 따라 자아의 어떤 부분은 부각되는 반면, 다른 부분은 숨겨져 있다. 개인의 발달과정이 진행되면서 숨겨진 자아와 부각된 자아는 계속 바뀌어간다.

③ 개인이 현재 참여하고 있는 활동들; 개인이 과거와 현재 어떤 활

동에 관심을 가지고 참여하고 있는지에 관한 요인이다. 대학생의 경우는 그 학생이 참여하고 있는 학생운동단체나 종교단체, 동아리 혹은 희망전공 같은 공적인 참여와 연애와 우정관계 같은 개인적 참여 등이 모두 이 변수에 포함된다.

Levinson의 인생구조의 개념을 한마디로 요약하자면, 그것은 아마도 1930년대 미국 연극계의 희곡에 대해 비평한 Arthur Miller의 표현에 가장 잘 함축되어 있다.

> 사회는 인간 속에 존재하며 인간은 사회 속에 존재한다. 당신이 그의 사회적 관계 및 현재의 그를 만든, 그리고 현재의 그가 아닌 어떤 존재가 되지 못하게 방해한 사회적 힘을 이해하기 전에는, 당신은 무대 위에서 진실되게 그려진 심리적 실체를 창조할 수 없다. 물고기는 물 속에 있으며, 물은 물고기 속에 있다(Miller, 1958).

이러한 Levinson 이론의 내용을 성인 초기를 중심으로 확인해 보자. '성인 초기 전환기'는 청소년기와 성인 초기를 연결하고 있다. 그 뒤를 이어 '성인 입문기'가 이어진다. 이 시기의 일차적인 과제는 성인 초기의 첫 인생구조를 형성하는 것이며, 이 구조는 '30대 전환기'에 다시 수정된다. 그리고 이러한 안정과 전환이 성인 후기까지 계속 이어진다.

Levinson(1978)의 연구표본에 따르면, '성인 초기 전환기'는 전형적으로 17~18살에 시작해서 5년간 지속되었으며, 22~23살에 끝났다. 어떤 경우에도 그것은 16살보다 빨리 또는 18살보다 늦게 시작되지는 않았으며, 4년 이하 또는 7년 이상 지속되지도 않았다.

성인 초기 전환기에는 두 개의 주요한 과제가 있다. 그 하나는 청소년기의 인생구조를 마무리짓고 '성인 이전기를 떠나는 것'이다. 젊은 남성은 그 세계의 본질과 그 안에서 자신의 위치에 대해 의문을 던져 보아야 한다. 중요한 사람들이나 기관들과 맺고 있는 관계를 수정하고, 성인 이전기에 형성된 자아를 수정할 필요가 있다. 수많은 결별, 상실, 그리고 변형이 불가피하다.

다른 하나는 '성인 세계로 예비적인 발걸음을 내딛는 것'이다. 즉 성인 세계에서의 가능성을 탐색해 보고, 그 안에서 참여자로서 자신을 상상해 보고, 그 속에 완전히 들어가기 전에 몇 가지 잠정적인 선택들을 해서 시험해 본다. 첫 번째 과제는 끝맺는 과정을, 두 번째 과제는 시작하는 과정을 수반하게 된다.

'성인 입문기'는 보통 22살(±2년)에 시작해서 약 6년 동안 지속되었으며 28~29살에 끝났다. 성인의 세계로 들어갈 때, 젊은이들은 자아와 성인 세계를 연결해줄 수 있는 최초의 인생구조를 형성하고 그것을 시험해 보아야 한다. 그는 이제 자신의 삶의 중심을 원래의 가족 속에 근거한 어린이의 위치에서 자신이 새롭게 구성한 가정에 기반한 풋내기 성인의 위치로 전환해야 한다. 이제 성인 세계로 완전히 들어갈 때이다. 이것은 다양한 노력을 필요로 한다: 유용한 가능성을 찾아내고, 성인으로서의 자신을 구체적으로 (결코 마지막 정의는 아닐지라도) 정의하며, 직업, 사랑 관계, 삶의 양식, 가치들에 관한 최초의 선택을 하고 또 그것들과 더불어 살기 위한 노력을 한다. 이러한 다양한 탐색에서 필요한 자세는 '느긋할 것', '대안들에 개방적일 것', 그리고 '깊은 개입을 피할 것' 등이다.

'30대 전환기'는 28~29살에 시작하여 32~34살에 끝났다. 평균적으로 볼 때 28~33살까지 5년 동안 지속되었다. 이제 남성들은 과거를 재평가하고 미래를 생각해 볼 수 있는 5~6년의 시간을 가질 수 있다. 그는 물어 본다: 내 인생에서 내가 한 것은 무엇인가? 내가 하고자 원했던 것은 무엇인가? 나는 앞으로 어떤 새로운 방향을 선택할 것인가?

30대 전환기에는 20대의 일시적이고 탐색적인 자질은 사라지고, 남성들은 이제 더욱 긴박감을 갖게 된다. 그의 인생은 더욱 심각해지고 제약을 많이 받으며 더욱 '실제적'으로 된다. 그들은 다음과 같은 감정들을 갖게 된다. "내가 내 인생을 변화시키려 한다면 지금이 바로 시작할 때다. 왜냐하면 곧 늦어질 테니까." 30대 전환기는 성인 초기 내에서 좀 더 만족스러운 인생구조를 만들어 내기 위한 두 번째 기회이다.

모든 남성들은 이 시기 동안 약간의 변화를 경험했다. 그래서 그 끝에서는 좋든 싫든 인생구조가 처음 시작할 때와는 반드시 달랐다. 모든 전환기에서와 마찬가지로, 이 시기의 시작과 그 진행 과정 및 결과에는 미묘한 개인차가 있었다.

Levinson은 성인 초기 전환기, 성인 입문기, 30대 전환기를 합쳐서 '초심자 단계'(novice phase)라고 불렀다. 이 단계에서는 크게 네 가지 중요한 발달적 과제들이 있다.

① 꿈(Dream)을 형성하고 인생구조 안에 그 꿈을 배치하기
② 멘토(mentor) 관계를 맺기
③ 직업을 선택해서 이력을 쌓아 나가기
④ 사랑 관계를 맺어 결혼하고 가족을 이루기

③, ④번 과제는 앞으로 각각 제4장과 제3장에서 다룰 내용이기에 생략하고, 여기서는 앞의 ①, ②번의 의미를 좀 더 살펴보자.

먼저 Levinson이 말하는 꿈은 결코 우리가 밤에 꾸는 꿈이나 우연한 백일몽을 말하는 것이 아니다. 여기서의 꿈이란 성인 세계 안에서의 자신에 대한 막연한 자아감이다. 그것은 흥분과 생동감을 생성해 내는 비전, 막연한 가능성 같은 성질을 가지고 있다. 첫 번째 인생구조가 자신의 꿈과 조화를 이루고 꿈에 의해서 고무되는가 아니면 꿈에 위배되는가에 따라 개인의 성장에 큰 차이가 난다.

두 번째는 멘토인데, 멘토 관계는 남성들이 성인 초기에 가질 수 있는 가장 복잡하면서도 중요한 것 중의 하나이다. 멘토는 보통 5~6년 나이가 더 많고, 좀 더 많은 경험을 가지고 있으며, 젊은이들이 들어가고 있는 세계에서 고참인 사람이다. 여기에서 말하는 멘토의 의미는 선생님, 조언자, 후원자 등의 좁은 의미를 넘어서서 그 이상을 의미한다.

멘토 관계는 가끔 직업 현장에서 생기는데, 선생님이나 상사 또는 대학 선배들이 멘토로서의 기능을 떠맡게 된다. 멘토 역할은 공식적으로 정의되기보다는 관계의 특성과 기능으로 정의된다. 그 기능이란 젊은 남성의 기술과 지적인 발달을 고양시키는 선생으로서 활동하는 것이고, 꿈을 실현하도록 지지하고 촉진하는 것이다. 따라서 좋은 멘토란 좋은 아버지와 좋은 친구의 혼합물이다. 물론 아버지와 친구의 최악의 모습을 조합한 나쁜 멘토들도 있다. 좋은 멘토의 관계는 대개 평균 2~3년, 길면 8~10년 정도 지속된다.

여기서 한가지 짚어볼 문제는 여성들이 (남성 멘토이든 여성 멘토이든) 남성들에 비해 멘토를 갖고 있는 경우가 매우 드물다는 것이다. 가능한 이유들을 특히 여러 사회·문화적 측면과 관련해서 여러분 스스로 생각해 보길….

Levinson 이론에 대한 간략한 소개를 이 정도에서 마무리하면서, 이 이론과 관련해서 네 가지 확인할 사항들이 있다. 이러한 사항들은 Levinson 이론의 핵심적인 특징을 대변해 준다.

첫 번째, 가장 놀랄만한 사실 중의 하나는 각 시기가 시작하고 끝나는 연령이 비교적 안정되어 있다는 것이다. 평균 연령을 중심으로 약 2~3년 정도 차이가 있을 뿐이다. 이는 성인발달의 속도나 양상이 매우 다양하다는 일반적인 생각에 반대된다. 하지만 그렇다고 해서 연령만을 발달 시기의 기준으로 사용하는 것은 타당하지 않을 수 있다. 발달 시기들은 비록 연령과 연관이 있기는 하나, 단순한 연령의 파생물만은 아니기 때문이다. 한 시기가 오는 때, 그리고 그 안에서 수행된 발달 과제의 종류는 한 남성이 살고 있는 생물학적·심리적·사회적 조건에 따라 다양하다.

두 번째는 인생구조의 발달과정이다. Levinson은 개인의 인생구조가 성인기를 통해 연속적으로 진화해 간다고 보고, 이러한 과정에는 안정기(stable period)와 전환기(transitional period)가 번갈아 나타난다고 보았다. 6~7년 동안 지속되는 안정기에는 인생구조를 확립하여 풍부하고 안정된 생활을 영위하며, 4~5년 정도 지속되는 전환기에는 인생구조를 변화·수정하여 다음 단계를 준비한다는 것이다. 따라서 현재의 인생구조가 아무리 적응적이라고 하더라도 그 유효 기간은 최대 7년을 넘지 못한다는 것이다. 인생구조는 '시찌프스의 신화'처럼 결코 '완성'될 수 없는 것이다.

세 번째는 이론의 보편성에 관한 문제이다. 앞서 우리가 살펴본 Levinson의 이론은 미국 내에 살고 있는 남성들에 대한 연구에 근거하고 있다. 그렇다면 이 이론은 역사상 당시의 미국 남성들에게만 해당되는가? 아니면 다른 사회나 역사적으로 다른 시대에 사는 사람에게도 적절한 모형인가? Levinson은 이에 대해 아직은 알 수 없다고 밝히면서도, 『탈무드』(Talmud)와 공자(孔子)의 유명한 구절3)까지 예로 들면서, 현재의 모든 인류와 사회 속에는 이러한 인생의 계열이 존재해 왔다고 말한다.

그러나 Tennant와 Pogson(1995)은 Levinson의 이론이 여성, 흑인, 원주민, 이민자, 그리고 빈곤층과 같은 사회 집단들의 경험을 적절하게 반영하지 못한다고 지적했다. 같은 맥락에서, Levinson 이론은 현재 한국 사회에 살고 있는 우리들의 모습에 대해서 무엇을 말해줄 수 있을까? 아직까지 우리는 한국 사회의 성인발달 과정을 묘사하는 이론적

---

3) "吾十有五而志于學, 三十而立, 四十而不惑, 五十而知天命, 六十而耳順, 七十而從心所欲, 不踰矩.."

틀을 가지고 있지 못하다. 또한 그러한 발달과정을 탐색한 경험적 자료도 부재한 상황이다. 이러한 상황에서 Levinson 이론의 보편성 문제를 논의하기 위해서는 좀 더 많은 검토와 연구들이 절실하게 요구된다고 할 수 있다.

마지막 사항은 상당히 논쟁적인 이슈인데, 기존의 성인발달 이론들이 남성중심적인 관점에서 이루어졌다는 것이다. Levinson이 말년에 저술한 『여자가 겪는 인생의 사계절』(1996)까지도 포함해서 말이다. 여기서 우리는 발달심리학 이론에 나타나는 성적인 편견에 대해 선구적인 비평을 전개해 온 심리학자 Carol Gilligan을 만날 필요가 있다.

그녀는 대부분의 발달 문헌에 나오는 성인기의 모습이 여성의 인생과 일치하지 않는다고 주장한다. 왜냐하면 이러한 문헌들은 건강하고 적응적인 성격에 대한 개념들을 절대적으로 남성의 시각에서 묘사하기 때문이라는 것이다. 즉, 분리, 자율, 독립과 같은 용어들은 근본적으로 남성가치적이며, 여성들은 관계, 책임, 공감, 상호의존을 가치 있게 여긴다고 그녀는 말한다. 따라서 소년들의 정체성이 (대부분의 경우에 여성인) 그들의 주요 양육자와의 대조와 그들로부터의 분리에 기초한다면, 소녀들의 정체성은 그들의 주요 양육자와의 일치와 애착에 대한 지각에 기초한다.

따라서 여성과 남성은 여러 관계들, 특히 의존성에 대한 문제를 서로 다르게 경험한다. 소년과 남자들에게 있어서, 모성으로부터의 분리가 남성다움의 발달에 필수적이기 때문에 분리와 독립이 성 정체성과 결정적으로 연결되어 있다. 그러나 소녀와 여성들의 성 정체성에 대한 논점들은 모성으로부터의 분리와 개별화의 성취에 달려있지 않다. 남성성이 분리를 통해서 정의되는 반면 여성성은 애착을 통해서 정의되기 때문에, 친교는 남성의 성 정체성을 위협하고 분리는 여성의 성 정체성을 위협한다. 따라서 남성들은 관계를 맺는 데에 어려움을 갖는 경향이 있는 반면, 여성들은 개별화 문제를 갖고 있는 경향이 있다.

그러나 심리학 이론에서 분리의 정도가 증가하는 것이 곧 아동·청소년기 발달의 지표를 의미한다는 점에서, 여성의 인생을 특징짓는 사회적 상호작용과 개인적 관계에 대한 몰입은 남성과 대조되는 단지 기술적 차이뿐만 아니라, 발달적 부담으로 작용한다. 따라서 이러한 정의상으로 보면, 여성들의 분리 실패는 곧 발달 실패가 된다(Gilligan, 1982).

여성들의 성인발달에 관한 수 십 편의 연구들을 검토한 결과를 보면(Tennant & Pogson, 1995), 여성은 남성과는 다른 특성을 가지고 있다. 즉, 여성들은 자신의 인생에서 주어지는 여러 가지 역할들(어머니, 아내, 피고용인 등) 사이에서 균형을 유지하는데 어려움을 느끼며, 따라서 여성의 성인발달은 하나의 연속적인 단계들이라기보다는 역할 변화로 생기는 특기할만한 불연속성으로 인해 다양하고 비직선적인 경향이 있다고 한다.

2. Sheehy의 성인발달 이론

다음으로 미국의 저명한 저널리스트 Gail Sheehy의 이야기를 간단하게 들어보자.[4] 그녀는 1976년 수백 명의 사람들을 개인적으로 인터뷰한 결과를 바탕으로 성인발달에 관한 나름의 견해를 『Passages』라는 책에서 발표한 바 있다. 이 책은 미국인의 인생에 가장 큰 영향을 준 50권 중의 하나로 선정되었을 정도로 큰 인기를 끌었다. 그녀는 개인의 인생을 '뿌리가 뽑히는' 20대 이전기, '시련의' 20대, '변통(變通)할 수 없는' 30대 등으로 구분하고 각 시기별로 그 골자와 사례들을 뛰어난 문장으로 제시하고 있다.

그녀에 의하면, 먼저 18살 이전에 사람들이 큰 소리로 외치는 표어

---
[4] 아래의 설명들은 Sheehy(1976)의 내용을 요약·발췌한 것이다.

는 "나는 부모로부터 도망쳐서 독립하지 않으면 안 된다"이다. 그러나 이 나이에 이 말이 실제로 행동과 연결되는 일은 드물다. 그러나 18살을 경계로 사정이 돌변하여 '뿌리를 뽑아내는 일'을 진정으로 하기 시작한다. '뿌리를 뽑아내는' 이 시기의 과제는 같은 또래집단 속에서의 자신의 역할, 성별에 따른 역할, 예측된 직업, 사상적 관념이나 세계관 속에서 자신의 위치를 잡는 것이다. 만약 이 시점에서 자아정체성의 위기, 즉 자기를 확립하기 위한 체험을 하지 못한 사람에게는 훨씬 이후의 시기에 그 위기가 별안간 얼굴을 내밀 위험성이 있고, 그럴 경우 그것에 대해서 지불해야 할 벌금은 한층 더 부담이 될 것임에 틀림없다.

이어서 나타나는 '시련의' 20대는 성인 세계에서 해결해야 할 과제와 대결하는 시기이다. 20대에 가장 깊이 침투되어 있는 주제는 '하지 않으면 안될 일'을 한다는 것이다. 이 '하지 않으면 안 된다'의 대부분은 가족이나 문화의 압력 또는 같은 또래 친구들의 편견에 의해서 형성된 것이다. 20대의 여러 가지 측면 중에서 가장 경계해야 하는 일은, 자기가 한번 선택한 일은 절대로 변경하지 못한다고 마음속으로 믿는 것이다.

20대의 사람이 "자기가 결정한 인생이야말로 유일하고 진실한 것이다"라고 고집하는 것은 자신의 의지력에 대한 굳은 환상과 신념이 그것을 뒷받침하고 있기 때문이다. 따라서 "당신은 부모를 그대로 닮았다"라든지 "20년에 걸친 부모의 생활 태도가 지금의 당신이 하고 있는 행위에 반영되고 있다" 등의 말이라도 듣게 되면, 이 시기의 사람들은 화를 낸다. "나는 그렇지 않다. 나는 다르다"는 말이 이 시기의 표어이다.

'변통할 수 없는' 30대가 다가옴에 따라 '하지 않으면 안 된다'는 것에 열중하는데 더 이상 참을 수 없게 되어, 사람들 마음속에는 새로운 생명력이 싹튼다. 남녀 모두가 '지금까지 자신의 가능성에 대해 너무 좁게 스스로 제약했었다'는 감정을 토로하고 있다.

그들이 제약을 느끼기 시작했다는 것은 분명 그들이 자신의 직업과 일찍이 20대에 행한 바 있는 개인적 선택의 두 가지를 졸업하고 그것을 넘어섰다는 말이 된다. 이제는 중요하고도 새로운 선택이 필요하며, 관여(commitment)의 방식도 개선하든지 또는 한층 심화할 필요가 있다. 이 시기에 흔히 볼 수 있는 반응 중의 하나는 20대의 태반을 소비해서 완성시킨 자신의 인생을 갈기갈기 찢어 버리는 일이다.

좀 더 구체적으로 살펴보면, 30대 초기가 되면 개인의 인생은 보다 이성적으로 되고, 질서를 갖추게 되며, 안정된 생활로 들어서게 된다. 그 모두에게 뿌리가 내려 새로운 싹이 돋아나기 시작한다. 사람들은 집을 사고, 직업의 사다리를 올라가려고 열중한다. 특히 남성은 '성공한다는 것'에 관하여 생각하기 시작한다. 20대는 결혼에 높은 가치를 부여하여 그것을 자신들 비전의 근간으로 삼았으나, 30대가 되면 결혼 생활의 만족도가 하향하기 시작한다.

30대 중반에 이르게 되면 사람들은 기로에 접어든다. 반환점에 도달한 것이다. 인생의 절정기에 가까워졌음에도 불구하고, 그 길의 끝에 무엇이 있는가를 보기 시작한다. 시간이 단축되기 시작한다.

젊음을 잃었다는 것, 항상 당연한 것으로 여겨왔던 육체적인 힘이 위태롭게 되고 있다는 것, 지금까지 자신이 그렇다고 믿고 연출해 온 역할의 목적이 소실되어 가기 시작했다는 것, 절대적인 대답은 존재하지 않는다는 정신적인 딜레마, 이런 것들 중에서 하나 혹은 그 모든 것으로부터 오는 충격이 이 시기의 특유한 위기를 초래한다.

이러한 생각은 35살에서 45살 사이의 10년 동안에 나타나는 것으로서, 이 10년을 '결말을 짓는' 세대로 부를 수 있다. 이것은 위기와 기회를 모두 갖고 있는 시기이다.

3. 인생주기와 세대의 문제

앞에서 살펴본 인생주기의 문제는 결국 세대의 문제로 이어지게 된다. 왜냐하면 각 개인이 겪는 인생주기는 사회문화적 변수의 영향을 받을 수밖에 없고, 따라서 인생주기는 출생동시집단 효과와 사회문화적 변동을 동시에 고려한 세대의 개념으로 이어지기 때문이다.

먼저, Sheehy(1995)는 『New passages』에서 미국 사회에서 각 세대를 특징짓는 정치, 경제, 사회, 문화적 특성을 제시하고, 그 특성들을 개인의 심리사회적 특성과 관련시켜 다음과 같이 세대를 구분하였다: ① 1910년대 후반부터 1920년대 초기에 출생한 2차 세계대전 세대(World War II Generation, 1914~1929년 출생), ② 대공황기를 거치면서 태어난 침묵의 세대(Silent Generation, 1930~1945년 출생), ③ 2차 세계대전 세대의 부모 밑에서 양육된 베트남 세대(Vietnam Generation, 1946~1955년 출생), ④ 침묵의 세대가 만들어 낸 나만의 세대(Me Generation, 1956~1965년 출생). 이러한 각 세대는 다른 세대들과 비교적 뚜렷하게 구분될 뿐 아니라, 그들의 자녀 세대가 경험하는 사회적 환경을 각기 다르게 만들어 놓았다.

이러한 세대 구분은 서로 다른 세대에 속하는 집단간의 문제이면서 동시에 가족이라는 단위 내에서도 나타난다. 가족 내에서의 세대간 차이는 ① 나이가 들어감에 따라 역할과 기대가 변하게 되는 역할 전이(role transition)의 문제, ② 자율성과 의존성의 변화, ③ 세대간의 공정한 교환(equitable exchange), ④ 가족 정체성의 연속성과 붕괴 등의 여러 가지 문제를 일으킬 수 있다(Bengtson, 1979).

이 주제에 대해서 한국 사회를 대상으로 주도적인 작업을 진행하고 있는 황상민(1999)은 Sheehy(1995)가 제시한 세대 구분과 한국의 사회·역사적 배경을 기준으로 한국인의 세대를 구분한 바 있다.[5] 그가

---

5) 아래의 설명들은 황상민(1999)의 내용을 요약·발췌한 것이다.

제시한 구분은 다음과 같다: '해방과 전후복구의 세대', '근대화 세대', '경제부흥기 세대', '민주화 세대', 그리고 '자율화 세대'. 각 세대의 특징적인 모습은 다음과 같다.

① 해방과 전후복구의 세대: 현재 한국 사회에서 가장 오래된 세대인 이들은 일제시대인 1935~1945년에 청소년기를 거치면서 1950년대 이후에 성인기를 경험한 세대이다. 이 집단은 청소년 시기에 식민시대의 정치·사회적 경험을 하였고, 6·25 전쟁의 혼란과 이후의 경제개발의 경험을 통해 성인기 삶의 가치를 구체화하였다.

해방과 전후복구세대의 대표적인 의식구조는 전통적 가치의 틀 속에서 이루어지는 억압 그리고 전쟁의 경제적 어려움 속에서 직면하는 생존의 문제와 직결된다. 이 세대들에게는 미래에 대한 확신과 연장자 존중의 가치가 존재하며, 특히 성역할에 대한 개념이 무엇보다도 명확하다. 따라서 여성은 가사일을, 남성은 사명감을 가지고 나라일을 염려하는 것이 중요하다고 생각한다. 이들은 또한 집단의 가치를 존중하기 때문에, 안정된 틀 속에서 개인의 모습을 숨기며 집단이 제시하는 목표를 위해 끊임없이 달려가야 하는 것을 너무나 당연하게 받아들인다. 그럼에도 불구하고 직업의 귀천에 대한 가치가 존재하여, 남자는 사무직 근로자가 되는 것을 소망하는 세대이기도 했다.

② 근대화 세대: 이들은 현재 우리 사회에서 성인 후기에 놓여있는 세대이다. 이 집단은 6·25 전쟁 시기와 전후 복구기간에 자신의 청소년기를 보냈다. 그리고 성인 입문기 동안에 근대화의 꿈틀거림을 느낄 수 있었으며, 경제부흥기의 주역으로 활동한 세대이다. 이들이 사회의 주된 구성원으로 활동한 시기는 1970년 초부터 1980년 말까지이다.

이들이 청소년기 동안에 형성한 가치는 전통에 대한 변화의 몸부림이었다. 성해방을 원하는 여성이 등장하고, 여성의 고등교육 욕구도 나타난다. 일할 기회가 증가할 뿐만 아니라, 미숙련 노동중심에서 숙련 노동중심으로 시대가 바뀌는 전환의 시기이다. 공산당이나 이념에 대한 경계를 학습하면서 고도의 사회 발전을 경험하게 된다.

물론 근대화 세대가 경험하는 이런 변화는 개인의 개성과 창의성에 기초한 것이 아니라, 국가의 지도 하에 이루어진 사회구성원의 단결과 공동체 의식에 기초한 것이다. 이 세대는 지금까지 자신의 모습을 지탱해 왔던 전통을 어느 정도 거부하면서, 새로운 가치와 문화에 대한 욕구를 이전 세대보다 상대적으로 더 높게 드러낸 집단이기도 하다. 이런 경향에는 60년대 후반부터 본격적으로 밀려들어온 서구풍, 특히 미국 문화가 큰 기여를 했다.

③ 경제부흥기 세대: 이들은 현재 우리 사회에서 성인 중기에 놓여 있는 세대이다. 이 세대는 현재 한국 사회의 지배집단이기도 한데, 이들의 의식구조 특성은 전형적인 샌드위치 세대의 그것과 일치한다. 왜냐하면 이 세대는 근대화 세대, 즉 집단 가치를 중시하면서 근대적인 틀 속에서 개인의 모습을 찾았던 세대와 민주화 세대, 즉 개인의 개성을 주장하면서 집단적 가치를 거부하는 세대의 중간에 있기 때문이다.

경제부흥기 세대는 1990년대 후반 우리 사회의 가치와 의식구조를 어느 정도 결정하고 있는 세대이기도 하다. 이 세대의 특성은 집단주의와 개인주의의 가치 속에서 갈등을 경험하는 세대이다. 집단 지향적인 전통 가치를 충분히 수용하지도 못할 뿐 아니라, 개인의 개성에 기초한 집단 가치를 완전히 거부하지도 못하고 있다. 즉, 어느 하나도 분명하지 않은 것이 바로 이 세대의 주된 특성이라고 할 수 있다.

④ 민주화 세대: '모래시계 세대', '386 세대' 등으로 불리는 이들은 앞으로 15년 정도 우리 사회의 중추집단으로 변해가면서, 향후 최소 한 세대의 사회 구성원들이 공유할 의식구조와 가치를 만들어내는 집단이

다. 한국 사회를 특징짓는 미래 세대의 선두주자로 나서게 될 민주화 세대의 주된 특성은 집단적 가치에 대한 거부가 어느 정도 분명할 뿐 아니라, 자신의 개성이나 느낌을 구현하고자 하는 노력이 분명하다는 점이다. 특히, 경제부흥기 세대가 경제적 안정과 가족을 위해 개인의 발전을 희생하였다면, 민주화 세대는 자신들의 삶에 대해 비교적 충실하면서 집단이나 가족을 위한 희생을 어느 정도 무시할 수 있는 집단이다.

⑤ 자율화 세대: 민주화 세대 이후에 그 모습을 드러내는 세대가 바로 현재 청소년기를 마감하고 성인 입문기와 성인 전환기에 있는 일명 '자율화 세대'라고 불리는 집단이다. 이 자율화 세대의 대표적인 특성은 이전 세대에 비해 비교할 수 없을 정도로 개인화된 성향이다. 이 세대가 보이는 대표적인 사고방식과 행동특성은 단편적이며 심지어 분열적이기도 하다. 이들은 부모세대가 만들어 준 경제적 안정과 물질적 풍요를 비교적 많이 누릴 수 있지만, 이것을 다음 세대에 물려주어야 한다는 압박감을 가장 적게 받는 집단이다.

그 이유는 이들이 지향하는 사회적 가치 및 사회적 환경의 변화에서 찾을 수 있다. 현재 자신의 입장에서 스스로 느끼고 경험하는 것이 이들의 지배적인 생활 가치를 결정한다. 집단 가치나 맹목적인 이상적 목표는 이들의 삶을 지배하지 못한다. 따라서, 무엇보다도 강하게 나타나는 자율화 세대의 표어는 "돈을 벌어 쓰자"는 것이다. 이 세대는 한국사회에서 성인 입문기에 IMF라는 경제적 충격과 '정보화 사회로의 진입'이라는 급격한 사회적 변화를 경험하였다. 이들은 혼돈의 소용돌이를 온몸으로 체험했고, 사회의 지배적인 의식이나 가치가 상실된 것처럼 보이는 상태를 경험한 세대이다.

제 2 절 나는 누구인가?

이제 성인발달 이론들이 계속 강조하고 있는 자아정체성의 문제로 넘어가자. 먼저 정의적인 측면에서, 자아정체성(ego-identity)을 객관적인 측면과 주관적인 측면으로 구분할 수 있는데, 객관적인 측면이 심리사회적 정체성(psychosocial identity)이고 주관적인 측면이 개별적 정체성(individual identity)이다(김애순·윤진, 1997). 여기서 심리사회적 정체성이란 개인이 속한 집단에 대한 귀속감 또는 일체감을 의미한다. 그리고 개별적 정체성은 이러한 집단적인 정체의식 속에서도 개인이 자신을 타인과는 다른 고유한 존재로 의식하는 것을 의미한다.

가장 간단하게 말해서 '나는 누구인가?'에 대한 답변이 바로 자신의 자아정체성이다. 이것은 우리 모두가 스스로에게 수없이 했던 (또는 하고 있는) 질문이면서 동시에 그 대답은 여전히 뭔가 막연한 것

<그림 2-4> 나는 누구인가?

같은 바로 그 문제이다. 또한, 정체성 문제가 청소년기에 가장 부각되는 이슈로 알려져 있지만, 한국의 경우 대학생 시기가 주로 여기에 해당된다고 볼 수 있다.

먼저, 정신분석의 입장에서 정체성은 자아동일시의 문제이다. 대부분의 경우에 동일시는 부모와의 초기 경험에서 비롯되며, 따라서 아동기의 경험이 중요하다.

> 자아정체성은 어떻게 찾을 수 있나? 정체성은 계속적으로 변한다. identity는 identify에서 온 단어이다. 누구인지를 알아내는 것이 identify라고 한다. 내가 누군가와 동일시했는가를 알아내는 것이 identity이다.
> 내가 살아오면서 누구와 동일시했는가가 중요하다. 그래서 아동기가 중요하다. 즉, 내가 어렸을 때 누구와 동일시했는가가 중요하다. 어린 아이는 형사가 되고 싶기도 하고 군인이 되고 싶기도 한다. 우리 모두는 이런 흔적들을 마음에 가지고 있다(한성렬, 2001).

물론 자아정체성을 찾기 위한 '질풍노도'(疾風怒濤)의 시기가 모든 시대와 문화에서 반드시 겪을 수밖에 없는 선천적인 것인지, 아니면 사회문화적으로 구성된 후천적인 문제인지에 대해서는 논란의 여지가 있다. Margaret Mead는 『사모아의 성년』(Coming of Age in Samoa)이라는 책에서 후자를 지지하는 결정적인 증거를 제시한 바 있다. 만약 미국의 젊은이들이 겪는 것으로 보이는 격렬한 동요를 다른 사회의 젊은이들은 경험하지 않는다는 사실을 발견할 수만 있다면, 그 당시 선천적 행동이라고 믿었던, 젊은이들의 '혼란'(turmoil)이 문화적으로 만들어졌음이 명백해질 것이라고 그녀는 생각했다. 그리고 실제로 그녀는 미국령 사모아의 여러 마을에서 그것을 발견했다. 즉, 그녀가 조사한 사모아의 문화에서는 젊은 여성 집단이 비교적 순탄하게 성년으로 이행했던 것이다(Hellman & Hellman, 1999).

1. 자아정체성 대 역할 혼미

하지만 미국과 마찬가지로 한국 사회에서 청년기의 자아정체성 혼란은 비교적 분명하게 나타나는 것으로 보인다. "한 문화가 그 구성원들에게 자유로운 선택을 더 많이 하게 하면 할수록, 또 앞으로 어떤 사람이 될 것인지에 대한 결정을 스스로 하게 하면 할수록, 공개적인 갈등은 더 많이 발생한다"는 Erikson의 언급(Evans, 1969)은 특히 1990년대 이후의 한국 사회에 적용되는 적절한 표현이라고 생각된다.

그렇다면 이 시기에 도대체 어떤 일들이 벌어지는 것일까? 1장에서 보았던 Erikson의 인생 도표를 다시 한번 확인해 보자(표 2-1 참고). 1장에서는 8×8 도표 중에서 대각선만을 논의했다. 여기에서는 Erikson이 풍부한 임상적 경험을 바탕으로 제시한, 대각선 이외의 다른 칸들을 좀 더 자세히 살펴보겠다(Erikson, 1968).

'정체성 대 역할 혼미' 칸을 중심으로 그 아래쪽에는 바로 정체성 발달에 직접적으로 기여하는 그 전 단계들의 공헌들이 나타나 있다. 그것은 상호인정에 있어서의 원시적 신뢰(상호인정 대 폐쇄적 고립), 자기 자신이 되고자 하는 의지의 기초(자기의지 대 자기회의), 장래에 무엇이 될 것인가에 대한 예기(역할기대 대 역할억제) 및 생산적인 존재가 되기 위한 학습능력(과업동일시 대 무익감) 등이다.

이어서 '정체성 대 역할 혼미' 칸의 좌우에는 정체성 혼란의 여러 가지 부분 증상들이 제시되어 있다. Erikson은 청소년기 동안에 이러한 주요 갈등을 해결해 나가면서 자신의 자아정체성을 통합해야 한다고 주장한다(Rice, 1999).

① 시간 조망 대 시간 혼미: 인생에서 계획한 것을 달성하기 위해서는 필요한 소요시간을 따져 삶의 진행과정과 미래의 시간을 조정해야 하기에, 시간에 대한 감각과 삶의 연속감의 획득은 청소년기에 아주 중

<표 2-1> Erikson의 인간발달 8단계 이론: 청년기 단계(Erikson, 1968)

	1	2	3	4	5	6	7	8
H:노년기								자아통합 대 절망 (지혜)
G:중년기							생산성 대 침체 (배려)	
F:성인기						친밀감 대 고립 (사랑)		
E:청년기	시간조망 대 시간혼미	자기확신 대 자기의식	역할실험 대 역할고착	일 배우기 대 일 마비	정체성 대 역할 혼미 (충실성)	성역할분화 대 양성 혼돈	지도·복종 대 권위혼돈	이념적 관여 대 가치혼란
D:학령기				근면성 대 열등감 (유능감)	과업동일시 대 무익감			
C:소년기			주도성 대 죄의식 (목적)		역할기대 대 역할억제			
B:유년기		자율성 대 수치 및 의심 (의지)			자기의지 대 자기회의			
A:유아기	기본적 신뢰 대 불신 (희망)				상호인정 대 폐쇄적 고립			

요하다. 이것은 자신의 시간을 예상하고 할당하는 것을 배운다는 의미이다. 진정한 시간감각은 청소년 후기, 대략 15~16세에 이르러 발달한다.

② 자기확신 대 자기의식: 이 갈등은 자신감 발달과 관련되어 있는데, 자신감은 과거의 체험 즉, 자신을 믿을 수 있을 뿐 아니라 목표를 달성할 수 있는 기회가 있다는 경험에 근거한다. 자기확신이 생기기 위해서는, 자신의 신체적 이미지와 대인관계와 관련된 자기의식의 시기를 거쳐야 한다. 비교적 정상적인 과정을 거치는 경우, 아이들은 자신과 자신의 능력에 관한 자신감을 얻는다. 그들은 현재에 대처할 수 있는 능력과 미래의 성공에 대한 자신감이 생긴다.

③ 역할실험 대 역할고착: 청소년들은 사회가 기대하는 다양한 역할을 시도해 볼 기회를 갖는다. 즉, 그들은 다양한 정체성과 성격, 사고방식과 행동양상, 아이디어, 목표 또는 사회적 관계를 실험해 볼 수 있는데, 정체성을 형성하기 위해서는 이러한 다양한 탐색의 기회가 있어야 한다. 내면적인 억제가 많고 죄책감이 많은 사람들, 주도적이지 못한 사람들, 그리고 사전에 역할이 고착되어 버린 사람들은 자신이 누구인지를 결코 찾지 못한다.

④ 일 배우기 대 일 마비: 청소년들은 직업을 결정하기 전에 다양한 직종을 탐색하고 시도해 보는 기회를 갖는다. 직업선택은 개인의 정체성을 결정하는데 중요한 부분이다. 열등감으로 인해 부정적 자기 이미지를 가지고 있으면, 학업이나 직업의 성공에 필요한 에너지를 투입할 수 없게 된다.

⑤ 성역할 분화 대 양성 혼돈: 청소년들은 계속해서 남성과 여성에 대한 정의를 내려야 한다. 미래에 이성과 친밀한 관계를 맺고 확실한 정체성을 형성하기 위해서는, 자신의 성과 상대의 성에 대한 분명한 동일시가 있어야함을 Erikson은 주장하였다. 나아가 지역사회가 원활하게 기능하기 위해서는 남성과 여성 모두가 각자 자신에게 적합한 역할을 기꺼이 받아들이는 성역할 분화가 필요하다고 Erikson은 강조하였다.

⑥ 지도·복종 대 권위 혼돈: 학교, 사회집단, 그리고 새로운 친구들을 통해 사회적 범위가 확장되면서, 청소년들은 다른 사람들을 따르는 것뿐만 아니라 지도자로서 책임을 지는 법도 배우기 시작한다. 동시에 청소년들은 충성심에 대한 강력한 사회적 요구가 있음을 알게 되는데, 정부, 고용주, 연인, 부모 및 친구 모두가 청소년에게 이런 요구를

한다. 그 결과 청소년들은 권위에 대한 혼란을 경험하게 된다. 누구의 말을 들을 것인가? 누구를 따를 것인가? 충성심을 누구에게 우선적으로 바쳐야 할 것인가? 이에 대한 대답을 얻기 위해서는 개인적 가치와 그 우선 순위를 검토해야 한다.

⑦ 이념적 관여 대 가치 혼란: 이념 형성은 행동의 여러 측면을 이끈다. Erikson(1968)은 이러한 노력을 '신념에의 추구'라고 칭하면서, 이 시기에 개인은 자신이 믿을만한 또는 따를만한 무엇인가를 필요로 한다는 점을 강조하였다.

이러한 지난(至難)한 과정을 통해서 개인이 자아정체성을 확립하면, '충실성'(fidelity)이라는 심리사회적 강점을 가지고 인생을 살게 된다. 여기서 말하는 충실성이란 맹목적인 '충성'(royalty)과는 다르다. 즉, 충실성이란 자신이 선택한 것을 견지하는 능력으로서, 자신의 선택 때문에 혹시 가치의 혼란이나 모순에 직면한다 해도 그 선택을 지속적으로 유지해 나가는 것을 의미한다.

만일 자아정체성이 제대로 형성되지 않으면 어떻게 될까? 그것이 바로 '역할 혼미'이다. 역할 혼미의 모습에 대해서는 한성열(2001)의 강의를 들어보도록 하자.

　　내가 어떤 직업을 선택하면, 그것은 그것이 추구해 가는 본질적인 가치가 있다. 사업가와 군인의 가는 길은 다르다. 선생과 의사와도 다르다. 사업가는 부, 군인은 명예, 의사는 생명을 살리는 것이다. 이 중 어떤 것을 선택한다면 다른 직업이 가지고 있는 가치관은 포기한 것이다. 내가 정체성을 확립했다는 것은 한가지만 선택하고 나머지는 포기한 것인데, 자기가 선택한 것을 끝까지 유지할 수 있는 능력이 충실성이다. 자아정체성을 가지고 있어야만 충실성을 가질 수 있다.

정체성 확립이 제대로 되어 있지 않으면 내가 이 길을 가면서도 만족하지 못하고 다른 길을 동경하게 된다. 이것이 바로 '역할 혼미'이다. 자꾸 다른 곳에 눈을 돌리게 된다. 교직을 선택하면 부를 포기해야 한다. 교직의 보람을 추구해 가면 되는데 돈 많은 사람을 동경하게 되면 정체성이 확립되지 않은 것이다.

역할이 혼미한 사람들은 나름대로의 방어기제를 발달시키는데 이것이 절대주의이다. 정체성이 확립이 되지 않은 사람들은 절대주의에 빠진다. 왜?

내가 선택한 것에 만족을 하면 다른 사람의 가치를 인정해 주게 된다. 즉 심리적인 여유가 있는 것이다. 하지만 내가 불안하면 자기가 선택한 것에 대한 불안을 느끼지 않기 위해서, 모두를 똑같게 하나로 만들어 버린다. 흔히 이런 사람들은 자기와 차이가 나는 사람들을 옆에 두려고 하지 않는다. 자기가 잘못 선택한 것을 알게 될까 봐서이다.

내가 다른 삶을 인정해 주는 것이 심리적으로 매우 중요하다. 우리가 다른 사람을 잘 인정하지 않은 이유는 내가 없는 삶을 살았기 때문이다. 우리 속에서 살았기 때문이다. 즉, 배타적이 되는 것이다.

끝으로 Erikson의 자아정체성 이론을 네 가지 하위 유형으로 재분류한 Marcia(1966)의 이론에 대해 살펴보자. 그녀는 자아정체성을 개인이 겪는 자아정체성 '위기'(crisis) 여부와 정체성 형성을 위한 '관여'(commitment) 여부에 따라 2×2의 네 가지 유형으로 나누고 있다. 여기에서 말하는 위기란 직업 선택이나 가치관 등의 문제로 고민과 갈등을 경험하면서 의문과 방황을 하는 경우이고, 관여는 직업이나 가치관 등에 대한 방향과 우선순위를 확실하게 설정한 후 그것을 성취하기 위한 활동에 능동적으로 참여하는 것을 의미한다.

<표 2-2>에서 보여지듯이, 정체성 성취(achievement)란 위기와 관여 모두를 가지고 있는 상태를 의미하고, 정체감 확산(diffusion)은 위기와 관여 모두를 결여한 상태이다. 흥미로운 것은 나머지 두 가지인

데, 먼저 정체감 유예(moratorium)는 위기는 있지만 아직 관여는 이루어지지 않은 모습으로, 일반적으로 말하는 청소년기 방황의 모습과 유사하다고 볼 수 있다. 끝으로 정체감 유실(foreclosure)은 위기는 없었으나 관여는 이루어진 것으로, 자신에 대해 충분한 탐색이나 정체성 위기가 '미리 막혀 버린' 모양이라고 할 수 있다.

<표 2-2> 자아정체성 발달의 상태(Marcia, 1966)

		위기	
		있다	없다
관여	있다	자아정체성 성취	자아정체성 유실
	없다	자아정체성 유예	자아정체성 확산

2. 자아정체성을 둘러싼 몇 가지 이슈

자아정체성의 문제는 몇 가지 개념적 이슈를 포함하고 있다. 첫 번째 이슈는 자아정체성을 형성해 가는 것이 개인만의 문제가 아니라는 것이다. 개인의 발달은 사회적·역사적 변화와 항상 맞물려 돌아가는 시계이다. 따라서 1980년대의 20대와 현재 20대인 사람들의 자아정체성 양상은 다를 수밖에 없으며, 한국과 미국에서의 양상 역시 다르다.

> 자아정체성을 논함에 있어 우리는 개인적 성장과 공동체의 변화를 따로 분리할 수 없다. 즉, 개인이 인생에서 직면하는 자아정체성의 위기와 역사적 발달에서의 위기는 그 구명(究明)에 있어 상호연관적이고 또한 실제로 밀착되어 있는 까닭에 서로 분리할 수 없다(Erikson, 1968).

그러므로 Erikson(1968)이 적절하게 지적했듯이, "자아정체성을 파악함에 있어서 하나의 방법론적 필수조건은, 환경을 포함할 정도로 세련된 정신분석이고, 또하나는 정신분석적으로 세련된 사회심리학이라 할 수 있다."

두 번째 이슈는 자아정체성 발달 과정에 이데올로기가 반드시 개입한다는 점이다. 젊은이들은 이전까지 이루어진 "인지 발달의 기초 위에서 이데올로기적인 뼈대, 즉 그것을 통해 무한한 가능성이 있는 미래를 그려볼 수 있는 뼈대를 찾게 된다"(Evans, 1969)는 것이다.

> 이데올로기를 통해 세상을 단순화하지 않는 한, 청년기의 사람들은 스스로 경험한 것들을 자신의 능력과 폭넓은 대인관계들 내에서 조직화할 수 없기 때문에, 이데올로기를 통해 사회적 환경을 구조화하는 것이 필수적이다(Erikson, 1968).

물론 여기서 말하는 이데올로기가 꼭 정치적일 필요는 없다. 그것은 현대 사회에 팽배한 과학만능주의일 수도 있고, '좋은 것이 좋은 것이다'라는 식의 인생관일 수도 있다. 이렇듯 정체성 발달에서 이데올로기의 필요성을 염두에 둔다면, 1980년대의 학생운동과 의식화 문제를 또 다른 각도에서 바라볼 수도 있을 것이다.[6]

세 번째 이슈는 자아정체성의 '확립'에 관한 것이다. 앞서 제1장 제2절에서 논의한 바와 같이, 완전한 자아정체성은 청소년기 혹은 성인 초기에 결코 확립될 수 없다. 즉, 이 시기에는 하나의 미완성된 초안(草

---

6) "1980년대나 1990년대 초반 학생운동이 왕성할 때, 이념 서적을 읽는다거나 그런 주장에 동조하는 것이 세련되어 보이고 당연히 그렇게 하지 않으면 남들 틈에 끼지 못할 것 같은 그런 분위기가 있었다. 어떤 사상적인 확신이 없다 하더라도 시대에 뒤떨어지고 촌스러워 보이기 싫어서 가담하게 되는 그런 문화적인 힘이 있었다는 말이다. 요즘 말로, 운동하는 것이 그 때는 '쿨~해 보였다'"(최내현, 2002).

案)이 만들어질 뿐 완성되는 것은 아니다. Levinson 이론에서 인생구조가 안정과 전환을 반복하듯이, 자아정체성의 위기와 재구조화 역시 전생애를 통해 계속되는 것이다. "자아정체성이란 개인 성격의 외장(外裝)의 형태로 또는 정적이고 불변하는 '업적'으로서 '확립'될 수 있는 것이 결코 아니다"(Erikson, 1968). 따라서 Marcia의 자아정체성 발달에 대한 분류 역시, 청소년기에 국한된 잠정적 의미에서만 유효하다고 볼 수 있다.

마지막 이슈는 새롭게 등장하고 있는 사이버 공간의 자아정체성에 대한 문제이다. 우선 그 현상을 확인해 보자.

> 온라인에서 인간의 행동을 연구하는 심리학자의 입장에서 가장 놀라운 현상의 하나는, 현실 공간에서 수줍고 얌전한 사람이 사이버 공간에서는 완전히 딴사람으로 변한다는 것이다. 뿐만 아니라 사이버 공간상에서의 공격적인 행동이나 특징적인 행동들은 전염병처럼 아주 급속하게 번져 나가기도 한다. 이것은 개인의 예절이나 의식수준의 문제이기보다는 이 공간 상에서 새롭게 나타나는 인간 특성이자 이 공간의 속성이다(황상민, 2000).

개인의 자아정체성과 사회문화적 변화가 서로 영향을 주고받는다고 할 때, 사이버 공간의 출현 역시 정체성의 문제와 별개일 수 없을 것이다. 현재 이 주제에 대해서 국내외 심리학자들의 활발한 연구가 진행 중인데(황상민·한규석, 1999; 황상민, 2000; Turkle, 1984, 1995), 그 중에서 몇 가지를 살펴보자.

먼저 『Business Week』가 '사이버 공간의 Margaret Mead'라고 묘사한 Sherry Turkle의 설명을 보자. 그녀는 정신분석학 훈련을 받은 임상심리학자라는 자신의 학문적 배경을 이용하여, 인터넷상에서 새로운 정체성을 구축하는 사람들의 내밀한 생각과 느낌을 파고들었다. 그 결과 그녀는 많은 사람들이 인터넷상의 가상 커뮤니티에서 자기 자신을 재발견하고 또 자기 자신의 다양한 측면들을 탐색하고 있다는 사실을 발견했는데, 이러한 인터넷상의 경험이 개인의 발달과 사고방식[7]에 변화를 일으키고 있다고 주장한다.

국내에서는 황상민의 연구(2000)가 대표적인데, "자아의 새로운 발견이나 업무 수행과 문제 해결 방식의 변화, 그리고 인간관계 상의 새로운 정서적 경험 등은 사이버 공간이 새로운 심리적 경험의 장(場)으로 이용될 수 있다는 가능성을 보여준다"고 그는 주장한다. 다음과 같은 그의 지적은 최근 한국 사회의 인터넷 문화와 관련하여 상당히 시사적이다.

> 사이버 공간의 정체성을 논의하는 이유는 사이버 공간에서 드러나는 개인의 모습이나 정체성의 실체를 규정하기 위해서이다.
> 우리는 이것이 한 개인의 객관적 실체인가, 아니면 꿈이나 상상과 같은 주관적인 의식의 한 산물인가를 판단해야 한다. 만일 사이버 공간에서 이루어지는 개인의 행동이 우리가 꿈이나 상상에서 경험하는 인간의 의식과 동일하다면, 그 표현에 대해 사회적 규범이나 판단을 적용하는 데에는 많은 어려움이 있을 것이다. 이것은 앞으로 사이버 공간이 우리 생활의 일부가 되고 또 이 공간에서 점점 더 많은 인간관계와 사회 생활이 이루어지게 됨에 따라 더욱 뚜렷하게 제기될 것이다(황상민, 2000).

---

[7] Turkle은 컴퓨터가 사람들에게 새로운 스타일의 사고방식을 권장한다고 주장하면서, 그것을 '뚝딱거려 만들기'(tinkering)라고 부른다. 이 단어는 인류학자 Levi-Strauss가 '브리콜라주'(bricolage)라고 명명한 단어의 영역 번역이다. 브리콜라쥬는 원래 실험을 의미하는 것이었다. 그것은 위에서 아래로 분석하는(수직적) 방식을 따르는 것이 아니라, 하나씩 하나씩 모두 실험해 보는 것이다(Turkle, 1984). 또한 그녀는 최근 저서(1995)에서, 매킨토시와 같은 '그래픽 인터페이스'가 우리로 하여금 계산의 문화에서 시뮬레이션(simulation: 모사)의 문화로 옮겨가게 했다고 말한다. 이제 사람들은 '모든 사물을 인터페이스 가치로 파악하는 것'을 편안하게 여기고, 그 표면 밑에서 어떤 일이 벌어지는지는 신경 쓰지 않는다는 것이다.

3. 지금 우리의 모습은?

끝으로 조한혜정(2002)의 통찰을 음미하면서 이번 장을 마무리하고자 한다. 그녀는 미국의 실험학교들을 둘러보다가, "1970년대에는 아이들이 자기가 하고 싶은 것이 분명했고 그것을 못하게 하는 학교제도가 문제가 되었다면, 지금은 자기관리 자체가 전혀 안 되는 아이들이 많아졌다"는 현지 담당자의 말을 전하면서 이렇게 사색한다. 자아정체성이라는 우리의 주제와도 상통한다 싶어 길게 인용한다.

생각해보니 지금의 10대를 크게 세 부류로 나눌 수 있는 것 같다. 자기 주도적 학습 욕구가 강한 아이들, 이 아이들은 자율을 존중하는 작은 실험 학교가 어울릴 것이다. 그 다음에는 여전히 거대한 학교에 나름대로 적응하고 다니고 있는 아이들. 이들 중에는 자율적 아이들도 있고, 타율적인 것이 좋은 아이들도 있을 것이다. 자율적이고자 하는 아이들은 학교 안의 서클 활동이나 외부 청소년 공간에서 벌이는 활동을 통해 자기 영역을 나름대로 가지고 간다. 세 번째 부류는 자율이 부담스러운 아이들이다. 누군가가 체크를 해주기를 원하거나 해주어야 하는 아이들.

어쩌면 이것은 10대만이 아니라 현재 인구의 분포도일 수도 있겠다. 자율과 타율, 자기 주도적 실험을 추구하는 사람과 안정된 제도에 안주하려는 사람, 변화를 좋아하는 사람과 싫어하는 사람, 진보와 보수 사이, 다양성의 조직화와 획일성의 복제화라는 두 다른 원리에 따라 살아가는 사람들. 보수와 진보의 뿌리는 언제 어디서부터 생기는 걸까?(조한혜정, 2002).

과연 우리는 세 부류 중에서 어디에 해당될까? 나아가, 한국 사회에서 자신의 정체성을 분명히 한다는 것은 과연 생활 속에서 적응적일까? 의문은 계속된다.

술마시며 생각하는 사람 (끌로드 세르 Claude Serre의 작품)

보론 2: 군복무 경험을 통한 성인 초기 인생구조의 형성
(김도환)

<해설> 두 번째 보론으로 군대 문제를 선택한 것은 한국 사회의 성인 남자에게 군복무 경험이 가지는 영향이 너무나 크고, 그 한가운데에 자아정체성의 문제가 있기 때문이다. 하지만 이와 관련된 국내의 연구는 거의 전무하기에 결국 필자 중 한 명의 논문을 싣기로 했다.[8]

김도환은 '군복무 경험'에 대한 연구를 두 번 수행했다. 하나(윤진·김도환, 1995)는 군대가기 전이고, 다른 하나는 군대를 제대한 직후에 했던 바로 여기에 실은 논문이다. 첫 번째 연구는 연세대학교 남학생 688명을 대상으로 군복무 경험이 발달에 미치는 영향을 알아본 양적(量的) 연구였다. 연구를 시작하게 된 동기는 소위 '군대 갔다 오면 철든다'란 우리 사회의 상식을 검증해 보고 싶었고, 연구결과는 그러한 상식을 지지하지 않는 방향으로 나왔다. 하지만 군대가 아무런 영향을 주지 않는다는 것은 어불성설(語不成說)이기에 두 번째 연구를 시작하게 되었다. 도대체 무엇이 어떻게 바뀌는 것일까? 이제 그 내용을 여러분이 확인해 볼 수 있을 것이다.

최근 한국 사회에 제기되고 있는 '양심적 병역 거부' 문제와 관련해서, 러시아인에서 한국인으로 귀화한 박노자 교수의 활동은 주목할만하다. 그는 군대 문제에 대해 근본적인 문제제기를 하고 있는데, 다음과 같은 그의 언급은 아마도 보론의 연구주제와 '동전의 양면' 같은 관계에 있을 것이다.

---

[8] 이 글은 외부의 다른 매체에 공식적으로 발표되었던 것은 아니다. 또한 연구대상의 숫자가 너무 적었을 뿐더러, 군복무 경험이 가지는 긍정적 효과에 지나치게 초점이 맞춰졌다는 한계가 있음을 밝혀둔다.

한국의 대학교 교수로서 내가 느낀 것은, 군복무가 학생들의 학습능력과 학습효과를 가차없이 떨어뜨린다는 것이다. … 의무 군대가 초래하는 학습효과 저하 현상을 감지하지 않을 수 없는 한국 지배층이 그래도 징병제를 신성시  하고 성역화하는 것은, 그들이 '노동력의 질'보다는 '노동력의 충성심과 맹종' 을 더 중시한다는 것을 매우 잘 보여준다(박노자, 2001, 110쪽).

몇 해 전 내가 한국의 대학교에서 재직할 때, 내 눈에 특별히 띄는 모습이 있었다. 군대를 갔다와서 예비역이 된 남학생들의 성격과 행동양식의 변화였다. 이 변화를 목격하면서 나는 군사문화가 한국 사회에 끼치는 영향을 본의 아니게 실감할 수 있었다.

우선 나를 놀라게 한 것은 입대하기 전만 해도 언행이 상당히 부드럽던 남학생이 예비역이 된 뒤에 나타나서는 갑자기 후배나 여학생 등 약자에게는 권위적으로 돌변한 반면, 마치 '장교' 쯤으로 인식되는지 교직원에게는 더없이 복종하며 깍듯이 대접하는 모습이었다. '군사문화 세뇌'의 영향으로 보이는 그러한 모습을 보기도 안타까웠지만, 사실 그보다 훨씬 마음 아픈 일로 남아 있는 것은 몇몇 예비역의 특수한 경우였다. 그 특수한 경우란, 군대라는 특수한 환경과 폭력을 경험하면서 그들의 정서와 인생까지 파괴된 경우였다(박노자, 2001, 118쪽).

한국 사회에서 군복무 문제는 이제 '뜨거운 감자'로 부상하는 것 같다. 감자를 먹을만하게 만들기 위해서라도, 군복무 문제에 대한 종합적인 연구가 절실하다고 생각된다. (♠)

모든 국민은 법률이 정하는 바에 의하여 국방의 의무를 진다 (헌법 제37조 제1항).

대한민국 국민의 모든 남자는 헌법과 법률이 정하는 바에 의하여 병역의 의무를 성실히 수행하여야 한다 (병역법 제3조).

1. 군복무 경험이라는 사건

우리는 어렸을 때부터 비공식적인 교육을 통하여 우리 사회에 적합한 인물은 성격이 원만한 사람이라는 말을 많이 듣고 자랐다. 우리 사회는 어느 곳에서나 뛰어나거나 튀는 사람을 경계한다. 대학원 재학 시절의 어느 교수님 말씀에 의하면, 젊은이들 중 군대를 갔다 온 사람은 다녀오지 않은 사람들보다 사회에 대한 적응 능력이 훨씬 강하고 사회에서 더 빨리 출세한다는 비공식 연구 보고가 있었다고 한다. 그 이유는 군대를 다녀 온 학생이 그렇지 않은 학생들보다 나이 차이라는 변수 이외에도 주어진 상황과 집단에의 적응능력이 훨씬 앞서기 때문이라는 것이다(민문홍, 1996).

졸업하여 취직한 남자 선배들로부터 심심치 않게 들을 수 있는 "회사 가면 군대랑 똑같애"라는 말은 군대에서 남자들이 단순히 "인생을 낭비하지"만은 않는다는 사실을 암시해 준다(시타, 1999).

도대체 군대에서 무슨 일이 일어나는 것일까? 한국 남자 세 명이 술자리에서 만나면 반드시 화제꺼리로 군대 이야기를 꺼낸다. 자신이 군대에서 얼마나 고생했는지를 서로 경쟁하듯 떠들어 대고, 믿기지 않을 정도로 황당한 에피소드들을 나열하면서 모두 한바탕 웃고, 그래도 그 때가 좋았다거나 역시 남자는 군대갔다 와야 된다는 식의 이야기들을 끊이지 않고 한다. 여기서 이들이 말하는 군대 이야기는 개인의 경험에 대한 이야기이다. 그럼에도 불구하고 이들의 이야기 속에는 개인의 경험이 완전히 정형화되어 나타난다(엄신기호, 1999).

과연 군복무 경험이 한국 남성들에게 미치는 영향은 무엇일까? 본 연구는 이 의문에서부터 시작한다. 군복무 경험은 하나의 발달과업(developmental task)으로서, 또는 생활사건(life event)으로서 젊은이들의 인생에 상당한 영향을 끼치고 있다. 하지만 무엇이 변화하는가? 아니, 과연 군복무 경험으로 인한 변화가 존재하는가? 혹자는 군대와 상관없이 다 개인 성격의 문제라고 주장한다. 또 어떤 이들은 군대 갔다와서 성숙해졌다고 하고, 다른 이들은 자신감이 없어졌다고도 한다(윤진·김도환, 1995).

하지만, 이러한 상반된 주장은 양자택일의 문제라기보다는 성격의 다른 측면에 초점을 맞춤으로써 비롯된 것으로 해석할 수 있다. 즉, 성격의 안정론을 주장하는 연구들은 측정 도구 자체가 발달적 이론에 의해서 도출된 것이 아니었기 때문에 발달적 변화에 저항이 큰 비교적 선천적인 성격변인들로 구성되어 있었던 반면에, 성격의 변화론을 지지해주는 연구들은 발달적 이론에 근거해서 비교적 발달적 변화에 민감하고 후성적인 성격변인들을 측정했다고 볼 수 있다(김애순, 1990). 따라서 McCrae와 Costa(1984)는 이러한 두 가지 흐름의 연구 결과들을 성격이라는 주제 아래 통합적으로 결론 내리고 있다.

> 성격 특질의 안정성이 삶 그 자체의 안정성을 의미하는 것은 아니다. 인생은 변화하며, 개인은 그러한 변화에 적응해야 하고, 자신의 삶을 능동적으로 재구성해야 한다. 비록 성격특질의 안정성이 있다고 하더라도 사회적 역할, 가치, 신체적 속성, 대인관계가 변화함에 따라 자아개념이나 자아정체감이 변화할 수도 있다. 따라서 미래의 연구는 이러한 변화에 대한 연구이어야 한다.

여기서 본 연구와 관련하여 흥미로운 제안은 Daniel Levinson 등이 제안한 '인생구조'(Life structure)[9]라는 개념이다. 70년대 『남자가 겪는 인생의 사계절』(1978)에 이어 최근 『여자가 겪는 인생의 사계절』(1996)을 발표한 그는 성인기의 삶도 아동기나 청소년기와 마찬가지로 기본적인 순서에 따라 진행되며, 따라서 성인기에 대한 연구에서도 발달적 접근이 필요하고 그런 시기의 삶의 구체적인 특성들이 탐구되어야 함을 강조하였다.

Levinson(1990)에 의하면, 인생구조의 발달에 대한 이해는 일군의 발달심리학자들이 이야기하는 '성격발달'과는 다르다. 그가 인생주기나 인생구조의 개념을 사용하여 나타내고자 한 성인기 발달은 각 개인의 어떤 개별적 특질들보다는 훨씬 더 포괄적으로 그가 세계와 맺고 살아가는 '관계'(relations)에 집중하고 있다. 그리하여 그는 자신의 발달 개념이 꼭 진보적인(progressive) 것으로 이해될 필요는 없다고 밝히고 있다. Levinson의 이러한 접근은 성인기의 삶을 보다 폭넓고 현실적으로 이해하려는 시도라고 할 수 있다.

그러나, 군복무 경험이 청소년 후기와 성인 초기 젊은이들의 인생에서 차지하는 비중에도 불구하고, 이와 관련된 국내의 연구는 믿어지지 않을 만큼 드물다. 혹자는 군복무라는 경험이 우리 사회에서 중요한 가치와 의미를 부여받으면서 실존하고 있음에도 불구하고, 사실상 "잠정적으로 실종 처리된 청소년 집단"으로서 우리들의 관심과 논의의 대상에서 제외되어 있었다고 지적하기도 한다(이철위, 1993).

이렇듯 군대와 관련된 연구가 전무하게 된 데에는 몇 가지 이유가 있을 수 있다. 현실적으로 1980년대까지는 국가보안 문제와 관련하여 연구가 제한되었으리라 짐작할 수 있고, 이론적으로는 한국에서의 발달 심리학 연구의 이론적 배경이 주로 외국 연구에 의존한 것이라 우리

---

[9] Levinson의 성인발달 이론에 대해서는 제2장 제1절을 참고하라.

사회의 특수성이 반영된 '국방의 의무'라는 주제가 아직까지는 다루어 질 겨를이 없었을 수도 있다. 그러나, 더 이상 군대라는 주제가 학문적 담론의 외곽에만 존재해서는 안될 것이다. 더군다나 한창 '신세대론'을 필두로 한 세대차이 논의가 진행되고 있는 상황에서, 군대조직의 보다 효율적인 자원 관리의 측면에서도 이러한 연구의 실제적 필요성은 상당하다고 하겠다(윤진·김도환, 1995).

2. 이론적 배경

군복무 경험이 미치는 영향에 관한 국내의 연구들을 개괄적으로 살펴보면, 한국 남성들은 군복무 경험을 통해 여러 가지 심리사회적 변화를 겪는 것으로 나타나 있다(고려대학교 행동과학연구소, 1979; 김동현·백종천·홍두승·김익희, 1985; 장용성, 1993; 윤진·김도환, 1995). 먼저 고려대학교 행동과학연구소(1979)의 조사에 의하면, 국가관에 있어서 군복무 경험이 특히 청년들의 책임감과 협동심 개발에 공헌하고 있으며, 대인관계 측면에서도 인간관계를 원만하게 하고 윗사람을 존경하며 애향심을 강하게 하는데 기여하는 것으로 나타났다. 이 연구는 몇 가지 문제점에도 불구하고 군복무 경험이 국민의식에 미치는 영향을 실증적 설문조사를 토대로 분석한 선구적인 시도라는 점에서 그 의의를 지니고 있다.

다음으로 김동현 등(1985)의 연구 결과를 요약하면 다음과 같다. 첫째, 군복무 경험이 국민의식에 영향을 미칠 수 있는 영역은 매우 제한되어 있지만, 주체·자주의식과 안보·통일의식의 함양에 어느 정도 기여한다고 볼 수 있으며, 특히 매사에 쉽게 좌절하지 않고 도전하려는 자신감, 일의 추진력과 진취성은 미필자보다도 군필자에게서 더 강하게 나타나고 있다. 또한 건전한 안보의식과 통일관도 군경험을 통해 상당히 고양되었다. 둘째, 군복무 경험이 의식적인 측면에서 부정적 또는 별다른 기여를 하지 못하는 경우도 있었는데, 예를 들어 민족의식, 국가관, 준법정신, 정부·사회에 대한 불신 등이다. 셋째, 군복무의 효과에 대한 긍정적 평가는 여러 의식적 측면에서 매우 높게 나타났다. 특히, 사회의식(예: 책임감, 협동심, 원만한 인간관계), 개인적 생활의식(예: 인내심, 생활력, 독립심)에 대한 효과가 매우 컸다. 넷째, 그러나 국가의식의 차원에서는 군경험의 효과가 상대적으로 낮은 편이며, 원칙주의(요령주의의 탈피)나 창의성에 대한 긍정적 평가도 매우 저조한 편이었다. 특히 국가의식의 함양에 대한 저조한 영향은 군복무가 무엇보다도 국가의식을 높여줄 것이라는 일반적 기대와는 상반되는 점이라 할 수 있다.

 군복무가 후기 청소년에게 미치는 영향을 조사한 장용성(1993)의 연구에서 특히 흥미로운 사실은 군복무 경험의 정서적 독립 효과이다. 그에 따르면, 보호자로부터의 정서적 독립이라는 측면에서 군복무가 아주 획기적인 기여를 한다고 해도 과언이 아니다. 정서적 분리와 독립의 과정은 이미 사춘기부터 시작된다고 하지만, 한국적 특수상황(대학입시의 부담, 이를 둘러싼 부모의 깊은 배려와 청소년들의 의존)은 고교 졸업까지 이러한 발달과제를 성취하는데 큰 어려움을 제시하고 있다. 그래서 이 과제는 대학 시절이나 군 입대를 통해서 크게 이루어지며, 특히 군복무는 싫든 좋든 간에 부모로부터의 공간적 분리를 강제화하기 때문에 이로 인한 정서적·심리적인 분리가 크게 가속화된다고 할 수 있다.

 윤진·김도환(1995)의 연구는 본 연구의 전편이라고 할 수 있는데, 이들은 군복무 경험이 한국의 남자 대학생들에게 어떠한 심리적 영향을 미치는지를 심리사회적 성숙성, 권위주의적 성격, 가치선호도, 자아존중감 등에 초점을 맞추어 알아보고자 하였다. 그 결과 권위주의, 가치선호도, 자아존중감에서는 군필과 미필 집단 사이에 거의 차이가 없었고, 오직 심리사회적 성숙성의 몇몇 하위 영역에서만 통계적으로 유의미한 차이가 있었다. 하지만 그러한 결과 역시 군복무 경험에 의한 것이라기보다는 연령의 증가에 따른 것으로 드러났다.

보다 구체적으로 살펴볼 때, 심리사회적 성숙성의 하위 영역 중에서 사회인지역량과 윤리도덕성의 경우에는 군필/미필, 연령에 따라 거의 차이가 없었다. 정서안정성, 자아정체감, 사회적 관계의 영역에서는 나이가 듦에 따라 증가하는 경향을 보였다. 즉, 연령이 증가함에 따라, 정서적으로 안정되어 자신이 생활하는 맥락과 잘 조화를 이루고(정서안정성), 자기 자신에 대한 연속성과 동일성을 확립하고(자아정체감), 자신이 속한 집단이나 사회에 잘 적응하는(사회적 관계) 것으로 나타났다. 흥미로운 사실은 연령에 따른 긍정적 사고의 감소이다. 이것은 '성숙하다'라는 개념이 사회적으로 잘 기능하는 것이라고 할 때 한국의 현실과 관련하여 시사하는 바가 크다. 다시 말해서 "뭐든지 하면 된다"에서 "해도 안되는 것이 있다"는 쪽으로 생각이 바뀐다는 것이다.

이동훈(1995)의 연구는 본 연구와 직접적 관련성은 없지만, 군대문제를 이해하는데 시사하는 바가 크다. 그는 기존의 군대문화 관련 연구들을 종합·분석하고, 군에서 추진중인 각종 문화구현 운동의 내용과 그 성과를 파악한 후, 일선 중견 지휘관들의 인식을 조사하였다. 그 결과 중에서 일부에 따르면, "군대 갔다 오더니 사람됐다"는 통념적인 말에 적극 동조하는 중견 지휘관들이 84.2%였는데, 이는 그들이 군생활을 국민교육의 중요한 매체라고 인식하고 있음을 보여주는 것이다. 그러나, 군복무 경험이 사회진출 이후에 제2의 직업선택에 도움이 된다고 생각하는 응답자는 36.4%에 불과하여, 군대와 사회의 연계 및 민간사회로의 전이효과가 그렇게 크다고는 지각하지 않음을 보여주고 있다. 즉, 군대의 교육 내지 경험은 정신교육적인 측면에서는 상당한 기여를 하지만, 기술 및 직업적 연계 면에서는 사회에서의 그것에 비해 상대적으로 수준저하이기 때문에, 앞으로 내실 있는 군대교육의 발전방향을 강구해야 함을 이러한 결과가 암시한다고 할 수 있다.

최근 들어 여성학계는 남녀 불평등의 문제와 관련하여 군복무 경험의 효과에 대한 연구를 활발히 하고 있다. 그 중에서 조성숙(1996)은 군대문화가 청년기 남성들에게 어떤 영향을 미치는지 알아보고자 군필남성 13명과 군 위탁생 1명을 대상으로 심층 면접을 실시하였다. 그 결과, 남성적 기질이 강한 경우, 학력이 낮은 경우, 군복무를 직업으로 하는 경우, 계급이 높은 경우 군대는 이들의 남성성을 강화하는 방향으로 영향을 미치는 반면에, 양성적 기질을 가진 경우, 이들은 군대문화를 일종의 통과 의례로 받아들여 군대 내의 조직 원리를 수용하고 지키되 일단 제대한 뒤에는 본래의 자신으로 돌아오는 경향이 있었다.

이상의 연구 결과는 군복무 경험이 한국 청소년들에게 나름대로 어떤 영향을 미칠 수 있음을 함축하고 있다. 그럼에도 불구하고 이러한 연구들은 연구방법론과 발달적 변화에 대한 개념의 측면에서 몇몇 제한점들을 가지고 있기에, 군복무의 효과를 명료하게 밝히는데 어려움을 갖고 있다. 먼저 위의 연구들처럼 장기종단 연구방법이 아닌, 단기횡단 설계를 통해 얻어진, 군필자와 미필자의 심리적 특성에서의 차이를 과연 군복무 경험에 의한 것으로 규정할 수 있는가의 문제이다. 다시 말해서, 그러한 차이는 연령에 따른 성숙 효과, 개인변인(성격, 교육수준, 가족환경 등), 입대 및 복학 시기, 군대에 대한 심리적 표상(psychological representation), 군복무 유형, 군대 내에서의 적응정도, 출생 동시집단 효과 등에 의해서도 생길 수 있기 때문이다. 따라서 이러한 변인들을 동시에 고려하는 포괄적 모형이 필요하다 하겠다.

또한 이동훈(1995)의 연구에서처럼 군대조직에 관여된 사람들을 대상으로 조사할 경우에는 '자기본위적 편향'(self-serving bias)[10] 또는

---

[10] "자기본위적 편향이란 자기가 한 일에 대하여 잘된 경우에는 스스로의 책임을, 못된 경우에는 남이나 상황 탓을 하는 경향성을 말한다. … 이 편향은 자신의 행위에 대해서만이 아니라, 자신이 속하거나 가깝게 여기고 있는 집단에

'내집단 중심주의'(ethnocentrism)를 고려하여야 한다. 자신이 현재 몸 담고 있는 조직에 대해 부정적으로 귀인·평가하기는 쉽지 않다. 따라서 누가 평가하느냐에 따라 군복무 경험의 영향이 상당히 다르게 나올 수 있어서 평가가 효과를 고려할 필요가 있다.

앞에서 살펴본 연구들과 관련된 보다 본질적인 문제는 '발달적 변화'(developmental change)가 과연 무엇인가라는 점이다. 이와 관련하여, 최근 Willis Overton(1998)은 맹목적인 인과론을 추구하는 기존의 환원주의적 방법론을 비판하면서 발달 연구에서 관계와 해석의 중요성을 강조하고 있다. 나아가 그는 발달적 변화의 내용을 표현적·구성적 행동(Expressive-Constitutive Behavior)과 도구적·의사소통적 행동(Instrumental-Communicative Behavior)으로 나누었다. 그리고, 이들 각 행동들이 각기 다른 발달의 속성을 나타낸다고 설명하였다. 또한 그에 따르면, 발달적 변화는 구조적이고 변형적 변화(Transformational Change)와 변산적 변화(Variational Change)의 속성으로 드러난다. 이것을 변화의 내용과 변화의 속성이라는 차원으로 나누어 표현하면 <표 2-3>과 같다. 변화의 속성을 나타내는 변형적 변화는 일반적으로 말하는 질적 변화에 해당한다. 반면에 변산적 변화는 양적 변화이다. 이러한 구분은 이미 발달심리학계에서 오랫동안 이루어져 왔으며 대부분의 연구자들에게 익숙한 틀이다. 그러나 발달적 변화가 두드러지게 나타나는 것은 바로 그 변화의 내용 때문이다.

발달적 변화의 내용을 크게 표현적 행동과 도구적 행동으로 양분할 수 있는데, 표현적 행동과 도구적 행동은 각기 다른 발달현상을 지칭한다. 표현적·구성적 발달행동이란 '탐색하고자 하는 발달현상을 드러내 주는 특정 행동의 배후에 어떤 구조나 틀이 존재한다'고 가정하고 이것을 찾으려고 한다. 반면에 도구적·의사소통적 행동이란 '발달현상이나

대해서도 나타난다"(한규석, 1995).

행동을 그것이 실제로 달성하고자 하는 목적이 무엇이냐라는 관점에서 파악해야 한다'고 본다.

<표 2-3> 발달적 변화에 대한 분류(Overton, 1998)

		발달의 속성	
		변형적 변화	변산적 변화
발달적 변화의 내용	표현적·구성적 행동	㉮	㉯
	도구적·의사소통적 행동	㉰	㉱

이러한 분류에 비추어 볼 때, 지금까지 이루어진 군복무 연구들은 <표 2-3>에서 주로 ㉱ 영역에 집중된 경향이 있다고 할 수 있다. 물론 모든 발달적 변화의 현상은 이러한 네 가지 영역이 상호작용하여 종합적으로 나타난 것이지만, 기존 연구의 초점은 대부분 군복무 경험을 통한 특정 영역에서의 양적인 변화를 기능적으로 설명하려고 했다는 것이다. 하지만 군복무 경험이 한 개인의 인생구조에 질적인 변화를 초래할 가능성은 분명히 존재한다. 따라서 본 연구는 ㉮와 ㉰ 영역을 겨냥하고 있는 바, 이제 문제는 인과관계의 추론이 아니라, '드러난 현상을 얼마나 잘 정교하게 제시할 수 있는가'로 전환된다.

윤진·김도환(1995)이 적절하게 언급했듯이, 이러한 연구 목적은 연구 방법론에서의 전환을 수반하는데, 그것은 다름 아닌 양적 연구방법에서 질적 연구방법으로의 전환이다. 이러한 질적 연구방법은 기존의 환원론적·객관주의적·정태적 방법론과는 달리, 인간과 사회를 보다 포괄적으로 조망하고 주관적 의미 부여 과정에 주목하며 역사적 맥락 속에서 접근하고자 하는 기대를 반영하고 있다(Kohli, 1981). 물론 심층면접의 내용은 과거에 실제로 일어난 일을 그대로 반영하는 것이 아니라 이야기되는 순간의 시점에서 재구성된다. 과거의 경험에 대한 의미 부여는 그러한 경험을 겪는 과거의 순간에 발생하는 것이 아니라, 그러한 경험을 회상하거나 이야기하는 현재에 비로소 출현하는 것이기 때문이다. 하지만 질적 접근법이 주관주의적 입장을 강하게 지향한다고 해서 객관적 수준의 사회 현실의 존재 자체를 부정한다고 볼 수는 없다. 그 문제에 대한 평가는 연구자 개개인에게 달려 있는 문제이지, 그 접근법 자체에 내재한 것으로 보는 것은 비약이라는 말이다(박재홍, 1999).

이러한 입장에 기초하여, 본 연구는 개인의 인생구조가 군복무 경험을 통해서 어떻게 변화하는지를 기존의 통계적 방법이 아닌, 심층 면접이라는 질적 분석을 통해 알아보고자 한다.11) 그러한 변화의 과정은 입대 이전까지의 자신의 '뿌리를 뽑아 버리는'(pulling up roots) 경험이 될 수도 있고(Sheehy, 1976), 새로운 인생구조를 확립함으로써 성인기로 진입하는 계기가 될 수도 있다(Levinson, 1978)는 약한 가정(weak assumption)만을 가지고 본 연구를 시작한다.

3. 연구 방법

질적 연구방법의 일반적 절차에 따라 본 연구를 진행하였는데, 군필자 집단을 대상으로 주제별 생애사(topical life history)를 분석하였으

---

11) "조사 연구, 심리 검사, 짧은 구조적 인터뷰 등과 같은 표준화된 양적 연구는 어떤 목적을 위해서는 매우 유용하다. … 최선의 경우, 이러한 방법들은 객관성이 있고 진정한 과학이라는 영예를 부여해 주는 엄격성, 수량화, 첨단 과학 기술을 제공해 주며, 이것은 다시 연구비를 승인하는데 더 용이하다. 이러한 방법들이 주는 편리함과 겉으로 드러난 과학적인 합법성을 고려해 볼 때, 그들을 사용할 진정한 의미가 없을 때일지라도 그 사용을 포기하기는 어렵다. 그러나 불행하게도, 이러한 방법들은 이론이나 기술된 지식, 그리고 명확하게 타당성이 있는 측정 도구가 비교적 부족한 분야에서 탐색적인 연구를 하는 데는 적합하지 않다"(Levinson, 1978).

며, 이러한 주제 분석과 개념 개발을 위해서 토대 이론 접근법(grounded theory approach)을 활용하였다. 분석을 위한 자료로서, 1999년 11월 25일부터 12월 14일에 걸쳐 실시한 심층면접 조사 자료(총 9명)를 이용하였다.

본 연구는 일종의 탐색적 연구의 성격이 강해서, 일단 표집[12]에 대해 별다른 제한을 두지 않았으며, 대신에 편의성을 위주로 연구자와 이전부터 알고 지내던 사람들을 대상으로 이용하였다(표 2-4 참고).

<표 2-4> 피면접자에 대한 개괄적인 정보

사례번호	출생연도	현재연령	입대 시기	복무기간	복무형태	제대후 상황	현재 직업
1	1974	26	2-2학기 마침	95.2.~96. 8.	공익근무	복학	대학원생
2	1975	25	3-1학기 마침	95.8.~97.11.	현역(육군)	복학	웹마스터
3	1972	28	1-2학기 마침	93.3.~94. 9.	방위	복학	유학준비중
4	1971	29	1-1학기 마침	92.7.~94.10.	현역(육군)	복학	대학원생
5	1962	38	3-1학기 마침	86.8.~88.11.	현역(카투사)	복학	대학강사
6	1968	32	석사 마침	94.4.~95. 9.	방위	학회간사	대학교직원
7	1970	30	석사 마침	96.3.~99. 6.	현역(장교)	프리랜서	신문기자
8	1966	34	석사 마침	92.8.~94. 2.	방위	복학	대학강사
9	1970	30	석사 마침	96.3.~99. 6.	현역(장교)	복학	대학원생

평소에 알던 사람을 면접한 까닭은 제한된 시간 내에 응답자를 확보하기가 어려웠기 때문이다. 그럼에도 불구하고 본 연구자와의 관계가 응답 내용에 영향을 미치지는 않았으며, 오히려 내밀한 이야기를 진솔

---

[12] "토대이론 접근법에서 권장하는 표집법은 이론적 표집(theoretical sampling)이다. 이는 초기의 자료분석을 기반으로 각 범주나 차원간의 비교분석이 가능하도록 추가적인 자료를 누적적으로 확보하는 방법인데, 표집의 종료시점은 범주간 관계가 명료해져서 더 이상의 추가적인 자료 수집이 불필요한 이론적 포화(theoretical saturation) 상태에 이를 때까지이다"(Strauss & Cordin, 1990).

하게 하는 긍정적 효과를 발견할 수 있었다. 면접 시간은 40분에서 1시간 가량 소요되었고 그 내용을 모두 녹음하였다.

조사 내용을 간략히 소개하면 다음과 같다. 면접은 질문의 개요를 적은 면접 지침에 따라 진행되었는데, 먼저 면접 지침에 나와 있는 사항들을 질문하여 전체적인 이야기를 들은 후에 그 내용 중에서 연구자가 생각하기에 좀 더 설명이 필요하거나 중요한 사항에 대해 (전체 이야기 흐름을 끊지 않으면서) 추가적인 질문을 했다.

녹음된 면접 내용을 모두 문자화시킨 다음, 문자화된 내용을 텍스트로 삼아 그 내용을 분석하였다. 자료분석 방법으로는 토대이론 접근법에서 권장하는 코딩 절차와 다양한 기법들을 참조하였는데, 이 접근법의 일차적인 목적은 자료에 토대를 둔(grounded) 이론을 발견하는데 있다. 즉, 미리 설정한 연구가설의 검증을 통해 이론을 확인하는 것이 아니라, 코딩 작업을 통한 범주의 식별, 범주간 관계에 대한 부단한 비교분석, 핵심 범주의 식별 등을 통해서 자연스럽게 이론을 발견한다는 점을 강조한다(Strauss & Cordin, 1990). 하지만 본 연구에서는 군복무 경험에 대한 이론화보다는 주제분석과 개념개발에 주안점을 두는 것이 타당하다고 보고, 주로 개방 코딩(open coding)과 축 코딩(axial coding)을 사용하였다.

끝으로, 분석 결과를 정리한 후에, 연구의 신빙성(credibility)을 높이기 위하여 피면접자에게 분석 결과를 보여주고 자신과 관련된 내용이 정확하게 기술되었는지, 그리고 해석도 수긍할만한지를 평가하도록 요청하였는데, 어휘 사용과 관련된 지엽적인 논평 이외의 특별한 문제제기는 없었다.

4. 연구 결과

본 연구에서는 피면접자들의 군복무 경험을 비추어 볼 수 있는 개념적 준거틀로서 Levinson(1978)의 성인발달 이론을 채택하였다. 물론 이 경우 분석할 경험과 준거틀에 관련된 사회문화적 맥락이 확연하게 다르기 때문에, 이 둘간의 단순하고 직접적인 비교가 힘들지도 모른다.

이러한 비교가 비록 최선은 아닐지라도, 한국 사회에 근거한 성인발달 이론이 없는 상황에서 나름대로 한국 사회에서의 군복무 경험을 성인발달과 관련해서 이해하는데 도움을 줄 것이다. 또한 Levinson이 청소년기에서 나아가 성인기의 발달과제를 수행하기 시작하는 제도적인 장치로서 군대와 대학 생활을 들고 있다는 점도 한국인의 군복무 경험을 그의 이론적 틀에 근거해서 분석해 보는 데 큰 의미가 있음을 함축한다.

Levinson의 연구 표본에서 '성인 초기 전환기'는 전형적으로 17~18살에 시작해서 5년간 지속되었으며 22~23살에 끝났다. 어떤 경우에도 그것은 16살보다 빨리 또는 18살보다 늦게 시작되지는 않았으며, 4년 이하 또는 7년 이상 지속되지도 않았다. 성인 초기 전환기는 성인 이전기와 성인 초기 사이의 교량 역할을 하는 시기이다. 즉, 가족에 구심점을 둔 아동기 시대와 새로운 책임과 역할을 떠맡고 인생의 중요한 선택을 하는 성인 초기 시대 사이의 경계 지역에 있다(Levinson, 1978). 이러한 시기 구분은 한국 사회에서 대학 생활과 군복무 시기와 거의 일치한다.

1) 이전과의 이별

성인 초기 전환기에는 두 가지 중요한 과제가 있다. 첫 번째 과제는 끝맺는 과정을, 두 번째 과제는 시작하는 과정을 수반한다. 첫 번째 과제는 청소년기의 인생구조를 마무리 짓고 "성인 이전기를 떠나는 것"이다. 중요한 사람들이나 기관들과 맺고 있는 관계를 수정하고, 성인 이전기에 형성된 자아를 수정할 필요가 있다. 수많은 결별, 상실, 그리고 변형이 불가피하다(Levinson, 1978).

이 과제의 주요한 구성 요소는 원래의 가족으로부터 분리하는 것이다. 이러한 갈등은 면접 과정에서 계속적으로 나타났다.

> "군대 가기 전엔 가족이 안식처 같았었는데, 군대 갔다 와서는, 뭐라 할까, 애착은 떨어지고 독립심은 커졌다고 할까요. 그런데 부모님은 아직도 생각을 안 바꾸셔서 갈등이 있지요."(#2)

이러한 가족으로부터의 분리 경험은 현역 복무자들에게 강하게 나타났다. 그러나 방위나 공익근무의 경우 이전과 별다른 차이가 없었다고 보고했다(#1, #3, #6).

성인 초기 전환기의 사람들은 지금까지 자신이 속해있던 세계의 본질과 그 안에서 자신이 차지하고 있던 위치에 대해 의문을 던지게 되며, 자신이 진정으로 원하는 것이 무엇인지에 대해 생각하게 된다(Levinson, 1978). 본 연구에서도 이러한 자아정체감 형성의 과정은 복무 유형과 상관없이 매우 분명하게 드러났다. 물론 여기에는 연령 효과도 무시할 수 없겠지만, 군복무 경험이 개인으로 하여금 자신의 정체에 대해 '강하게' 숙고하도록 만드는 것은 분명하다.

> "사람들이 스트레스 받고 방황하는 이유 중의 하나는 내가 뭘 하고 싶은지 몰라서인 경우가 많은데, 군대에서는 상황이 사람을 통제를 하니까 정말 본질적으로 내가 원하는 것을 빼고는 하나씩 포기하면서 가장 중요한 것만 남게 되지. 그 마지막 내가 잡았던 것이 그 이후 내가 사는데 그 방향으로 이끌었던 것이지."(#5)

"군대 가기 전에는 그냥 막연히 남들 석사 따니까 나도 석사는 가겠지 생각했었는데, 군대 가고 나서 공부라는 것이 내 인생에서 무엇인지 느꼈던 것 같아요."(#4)

2) 새로운 시작

성인 초기 전환기의 두 번째 주요 과제는 완전히 성인 세계의 일원이 되기 전에 성인 생활을 위한 기반을 닦는 것이다. 이 시기의 사람들이 성인 생활에 필요한 선택들을 점차 더 분명히 정의함으로써, 자신의 초기 환상과 희망들을 좀 더 명료화할 수 있다. 이들은 전환기가 끝나면서 좀 더 확고한 선택을 하게 되고, 좀더 세부적인 목표를 정의하고, 그리고 성인으로서의 자신을 좀더 높은 수준에서 정의할 수 있을 것이다(Levinson, 1978).

"군대 가기 전에 내가 진정으로 원하는 게 뭔지, 내가 뭘 잘할 수 있을지에 대해 굉장히 고민했었는데, 군대 있는 동안에 그 문제가 어느 정도 정리된 것이 가장 큰 소득이라고 생각해요. 그것을 위해 다양한 탐색과 생각해 볼 수 있었던 시간이었으니까요."(#9)

"군대에서 구체적으로 배운 것은 없지만, 내가 뭘 하고 싶은지를 깨닫게 해 주었지. 평생 내가 뭘 하면서 살 것인가 라는, 말하자면 자아정체감이라는 게 이전까지는 여전히 유예적인 게 강했는데, 그런 방황의 시기가 끝나면서 군대를 가고 거기 가서 내가 정말 의미를 부여할 수 있는 게 무엇인지 결정했던 거지."(#5)

군복무 경험을 통해 사람들은 다양성을 경험하고, 조직 생활에 대해 학습한다. 개인과 환경의 '조화적합성'(goodness-of-fit)이 높을 경우 이러한 경험은 자신감으로 이어져 나타났다.

먼저 다양성에 대해서 살펴보면, 군복무 경험은 개인에게 이전까지는 겪어 보지 못했던, 그리고 군대가 아니라면 겪지 못할 다양한 경험들을 제공한다. 이러한 낯선 경험들은 지나치면 해가 될 수도 있으나, 대부분의 경우 신선한 충격으로 다가왔다.

"군대에서 가장 절실하게 느꼈던 것이 있다면 다양성. 내가 여태까지 살아온 방법 말고도 얼마든지 더 좋은 방법이 있을 수 있고, 내가 생각하는 길만이 유일한 길은 아니라는 것. 다양하게 생각할 수 있다는 것"(#4)

"참 재미있던 것 같아요. 이렇게 집단으로 있다는 것, 굉장히 다른 사람들임에도 불구하고, 서로 다 이렇게 융합될 수 있었다는 것."(#3)

"군대에서 도움이 된 게 있었다면 다르게 사는 애들이 사실 얼마나 다른지를 경험할 수 있었던 것은 도움이 됩니다."(#6)

"중학교에서나 대학교에서나 항상 비슷한 사람끼리만 있으니까 다 비슷한 생각을 하나 보다 했었는데, 군대 가니까 내가 남들보다 튄다는 걸 알게 되었고 자기에 대해 생각을 참 많이 하게 되었던 거 같아요. 내가 강한 것은 무엇이고 내 약점은 무엇인지 알게 되고."(#4)

이러한 다양성의 경험이 개인간(inter-personal) 수준에서만 일어나는 것은 아니다. 개인내(intra-personal) 수준에서도 자신이 미처 몰랐던 자아의 측면이 부각되기도 한다.

"군대 가서 제가 좀 달라진 게 있다면 참 별의별 짓 많이 했던 것 같아요. 의쌰 의쌰 해서 몰고 가서, 참 평소에는 내가 절대로 못한다고 생각했던 일도 했었고."(#3)

두 번째로 사람들은 군복무 경험을 통해 성인기 이후 맞이하게 될 직장 생활을 연습해 보는 기회를 가진다. 구체적인 업무 기술이 아닌, 한국 사회 조직의 운영 원리에 대해서 온 몸으로 학습하게 된다. 성인기 이후의 생활 속에서 '일시적으로' 군필자와 미필자·여성의 차이를 야기하는 부분이 바로 이 지점이 아닐까?

"군대 가기 전에 경험하면서 느꼈던 세상의 규칙들이 군대 갔다와서는 다르게 다가와요. 아, 이게 이런 맥락이었구나 하는 생각이 드는 게 있어요. 선후배 관계라든지, 학교에서 일을 할 때 진행되는 과정이라든지. 옛날엔 왜 이러는지 모르거나 별로 대스럽지 않게 생각했었는데, 군대 갔다 와서 보니까 어떤 사람들한테는 이게 아주 중요한 일일 수도 있다는 느낌이 들었어요."(#6)

"사회 경험을 했다는 게 가장 크겠죠. 군대 아니면 어디서 그런 집단 생활을 하겠어요?"(#2)

"중간에 대장이 바뀌면서 저희 생활이 바뀌었는데, 그룹에 있어서 좋은 리더가 어떤 것인가, 상부에서 보는 리더와 하부에서 보는 리더가 다를 때, 내가 과연 저 자리에 있을 때 나는 어떤 모습을 보여야 되는가 이런 생각을 많이 하게 되었죠."(#3)

"조직이나 위계에 대해서 군대에서 새로 배운다기보다는 그걸 좀더 체계적으로 알게 해 주는 같아요."(#4)

사람들은 이러한 경험을 통해 사회의 축소판으로서의 군대를 경험한다.

"내가 군대를 가지 않았으면 못 보았을 인생의 어떤 측면들을 보게 된 경험은 있죠. 일종의 직장인 비슷한 경험을 하게 되면서 그런 것을 본 게 도움이

되었다고 볼 수 있죠."(#1)

"군대에서 진짜 우리 나라는 군대 문화라는 것을 가장 절실하게 느꼈어요. 마치 오리지날을 발견한 느낌 같은 게 들었어요."(#6)

위와 같이 성인 초기의 탐색 과정으로서 다양성과 조직 생활에 대한 경험은 사람들로 하여금 여러 가지 선택 대안들에 대해서 생각할 수 있도록 해 준다. 그렇다고 해서 사람들이 이전까지의 인생구조를 무조건 바꾼다는 것은 아니다. 오히려 타인을 보면서 자신의 자리를 인식하게 되는 과정이라고 할 수 있다. 여기서 Levinson(1978)의 언급은 의미심장하다.

> 비교적 안정되고 미분화된 사회에서는 젊은이들의 선택 범위는 상당히 제한되어 있다. … 하지만 진보되고 분화된, 그리고 변화하는 세계에서 젊은이들은 선택의 범위가 넓은데서 오는 이점과 부담을 동시에 안고 있다. … 물론 전통 사회와 현대 사회의 차이가 절대적인 것은 아니다.

끝으로, 이러한 다양성과 조직에 대한 경험들이 개인 특성과 조화를 이루었을 때, 그 경험은 자신감이라는 속성으로 바뀌게 된다. 동시에 그러한 조화적합성이 낮을 경우에는 좌절이나 우울을 경험하기도 한다.

"장교훈련이라는 게 사실 장난이 아니거든. 모래시계에서 최민수가 받았던 삼청교육대 훈련보다 심하다고 할까, 근데 지금 무슨 일이 힘들다가도 뭐 그때 그것도 했는데 이런 생각이 들 곤하지."(#7)

"자신감을 가장 크게 얻은 거 같아요. 군대 가기 전에는 그러지 않았거든요. 굉장히 인정을 받으면서 군 생활을 했기 때문에, 제대하고서도 역시 그런 마음가짐으로 안되는 것이 없더라구요."(#4)

"제대하고 나서 파란만장하게 살았는데, 심리적으로는 안정되어 있었지. 군대에서의 그런 경험을 통해 내가 어떤 식으로 살아야겠다는 게 생겨서."(#5)

3) 제대 이후: 성인기로의 진입

개인이 군복무 경험을 통해 가족으로부터의 독립을 거쳐 성인기로 나아가는 과정은 여러 채널을 통해 동시에 진행되어 나간다. 일단 외적인 측면에서는, 가족 근거지를 떠나서 경제적으로 덜 의존적이 되고, 좀 더 자율적이고 책임감 있는 새로운 역할과 삶이 준비되어 있는 생활 속으로 들어가는 것이다.

"나야 이전부터 집 나와 있었지만, 단지 집 나와서 혼자 사는 게 독립이 아니고 경제적으로 독립이 되어야 진정한 독립이라는 생각이 그 때 들었지. 돈 안 받고 내가 벌어서 살겠다. … 경제적으로 독립을 한다는 게 진정으로 어른이 된다는 것, 한 객체로 설 수 있다는 생각을 많이 했지. 독립된 개인이 된다는 것은 경제적으로도 자신이 해결해야 한다는 생각이 강했지."(#5)

또한 내적인 측면에서도 자신과 부모 사이가 더욱 크게 구별되고, 원래의 가족들과 심리적인 거리가 멀어지며, 부모의 지원과 권위에 대한 정서적 의존성이 감소한다. 물론 이러한 변화는 자신과 부모 사이에 새로운 갈등을 유발하기도 한다. 여기서 유념해야 할 사항은 변하는 것은 부모와의 애착의 정도와 그 유형이지, 관계 자체가 완전히 분리되는 것이 아니라는 사실이다(Levinson, 1978). 변하는 것은 단지 관계의 특성이다.

"군대 갔다 와서 부모님도 저를 이제 어른으로 취급해 주시는 것 같고, 저도 가급적이면 부모님한테 독립해서 살 수 있다는 쪽으로 생활 방식이 바뀌었던 것 같아요. 가장 기본적으로는 학비 의존 안 하는 것."(#4)

"태어나서 처음으로 서울과 집을 떠난 거였고, 그 경험은 굉장히 중요했던 것 같아요. 내가 지금까지 알고 있던 게 다가 아니었다는 것을 실제로 경험하게 되었고요. 어쩔 때 부모님께 죄송한 마음이 들기도 하지만 그게 당연한 거 아닐까요?"(#9)

5. 논의 및 제언

이상의 면접 분석을 통해, 한국 남성들에게 군복무 경험이 Levinson이 지적하고 있는 성인 초기 전환기와 매우 유사함을 알 수 있다. 이러한 언급은 한국인을 대상으로 생애 주기 연구를 꾸준히 진행해 오고 있는 한경혜(1993)의 연구에서도 동일하게 지적된 바 있다.

> 산업화가 본격화되기 이전의 아버지 세대에서는 대개 결혼이 성인기로의 진입을 의미하였고, 학교 졸업이나 취직은 결혼 시기에 별 영향을 주지 않았다. … 반면에 아들 세대에 있어서는 학교 졸업 시기와 군복무 시기가 결혼 연령에 조건적 요인으로서 직접적 영향을 주는 것으로 나타났다. … 현대 사회에서 성인기로의 전이를 연령 등급화하는 대표적 기제는 학교 제도와 군대 제도라고 할 수 있다.

따라서 이제 문제는 군복무 경험이 어떠한 양상으로 성인기로의 전이를 일으키는가 하는 점이다. 본 연구에서 드러난 결과를 보면, 한국 남성들은 군복무 경험을 통해 개인적 차이에도 불구하고 공통적으로 ① 조직 생활에 대한 인식, ② 다양한 사람들을 만남으로써 인생의 선택 범위의 확장을 경험한다고 할 수 있다. 그리고, 개인과 환경이 조화로울 경우에는 군복무 경험이 부모로부터의 분리, 자아정체감의 확립, 자신감의 획득이라는 효과도 동반한다.

이를 도표로 나타내면 <그림 2-5>와 같다.

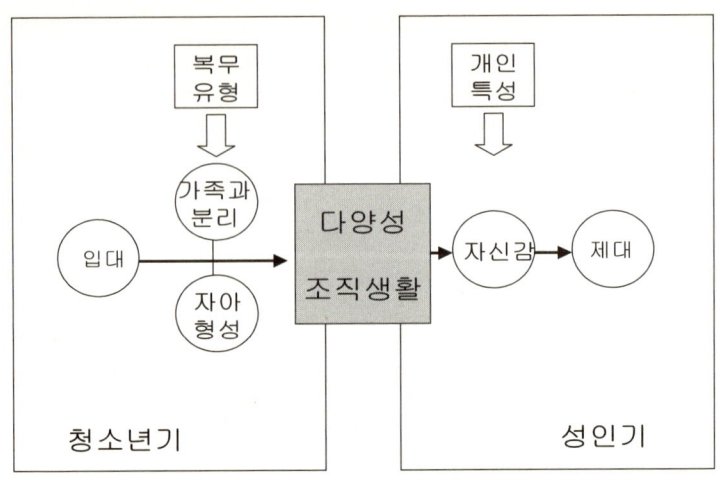

<그림 2-5> 성인 초기 전환기로서의 군복무 경험

물론 위와 같은 긍정적인 효과가 아닌, 반대의 경우도 존재한다. 하지만 그것은 당연한 것이 아닌가? 본 연구가 군복무 경험의 효과를 긍정적 혹은 부정적으로 결정짓는 구체적인 요인이 무엇인지를 경험적으로 밝혀주지는 못하지만 말이다. 개인은 환경에 대해 수동적으로 반응하지 않고, 능동적으로 환경과 함께 상호작용을 한다. 즉, 어떤 경험이 모든 개인에게 심리적으로 동일하게 경험되는 것은 아니다.

이와 관련하여, 서구 사회가 200년 동안 이룬 사회경제적 변화를 단지 20년만에 따라가고자 하다가 결국 IMF를 맞이하게 된 한국 사회에 대한 조한혜정(1998)의 언급은 군복무 경험이 부정적인 영향을 미쳤을 때의 개인 상태와 놀랄 만큼 유사하다. 입대 시기에서도 결정적 시기 혹은 타이밍(timing)의 문제가 있지 않을까?

준비되지 않는 상태에서 겪는 압축적 시간성과 압축성의 밀도 자체가 엄청난 파괴력을 갖는다. … 내가 여기서 강조하고자 하는 것은 압축적 성장 자체가 사회 구성원들을 ① 이분법적 논리 속에 가둠으로써 현실을 소화해 내는 공간을 없애 보리고, ② 상대를 도구화함으로 의사소통의 능력과 의지를 퇴화시키며, ③ 정서적으로 무기력하게 만든다는 부분이다.

군복무라는 경험은 개인의 인생구조에 대해 일종의 프리즘 역할을 하는 것으로 보인다. 어떤 사람은 군복무 경험을 통해 성인 초기로 적응적으로 넘어가기도 하고, 어떤 이는 오히려 부정적인 영향을 받기도 하고, 또 어떤 이들은 마치 아무 일도 없었던 것처럼 지나가기도 한다. 이러한 차이는 앞에서도 지적했듯이, 연령 효과, 개인변인(성격, 교육수준, 가족환경 등), 입대 및 제대 전후의 맥락, 군대에 대한 심리적 표상(psychological representation), 군복무 유형, 군대 내에서의 적응 등 다양한 요인들에 의하여 매개된다.

이러한 다양한 유형들 중에서, 본 연구는 긍정적인 변화를 초래하는 경우의 패턴을 보였다고 말할 수 있을 것이다. 즉, 군복무 기간이 성인 초기 전환기의 갈등과 맞아떨어질 경우에 군복무 경험은 개인에게 성인 초기로 넘어갈 수 있는 좋은 계기로 작용할 수 있음을 보여주었다.

본 연구를 진행하면서 떠오른 흥미로운 몇 가지를 언급해 보면, 먼저 군복무 초기의 낯선 환경에 성공적으로 적응했던 사람들의 경우, 대부분 '좋은 상급자'와의 상호작용이 있었다는 점이다. 이를 일종의 멘토(mentor) 경험이라고도 할 수 있을 것이다.

두 번째는 사람들이 흔히 이야기하는 현역과 비-현역 차이가 분명히 존재한다는 것이다. 그것은 두 집단 중 어느 쪽이 좋다는 의미가 아니라, 군복무 경험을 받아들이고 해석하는 기제가 다를 수 있다는 것이다.

"현역이나 방위나 힘든 건 마찬가지겠지만, 괴로움에도 질적인 차이가 있을 것 같거든요. 현역은 저녁때 퇴근하는 사람하고는 다르죠. 현역 신병 같은

경우엔 저녁 때 또다른 생활이 시작이 되는데."(#4)

　　이전의 자기 생활로부터의 완벽한 단절 경험은 현역에게서 고유하게 나타났다. 이러한 단절 경험과 유사한 현상이 상급 학교 진학을 위해 고향을 떠나 서울로 상경하는 유학생들의 경우에서도 비슷하게 발견된다. 따라서 추후 연구에서는 위와 같은 다양한 유형에 대한 체계적인 표집을 실시하여 보다 설명력이 높은 모형을 세우는 것이 필요하다고 하겠다. 즉, 이러한 통합 모형을 위해서는 연령, 학력, 입대 시기, 복무 유형 등 다양한 조건들을 고려할 필요가 있다. 또한 비교 집단으로서 군면제자와 여성의 경우도 조사하여 볼 필요가 있다.
　　이러한 작업을 통해서 성공적인 군복무 경험을 위한 매개 변인들이 밝혀진다면 이는 개개인의 삶의 질 향상이라는 측면 뿐만 아니라, 군대 조직의 자원관리 및 교육에서 시사하는 바가 클 것이다. 예를 들어, 만일 입대 이전에 가지고 있던 군복무에 대한 부정적인 표상이 군복무 경험을 부적응적으로 만드는데 큰 기여를 한다면, 이제 군 당국이 해야 할 일은 입대 이전의 예비 군인들에 대한 긍정적 이미지 메이킹이다.

6. 보론의 참고 문헌

고려대학교 행동과학연구소 (1979). 군복무가 국가관, 사회관 정립에
　　　미치는 영향. 정훈, 6 (1), 92~96.
김동현, 백종천, 홍두승, 김익희 (1985). 군복무경험이 국민의식에 미치
　　　는 영향분석. 미간행 보고서. 현대사회연구소.
김애순 (1990). 성인기 성격발달에 대한 이론적 개관 1; 변화론의 이론
　　　적 고찰을 통한 발달의 추이, 변인 및 발달통로의 탐색. 한국
　　　심리학회지; 발달, 3 (1), 74~88.
박재홍 (1999). 기성세대의 생애사와 세대차이 인지에 관한 연구; 질적

접근. 한국사회학, 33, 257~296.
민문홍 (1996). 한국인의 사고방식. 일상문화연구회 편. 한국인의 일상문화: 자기성찰의 사회학. 서울: 한울.
시타 (1999). 여기 군대 안에서 다른 군대 이야기를 하자. 두입술, 3, 54~63.
엄신기호 (1999). 군대 이야기에는 군대가 없다. 두입술, 3, 8~11.
윤진·김도환 (1995). 군복무 경험이 청년초기 발달에 미치는 영향: 대학생의 심리·사회적 발달을 중심으로 한 탐색 연구. 1995년 한국심리학회 연차학술대회 발표논문.
이동훈 (1995). 한국 군대문화 연구. 한국사회학, 29, 171~198.
이철위 (1993). 복무청소년에 대한 관심의 전환. 청년연구, 14, 3~22.
장용선 (1993). 군복무가 후기 청소년에게 미치는 영향. 청년연구, 14, 23~67.
조성숙 (1996). 남성문화에 대한 여성학적 이해; 군대와 남성. 1996년 한국사회학회 후기사회학대회 발표논문.
조한혜정 (1998). 불균형 발전 속의 주체형성; 허상의 우물 안에 그대가 있다. 철학과 현실, 37, 222~247.
한경혜 (1993). 한국 남성의 성인기로의 전이 유형의 변화. 사회와 역사, 39, 121~171.
한규석 (1995). 사회심리학의 이해. 학지사.

Kohli, M. (1981). Biography; Account, text method. In B. Daniel (Ed.). *Biography and society; The life history approach in the social sciences.* Beverly Hills, Calif.; Sage.
Levinson, D. J. (1978). *The seasons of a men's life.* New York; Ballantine Books.; 김애순 역 (1996). 남자가 겪는 인생의 사계절. 이화여자대학교 출판부.

Levinson, D. J. (1996). *The seasons of a woman's life*. New York; Alfred A. Knopf.; 김애순 역 (1998). 여자가 겪는 인생의 사계절. 세종연구원.

Levinson, D. J. (1990). A theory of life structure development in adulthood. In C. N. Alexander & E. J. Langer (Eds.). *Higher stages of human development perspectives on adult growth*. Oxford University Press.

McCrae, R. R. & Costa, P. T. Jr. (1984). *Emerging lives, enduring dispositions*. Boston and Toronto; Little, Brown and Company.

Schuman, H. & Scott. J. (1989). Generations and collective memories. *American Sociological Review, 54*, 359~381.

Sheey, G. (1976). *Passages; Predictable crises of adult life*. New York; Bantam Book.; 정계춘 역 (1978). 패시지스; 생의 위기. 자유문학사.

Strauss, A. & Cordin, J. (1990). *Basics of qualitative research*. Newbury Park; Sage.

Overton, W. F. (1998). Developmental psychology; Philosophy, concepts, and methodology. In R. M. Lerner (Ed.). *Theoretical models of human development. Volume 1 of the Handbook of child psychology (107~188). (5th ed.)*. Editor-in-Chief; William Damon. New York; Wiley.

추천 도서

▷ 남자가 겪는 인생의 사계절

(레빈슨 지음, 이화여자대학교 출판부, 1996)

성인발달 연구의 기념비적 저작으로, 남자가 겪는 인생의 파노라마가 마치 계절의 흐름처럼 잘 정리되어 있고, 번역도 깔끔해서 비전공자가 읽기에도 무리가 없다. 관심 있는 사람은 『여자가 겪는 인생의 사계절』(1998, 세종연구원)도 함께 비교해 가면서 읽어 볼 만하다.

▷ 내 딸이 여자가 될 때

(메리 파이퍼 지음, 문학동네, 1999)

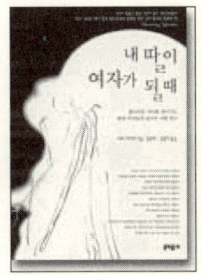

임상심리학자인 저자가 20여 년간의 경험을 바탕으로, 수많은 실제 사례를 통해 미국 청소년기 소녀들이 자신의 자아정체성을 찾아 나가는 과정을 설득력 있게 보여주고 있다. 관련 분야에서 현대의 고전으로 칭할만한 책이다.

▷ 아동기와 사회

(에릭슨 지음, 중앙적성출판사, 1995)

이 책으로 말미암아 에릭슨은 일약 세계적인 발달심리학자로 인정받게 된다. 정신분석의 입장에서 전생애에 걸친 개인과 사회의 변증법적 관계가 한 폭의 그림처럼 전개되고 있다. 『아이덴티티』(삼성출판사, 1990), 『청년 루터』(크리스챤 다이제스트, 1997)와 함께, 에릭슨의 3대 저작으로 꼽힌다.

아동기와 사회 에릭슨
중앙적성출판사

3장
가깝고도 먼 남성과 여성

"내가 믿기에 200만의 미국인들은 인생의 어느 부분을 신비로운 상태로 남겨두고 싶어한다. 우리가 알고 싶어하지 않는 그런 것들 중 첫 번째가 바로 왜 한 남자와 한 여자가 사랑에 빠지는가 하는 것이다."(미국의 상원의원 William Proxmire)

"많은 사람들이 사랑이 무엇인가 또는 무엇이 되어야 하는가에 대해 혼란스러워 하는 특별한 때에, 사랑에 관한 과학적 연구는 삶의 질에 긍정적인 기여를 할 수 있다. 인간 신체에 대한 연구가 사람의 몸을 모독한다고 해서 수세기 전까지 과학적으로 연구하지 못하도록 금기시하다가 결국 더 이상 정당화되지 못한 것처럼, 사랑에 대한 연구를 회피하는 것도 정당화되지 못한다. 현대 심리학자 중 가장 인본주의적 사람의 하나였던 고(故) Abraham Maslow는 말했다. "우리는 사랑을 연구해야만 한다. 우리는 그것을 가르칠 수 있어야 하고 이해할 수 있어야 하며 그것을 예측할 수 있어야 한다. 그렇지 않으면 적대감과 의심으로 세계를 잃게 될 것이다.""(미국의 심리학자 Zick Rubin)

제1절 남성과 여성은 다른 종(種)인가?

　전문가들의 예측에 따르면, 2040년 전후가 되면 가상현실 기술을 이용한 사이버 섹스가 실현될 것이라고 한다. 마치 공상과학 영화에서처럼, 누구나 3차원 특수안경을 쓰고 콘돔을 생식기에 낄 때처럼 꼭 맞는 감촉을 느끼게 하는 특수복 안으로 몸을 밀어 넣은 다음, 전화 다이얼을 돌려 수천 마일 떨어진 곳에 있는 상대를 불러내서 바로 옆에 있는 것처럼 속삭이고 애무하면서 성행위를 즐길 수 있게 된다는 것이다(이인식, 1998a).
　성(性)이란 주제만큼 사람들의 호기심을 자극하는 것도 없을 것이다. 또한 동시에 그 문제만큼 제대로 알려지지 않은 영역이 있을까? 남성과 여성은 마치 다른 행성에서 온 것처럼, 진짜 서로 다른 것일까?
　남녀 성차이에 관한 연구들을 종합해 보면, 실제로 성차이가 명확하게 나타나는 부분은 공격성, 언어능력, 수학능력, 공간지각능력에 불과하다고 한다(김애순·윤진, 1997). 즉 공격성은 남성들이 더 높지만 그 이외의 성격적인 측면에서의 뚜렷한 성차이는 발견할 수 없다고 한다. 또한 지적인 측면에서는 수학능력과 공간지각능력은 남성이 우수하나, 언어능력은 여성이 더 우수하다. 즉 기존의 남성과 여성에 대한 고정관념은 그 근거가 희박하며 남녀의 성차이보다는 개인차가 더 크다는 것을 인식할 필요가 있다.
　이 문제는 개인 차이와 집단 차이의 혼돈에서 시작된다. 즉 남성과 여성이라는 집단 사이의 차이가 클 것인가, 아니면 집단과 상관없는 개인 차이가 더 클 것인가의 문제이다. 집단 범주가 한 개인의 행동에 대해 설명할 수 있는 범위가 대단히 제한되어 있음에도 불구하고, 우리가 이러한 집단 정보에 의해 압도당한다는 사실은 인간의 인지능력이 결코 완전하지 않다는 것을 보여주는 좋은 예라고 할 수 있다.

제3장 가깝고도 먼 남성과 여성 / 139

이 장에서 성에 대한 포괄적인 논의를 진행하지는 않을 것이다. 이 주제에 대해서는 Gonick과 Devault의 『세상에서 가장 아름다운 SEX』(궁리, 1999), Amendt 박사가 쓴 『섹스북』(박영률출판사, 1993), 이인식의 『성이란 무엇인가』(민음사, 1998b)를 확인하기 바란다. 세 권 모두 탁월하고 재미있는 책이기에 많은 도움이 될 것이다. 여기에서는 『세상에서 가장 아름다운 SEX』에 실린 몇 가지 성적 고정관념에 대해 감상해보자.

고정관념 1: 남성의 능력
① 남성의 성기의 크기는 유전적이다.
② 그건 남성다움이나 성적 성향과는 관계가 없다.
③ 그건 코의 길이와도 상관이 없다.
④ 힘이 빠져 있는 남성의 성기는 그 길이에 있어서 차이가 현저히 나지만, 발기된 것들은 거의 비슷하다.

⑤ 남성의 성기의 크기는 성교를 하거나 파트너를 즐겁게 해주는 남성의 능력에 영향을 미치지 않는다.
⑥ 위 항목에도 불구하고 일부 여성들은 거기에 신경을 쓴다.
⑦ 마찬가지 경우가 동성애하는 남성들에게도 적용된다.

⑧ 어쨌듯 거기에 대해 당신이 무엇을 할 수 있는가?

고정관념 2: 남성은 이래야 한다
① 항상 여성들에게는 욕정을 느끼고, 다른 남성에게는 느끼면 안 된다.
② 항상 주도권을 잡아야 한다.
③ 항상 힘센 말처럼 할 준비가 되어 있어야 한다.

④ 의심이나 후회 같은 걸 느끼거나 표현해서는 안 된다.
⑤ 브래지어 끈을 잘 풀 수 있는 천부적 능력이 있어야 한다.

고정관념 3: 여성은 이래야 한다
① 남성를 좋아하고 여성을 좋아하면 안 된다.
② 남성을 좋아하는 걸 너무 드러내서도 안 된다.
③ 결혼했을 때만 섹스를 해야 한다.
④ 쾌락을 선사해야지, 자기가 받으면 안 된다.

사랑이라는 매력적인 주제로 넘어가기 전에, 성과 관련된 몇몇 흥미로운 연구들을 살펴보자.

1. 진화심리학자들의 기발한 연구들

진화생물학과 인지심리학이 결합하여 이루어진 학문이 진화심리학이다. 진화심리학자들은 진화론적 배경에서 인간 행동을 설명하고자 하는데, 이들의 주요 관심사 중의 하나가 성행동이다. '종의 번식'이라는 진화론의 명제가 타당하다면, 시대와 문화적 차이를 초월하는 성행동 양상이 존재할 것이라고 이들은 주장한다.1)

따라서 이들은 일반적으로 문화적 산물이라고 여겨져 왔던 미(美)의 기준에 있어서도 이러한 진화론의 흔적을 찾으려고 시도하였다. Devendra Singh(1993)은 문화권에 따라 여성의 이상적인 체중에 대한 견해는 다르지만 이상적인 '허리 대 히프의 비'(WHR; Waist-to Hip Ratio)는 항상 똑같다는 사실을 발견했는데, 세계 어디서나 남성들은 WHR이 0.7인 여성을 가장 매력적으로 지각했다. 더군다나 뚱뚱

---

1) 이러한 진화심리학의 주장에 대해 범적응주의(凡適應主義), 환원주의, 유전학적 결정론이라는 비판 역시 만만치 않다.

제3장 가깝고도 먼 남성과 여성 / 141

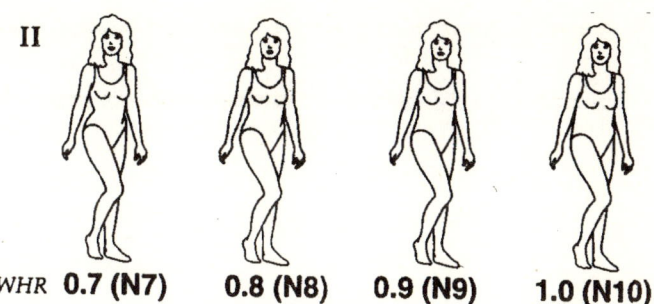

<그림 3-1> Singh의 연구에 사용된 자극의 예: 정상 체중 집단

한 집단의 WHR=0.7인 여성을 마른 집단의 WHR=0.6인 여성보다 더 선호하는 것으로 나타났다. 그 이유는 WHR이 다산(多産)을 나타내는 훌륭한 지표 역할을 하기 때문이라고 한다. WHR이 0.7인 여성은 그보다 더 높거나 낮은 비율을 가진 여성보다 출산력이 높다는 것이다. 이러한 흥미로운 연구 결과는 바비(Barbie) 인형 제작에도 적용된다고 한다.

또한 사람들이 대칭적인 신체를 가진 배우자를 선호한다는 증거들도 있다. 심리학자 Steve Gangestad와 생물학자 Randy Thornhill은 손발에서부터 귀의 폭과 길이에 이르기까지 여러 가지 특징을 측정하여 특정 개인들의 전체적인 신체 대칭성 지수를 구했다. 그리고 나서, 다른 사람들로 하여금 이 개인들에게 느끼는 매력의 정도를 평가하도록 했는데, 그 결과 매력과 대칭성의 정도 사이에는 높은 상관 관계가 있었다. 즉, 대칭적인 사람일수록 더 매력적으로 보인다는 것이다 (Evans & Zarate, 1999).

이와 같은 진화심리학의 주장에 대해 관심이 있으면, David Buss(1994)가 쓴 『욕망의 진화』를 읽어보길 바란다. 그는 진화심리학 분야의 선두주자 중의 한 명으로서, 성행동에 관한 자신들의 가설을 증명하기 위해 전세계 수 만명을 대상으로 연구를 진행해 오고 있다.

2. 남성성과 여성성, 그리고 양성성

심리학자들은 어떤 '심리적 구인'(psychological construct)이 제안되면 곧장 그것을 측정하기 위한 각종 심리검사를 개발해 왔다. 남성성과 여성성도 마찬가지이다. 여기에서 남성성이란 '행위 주체성'과 '도구적 행동'을 의미한다. 행위 주체성은 자기 보호, 자기 주장, 자기 확장, 독립성, 지배하고자 하는 충동이며, 도구적 행동이란 목표 지향적이며 목적과 성취를 강조한다. 반면 여성성은 '친교성'과 '표현적 행동'으로 대표된다. 친교성은 접촉, 개방성, 결합, 비계약적 행동 등이며, 표현적 행동이란 지지적이고 감정적이며 타인의 복지에 대한 관심과 보살핌을 강조하는 것이다(김애순·윤진, 1997).

여기에서 남성성과 여성성을 단일한 차원으로 볼 것인가, 아니면 별개의 차원으로 취급할 것인가 하는 문제가 있다. 만일 둘을 단일 차원의 문제로 파악한다면, 남성성이 증가할수록 여성성은 감소하고 여성성이 증가할수록 남성성은 감소하는 결과를 초래한다. 즉 남성성과 여성성이 모두 높은 양성성(androgyny)이 존재할 가능성은 없다.

최근에는 남성성과 여성성이 각각 독립된 차원이기 때문에, 한 개인이 이 두 가지 성향을 동시에 소유할 수 있다는 주장이 일반적으로 받아들여진다. 또한, 양성성의 소유자가 성 고정관념에 근거해서 행동하는 사람보다 더 건강하고 적응적이며 행복한 삶의 모형이라고들 가정한다(Bem, 1975).

성역할 검사 중에서 대표적인 "Bem의 성역할 척도 한국판: 단축판"(박윤창·윤진, 1988)이 제시되어 있으므로, 각자 자신의 결과를 구해보기 바란다.

<지시문> 각 문항을 읽고 자신의 성격에 가까운 정도에 따라, 최고 7점('매우 그렇다')에서 최저 1점('전혀 그렇지 않다')까지의 점수를 쓰십시오. 깊

제3장 가깝고도 먼 남성과 여성 / 143

이 생각하지 말고 머릿속에 떠오르는 대로 응답하십시오.

1. 자신감이 있다.
2. 고분고분하다.
3. 나의 신념을 지킨다.
4. 명랑하다.
5. 독립적이다.
6. 수줍음을 탄다.
7. 양심적이다.
8. 마음씨가 부드럽다.
9. 내 주장을 분명히 표현한다.
10. 남의 비위를 잘 맞춘다.
11. 성격이 강인하다.
12. (약속이나 의무 등에) 충실하다.
13. 강압적이다.
14. 여성적이다.
15. 분석적이다.
16. 동정심이 있다.
17. 지도력이 있다.
18. 다른 사람이 원하는 것을 잘 알아차린다.
19. 기꺼이 모험을 한다.
20. 이해심이 있다.
21. 어떤 결정을 할 때 쉽게 결정을 한다.
22. 자비심이 있다.
23. 자부심이 강하다.
24. 남의 아픈 마음을 위로하려 노력한다.
25. 지배적이다.
26. 부드럽게 이야기한다.
27. 남성적이다.
28. 마음씨가 온화하다.
29. 내 입장을 분명히 하려고 한다.

30. 다정다감하다.
31. 적극적이다.
32. 남에게 잘 속는다.
33. 지도자로서 행동한다.
34. 어린아이 같다.
35. 개인주의적이다.
36. 남에게 심한 말을 하지 않는다.
37. 경쟁적이다.
38. 어린이를 사랑한다.
39. 야심만만하다.
40. 양보심이 있다.

짝수 문항의 응답을 다 더한 것이 남성성 점수이고, 홀수 문항의 합계가 여성성 점수이다. 각자 자기 점수를 구했으면 다음 결과를 보자.

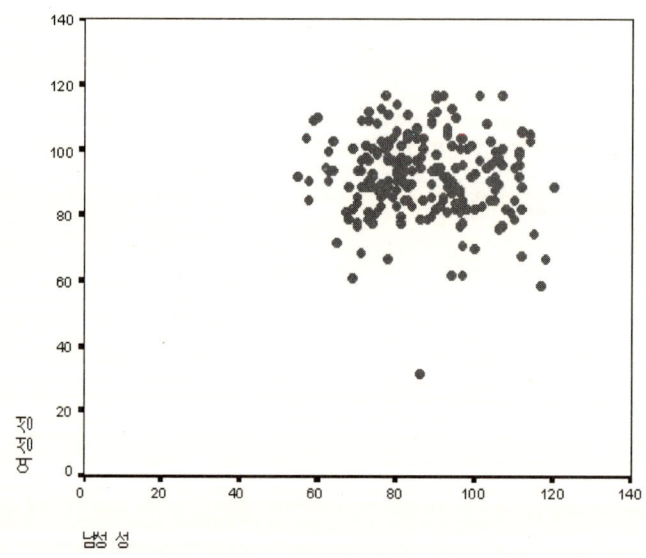

<그림 3-2> 성역할 척도의 검사 결과

<표 3-1> 성역할 척도의 검사 결과

	남성 (120명)		여성 (97명)		전체 (217명)	
	평균	표준편차	평균	표준편차	평균	표준편차
남성성	89.48	(14.81)	84.61	(13.25)	87.30	(14.31)
여성성	92.69	(12.87)	91.38	(11.40)	92.11	(12.22)

이 자료는 지난 2001년 2학기와 2002년 1학기에 연세대학교 교양과목 "청년기 갈등과 자기이해"를 수강했던 217명에 대한 실제 결과이다. 전체적으로 볼 때, 대부분의 수강생들이 남성성도 높고 여성성도 높다는 것을 알 수 있는데, 이것은 양성성의 존재를 실제로 보여준다고 하겠다.

또한, 남성성 점수와 여성성 점수에 대한 성차이는 없었다. 즉 남녀 사이에 약간의 차이가 있기는 있으나, 이는 통계학적으로 무시할만한 수치라는 것이다. 그럼에도 불구하고 흥미로운 사실은 남성의 여성성 점수가 여성의 여성성 점수보다 1점 정도 높다는 것이다. 이것은 2001년 2학기와 2002년 1학기 모두에서 동일하게 나타났던 현상이다. 이러한 결과가 수강생 집단의 특성인지, 아니면 한국 남성의 여성성 증가를 보여주는 것인지에 대해서는 좀 더 세밀한 연구가 요청된다고 할 수 있다.

제 2 절 사랑과 연애

　청소년기 이후의 인생에서 사랑만큼이나 애절한 것이 있을까? 또한 사랑만큼 엄청난 희망과 기대를 갖고 시작해서 그렇게도 실패를 되풀이하는 행동이 또 있을까? 일찍이 Fromm(1956)은 사랑에 성공하지 못하는 것은 사람들이 사랑을 배울 필요가 없다고 생각하기 때문이라고 지적한 바 있다. 그는 사람들이 사랑을 '사랑하는 것'이 아닌 '사랑받는 것', '능력의 문제'가 아닌 '대상의 문제', '지속적인 상태'가 아닌 '최초의 경험'으로 착각하고 있다고 주장했다.

　여기서 연애 중인 커플을 떠올려 보자. 이러한 커플들이 일상적으로 가장 흔히 겪게 되는 문제는 무엇일까? 미국의 자료(Knox & Wilson, 1983)를 보면, 여학생들(총 227명)은 ① 원하지 않는 성관계에 대한 압력(23%), ② 데이트할 때 어디에서 무엇을 해야 하는지의 문제(22%), ③ 데이트할 때의 대화(20%), ④ 성적인 오해(13%), ⑤ 돈 문제(9%)의 순서로 나타났다. 반면 남학생들(총 107명)은 ① 데이트할 때의 대화(35%), ② 데이트할 때 어디에서 무엇을 해야 하는지의 문제(23%), ③ 수줍음(20%), ④ 돈 문제(17%), ⑤ 정직성과 개방성의 문제(8%)를 꼽았다.[2] 이처럼 사랑이란 것이 동화 속에 나오는 것처럼 늘상 달콤하고 환상적인 것만은 아니라, 당사자들이 배워서 해결해야 할 문제

---

[2] 여기서 성적인 오해의 대표적인 예는 여성이 정말로 성관계를 원하지 않는 것에 관한 것이었다. 전문가들은 이러한 문제에 대해, 성은 결국 소통의 행위임을 강조하면서 성관계를 하기 전에 다음 질문을 꼭 하라고 제안한다(조한혜정, 2002). ① 내 성적 욕망은 무엇인가?, ② 내 성적 행위의 한계는 무엇인가? 무엇을 해야 하고 또 하지 않아야 하는가?, ③ 내가 지금 정말 섹스를 원하는 건가?, ④ 섹스를 통해 내가 얻고자 하는 것이 무엇인가?, ⑤ 내 파트너가 원하는 것은 무엇인가?, ⑥ 우리가 원하는 것은 같은 것인가?, ⑦ 혹 내가 상대에게 상처를 주게 될 수도 있는가?, ⑧ 이 관계는 정직하고 평등하고 상호 존중적인가?, ⑨ 이 관계로 인해 벌어질 신체적·감정적 결과에 대해 준비되어 있는가?

들도 동반하는 것이다.

 심리학에서 사랑이 본격적인 연구주제로 다루어지기 시작한 것은 그리 오래되지 않았다. 그렇다면 그 동안 별로 중요하게 취급되지 않던 사랑이라는 주제가 최근에 폭발적인 인기를 끌게 된 이유는 무엇일까? 첫째, 그것은 아마도 학문적 패러다임이 '이성(理性)의 시대'에서 '감성(感性)의 시대'로 전환된 것에 기인할 것이다. 이전까지는 합리적이고 안정적인 이성과 인지(cognition)의 특성을 파악하면 인간을 다 이해할 수 있다고 믿었다. 그러나 그러한 믿음들이 실패로 돌아가면서, 1980년대 말부터 감성과 관련된 연구들이 급속도로 증가하기 시작한 것이다.

 둘째, 인간을 하나의 독립된 개체로서 이해하고자 했던 여러 시도들이 실질적으로 크게 성공하지 못함으로써, 그 대안으로 나타난 것이 인간의 관계적 측면에 대한 고려였다. 즉, 인간의 심리나 행동을 다른 사람과의 관계적인 측면에서 파악할 때 좀 더 잘 이해할 수 있다는 입장이 크게 대두되었다.

 마지막으로 인간의 심리나 행동을 관계적인 측면에서 탐색할 수 있는 방법론적 발전이 사랑의 연구를 가능케 했다. 이전까지는 분석단위로 둘 이상의 관계적인 측면을 이용할 수 있는 통계적 방법이 거의 없었다. 그러나 최근에 몇몇 연구자들(예를 들어, Kenny, 1994)이 개발한 모형들은 이러한 분석을 가능케 했다.

 이 장에서는 사랑에 대한 이론 중에서, 학문적인 의의 뿐만 아니라 현실적인 유용성 역시 인정받고 있는 Robert Sternberg와 John Lee의 이론을 살펴보겠다.

희망 사항 (도리스 레르헤 Doris Lerche의 작품)

1. Sternberg의 사랑의 삼각형

　지능에 대한 연구로도 유명한 Sternberg는 사랑에 대한 삼각형 이론(Sternberg, 1986, 1999; Sternberg. & Barne, 1988)을 제안하여 커다란 반향을 일으키고 있다. 그는 사랑을 세 가지 구성요소로 이루어진 삼각형으로 보는데, 그 구성요소는 친밀감, 열정, 결정/헌신이다.

　① 친밀감(intimacy): 사랑하는 관계에 있는 사람들이 상대방에게서 경험하는, 가깝고 연결되어 있으며 결합되어 있다는 느낌을 말한다.

친밀감은 다음과 같은 모습으로 나타난다; ㉮ 사랑하는 사람의 복지를 증진시키기를 열망함, ㉯ 사랑하는 사람과 함께 행복을 경험함, ㉰ 사랑하는 사람에 대해 존경심을 가짐, ㉱ 필요할 때 그 사람에게 기댈 수 있음, ㉲ 서로 이해함, ㉳ 상대와 자신 및 자신의 소유를 나눌 수 있음, ㉴ 상대로부터 정서적 지지를 받음, ㉵ 상대에게 정서적 지지를 줌, ㉶ 상대와 친밀한 의사소통을 함, ㉷ 자신의 삶에서 사랑하는 사람의 가치를 높게 평가함.

② 열정(passion): 사랑하는 관계에 있는 사람들이 낭만, 신체적 매력, 성적 몰입 같은 것들로 상대방에게 이끌리는 욕망을 말한다. 많은 관계에서 성적 욕구가 열정의 중요한 부분을 차지하기도 하지만, 다른 요구들(자아존중감, 타인과의 친화, 타인에 대한 지배, 타인에 대한 복종, 자아실현 등)이 열정이라는 경험에 기여하기도 한다.

③ 결정/헌신(decision/commitment): 이 요소는 두 가지 측면으로 구성되어 있는데, 단기적으로는 어떤 사람과 사랑하기로 마음먹는 결정을 말하고, 장기적으로는 그 사랑을 지속시키겠다는 헌신을 말한다. 이러한 두 가지 측면은 반드시 함께 갈 필요는 없지만, 보통 헌신 이전에 사랑에 대한 결정을 하는 경우가 빈번하게 나타난다.

이렇듯 전체 현상을 의미 있게 분류하는 것은 모든 학문체계의 시작이다. 그렇다면 '의미 있게' 분류한다는 것은 어떤 것일까? 필자는 이 부분에서 McKinsey라는 경영컨설팅 회사가 떠오른다.

    McKinsey에서는 3이라는 숫자가 매직 넘버이다. 이 회사에서는 늘 3이라는 숫자를 이용한다. McKinsey 사람에게 복잡한 문제를 질문하면, 대개는 다음과 같은 답이 나올 것이다. "그 이유로는 세 가지가 있습니다. …"

MECE는 '서로 배타적이면서, 부분의 합이 전체를 구성하는'(mutually exclusive, collectively exhaustive) 것을 의미한다. McKinsey의 신입 컨설턴트들은 입사할 때부터 이 말을 귀가 따갑도록 듣는다. … MECE는 우리의 사고를 최대한의 명확성과 최대한의 완벽성으로 구조화시킨다. … McKinsey의 이슈 목록에는 적어도 2개 이상, 그리고 많게는 5개 이하의 주요 항목만이 있어야 한다. 물론 3개가 가장 좋다(Rasiel, 1999).

즉, '서로 배타적이면서, 부분의 합이 전체를 구성하는' 방식으로 분류하는 것이 의미 있는 것이다. 사실상 이러한 원칙은 심리검사에서 문항을 만드는 첫 번째 원칙이기도 하다.3)

아무튼 Sternberg는 이러한 세 가지 요소를 결합하여 다음과 같은 사랑의 종류를 제시하였다.

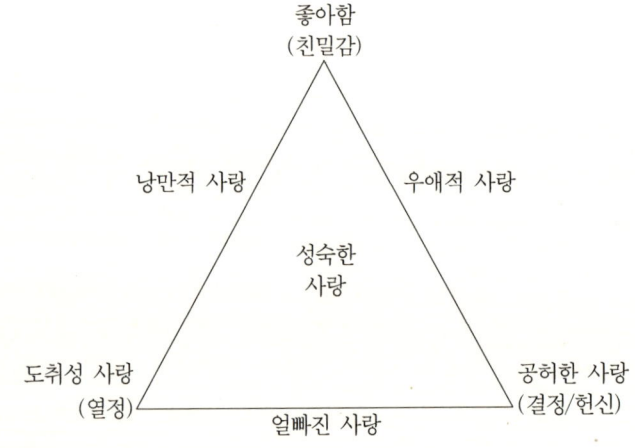

<그림 3-3> 세 가지 요소가 조합된 사랑의 종류

---

3) 이렇게 수학적 원리로 이론의 본질을 탐구해 나가는 사유방식에 대해서는 연세대학교 신과대학의 한태동 교수의 연구가 단연 독보적이다. 그는 수학적 도식을 사용한 기발한 방식으로 동서양의 사고의 틀을 재구성했다. 자세한 사항은 『한태동(韓泰東) 교수 고희 기념논문집』(1995)에 실린 그의 저작 목록을 참고하길 바란다.

<표 3-2> 세 가지 요소가 조합된 사랑의 종류

	친밀감	정열	결정/헌신
⓪ 사랑이 아님	−	−	−
① 좋아함	+	−	−
② 도취성 사랑	−	+	−
③ 공허한 사랑	−	−	+
④ 낭만적 사랑	+	+	−
⑤ 우애적 사랑	+	−	+
⑥ 얼빠진 사랑	−	+	+
⑦ 성숙한 사랑	+	+	+

이 표에서 +는 해당 요소가 있음을, −는 해당 요소가 없음을 의미한다. 이러한 사랑의 종류는 삼각형 이론을 바탕으로 표준을 삼기 위해 만든 이상형들이다. 하지만 실제 대부분의 사랑은 7가지 사랑의 범주들 중간에 놓일 것이다. 왜냐하면 실제 사랑은 어떤 요소가 단순히 있고 없음의 차원이 아니라, 어떤 요소가 많고 적음의 형태로 나타나기 때문이다.

각 사랑의 유형에 대한 전형적인 모습은 다음과 같다(Sternberg. & Barne, 1988).

ⓞ 사랑이 아닌 것: 모든 요소의 부재

　철수는 그의 비서 상미를 거의 매일 본다. 철수와 상미는 직업적 관계 내에서 매우 잘 지낸다. 그러나 서로에게 다른 호의는 전혀 없다. 개인적인 문제로 이야기하는 것을 둘 다 꺼린다. 몇 번 그렇게 해 본 뒤에 그들은 자신들의 대화를 사무적인 것에 국한해야겠다고 결정했다. 철수나 상미나 서로를 좋아하거나 또 친구가 되기를 추구하지는 않지만, 그들의 관계는 사무적인 문제해결에 있어서는 대체로 원만하고 도움이 되는 관계이다.

① 좋아함: 친밀감 요소만 있는 경우

　인철이는 질투심에 사로잡혔다. 그는 자신과 현정이가 '한 쌍'이라고 여겼다. 그러나 현정이는 인철이와 보내는 시간만큼 철우와도 같이 보낸 것 같았다. 더 나쁜 것은 현정이가 자기를 배반할까봐 인철이가 두려워한다는 것이다. 결국 그는 그녀를 만났다.
　"난 더 이상 못 참겠어."
　"그래? 뭘 못 참겠는데?"
　"철우와 네 관계 말이야. 나보다 그 녀석이 좋다면 그건 괜찮아. 말만 해. 나는 떠나 줄테니. 하지만 너는 둘 다를 원하는 것 같은데, 나는 그걸 못 참겠어."
　"무슨 얘기를 하는 거야. 철우는 너의 경쟁자가 아니야. 아무 것도 아니야. 도대체 뭐 때문에 그렇게 생각하는 거야?"
　"너는 나와 함께 있는 시간만큼이나 그 녀석과 함께 있잖아. 나한테는 그 시간 동안 무슨 일을 했는지 말도 안하고."
　"인철아, 너 정신 나갔어? 돌았구나. 철우는 그냥 친구야. 나는 그 아이와 친구로 지내는 게 좋아. 하지만 사랑하는 건 아니야. 결코 철우와 인생을 함께 할 생각은 없어. 친구 그 이상도 이하도 아니야."
　"알았어."
　그러나 인철이가 진정으로 이해하는 것은 아니었다.

② 도취성 사람: 열정 요소만 있는 경우

　물리학 시간에 현호는 연희 뒤에 앉아 있다. 현호는 물리를 싫어하지만 연희 때문에 그런 말을 못했다. 그의 인생은 그녀를 만난 순간 완전히 바뀌어 버린 것 같았다. 그는 미친 듯이 그녀에게 빠져들었다. 선생님의 말씀을 듣는 것이나 칠판을 보는 대신, 그는 수업 시간 내내 연희만을 쳐다보았다. 연희는 이것을 알고 있었으나 별로 내키지 않았다. 그녀는 현호에게 별 관심이 없었다. 그가 그녀와 이야기를 해보려고 하면, 그녀는 재빨리 자리를 떴다. 현호의 시선과 서투르게 말을 걸어보려고 다가오는 그의 모습이 그녀를 불편하게 했다. 그러나 현호는 연희 외에는 다른 것을 생각할 수 없었다. 현호가 공부를 뒷전으로 하고 그녀를 생각하는데 모든 시간을 쏟아 버리는 동안 성적은 곤두박질

제3장 가깝고도 먼 남성과 여성 / 153

치기 시작했다. 그는 뭔가에 홀린 사람 같았다. 현호는 연희에게 계속 그렇게 사로잡혀 있을 것 같았지만, 그들이 학교를 졸업하고 각자 다른 일을 시작하게 되자 상황은 달라졌다. 현호는 연희를 다시 볼 수 없었고, 몇 통의 답장 없는 편지를 보낸 후 그는 결국 그녀를 포기하게 되었다.

③ 공허란 사랑: 결정/헌신 요소만 있는 경우

명수와 수지는 결혼한지 28년이 된다. 수지는 28년의 결혼 생활 중에서 20년 동안 이혼을 생각했다. 하지만 실행하지는 않았다. 그녀가 직업이 없었으므로 살 길이 막막했고, 또 명수와 같이 사는 것보다 생활이 오히려 더 나빠질 수도 있었기 때문이다. 명수와의 생활은 그렇게 나쁜 건 아니었다. 근본적인 문제는 그가 그녀를 홀로 남겨 둔다는 데 있었다. 그는 거의 집에 없었고, 집에 있을 때조차 늘 일하느라 바빴다. 열정이 있었다손 치더라도 그건 이미 오래 전 일이었다. 수지는 명수에게 다른 여자가 있음을 오래 전부터 느끼고 있었다. 그들 부부의 관계는 결코 친밀한 것이 아니었고, 친밀감은 오래 전에 사라져 버렸다. 현재 그들 사이에 대화가 거의 없다. 수지는 가끔씩 명수가 자기를 떠날 것인가, 또 떠난다면 언제 떠나고 싶어할 것인가가 궁금했다. 그러나 명수는 수지가 그의 옷을 세탁해 주고 음식을 준비하고 집을 지켜 주고 그 외에 아내로서의 모든 일들을 하는 것에 만족해하는 것 같았다. 수지는 아이들조차 없었다면 그녀의 삶은 너무나도 공허할 것이라는 생각을 가끔씩 한다.

④ 낭만적 사랑: 친밀감과 열정 요소의 결합

수잔과 랄프는 고등학교 3학년 때 만났다. 처음에는 좋은 친구 사이로 시작했지만, 곧 깊은 낭만적 사랑 관계에 빠져들었다. 수잔과 랄프는 될 수 있는 대로 많은 시간을 함께 보냈고 순간 순간을 즐겼다. 그러나 둘 다 그 관계에 지속적으로 헌신할 준비는 되어 있지 않았고, 최종결정을 하기에는 너무 어리다고 느꼈다. 어떤 대학에 진학할지를 알기 전까지는 그들이 앞으로 얼마나 더 함께 있게 될지를 알지 못했다. 랄프는 보스톤 공대에 입학허가를 받아 그곳으로 진학하기로 했다. 수잔은 가까운 메사츄세츠 공대에 지원해서 입학허가를 받았지만 장학금 약속은 받지 못했다. 하지만 곧이어 캘리포니아 공대에서 좋은 장학금을 받는 조건으로 입학허가를 받았다. 그녀가 동부로 떠날 때 그녀도 랄프도 그들의 관계가 먼 거리를 극복하고 지속될 수 있을 것인지를 확신하지 못했다. 실제로 1년 정도는 가끔씩 왕래가 있었지만, 별다른 문제도 없었는데 이들의 관계는 끝나고 말았다.

⑤ 우애적 사랑: 친밀감과 결정/헌신 요소의 결합

성진과 사라는 결혼한지 20년이 되었다. 그 동안 그들에게는 어려운 시기도 좀 있었다. 그들은 많은 친구들이 이혼하는 것을 보았고, 성진은 직업을 몇 번이나 바꾸었으며, 사라는 한때 치명적인 증상까지 보였던 병 때문에 어려움을 겪기도 했다. 둘 다 많은 친구가 있었으나 서로가 최상의 친구라는 사실에 의심의 여지가 없었다. 어려움을 겪을 때 사람들은 자기를 가장 잘 아는 사람에게 의지하기 마련이다. 성진이나 사라 모두 서로간에 큰 열정을 느끼진 못했지만 다른 대안을 찾지는 않았다. 왜냐하면 그들은 그 관계를 통해 필요한 것을 얻을 수 있다고 믿었기 때문이다. 그들에게 가장 필요한 것이란 보복이나 두려움 없이 어떤 것을 말하고 행동하는 것이었다. 그들은 서로에 대한 존경에 한계가 있다고 생각했지만, 그 한계를 시험해 보려고 하지는 않았다. 그들은 그 관계 속에서 사는 것으로 행복했기 때문이다.

⑥ 얼빠진 사랑: 열정과 결정/헌신 요소의 결합

탐과 다이애나는 바하마행 순항선에서 만났다. 둘 다 돌이오는 길이있다 탐의 약혼자는 갑자기 약혼을 깨고 탐의 친한 친구와 함께 자취를 감추었다. 설상가상으로 탐은 막 직장을 잃었다. (또한 그는 실직에 익숙해져 가고 있었다.) 다이애나는 최근에 이혼했다. 남편의 '상대 여자'의 희생자가 된 것이다. 이들은 서로간에 간절한 사랑을 느꼈고, 자신들의 만남은 하늘이 맺어준 것이라고 생각했다. 사실상 그건 마치 누군가가 내려다보고 있다가 그들의 곤경을 보고 적당한 시기에 두 사람을 함께 있도록 만들어 준 것 같았다. 순항선 회사에서는 항상 좋은 광고 소재로 선상 로맨스를 찾고 있었다. 회사 측에서는 광고에 협력해 줄 것을 요청하면서, 그들에게 선상 결혼과 무료 리셉션을 할 수 있도록 주선해 주었다. 이들은 몇 번 생각한 후에 그것을 승낙했다. 그것이 서로에게 좋다고 생각했고, 그 순간에는 다른 어떤 좋은 대안이 없었다. 무료 결혼식을 할 수 있다는 것은 그들의 구미를 당겼다. 그러나 그 결혼은 탐과 다이애나가 배에서 내리는 순간부터 불행한 것임이 증명되었다. 탐과 함께 있는 것이 즐겁긴 했지만, 다이애나는 탐이 직장을 갖고 그녀를 먹여 살려 주기를 원했다. 그러나 탐은 결코 직장 생활을 할 수 있는 사람이 아니었다. 반대로 탐은 시인이 되려는 자신의 꿈이 다이애나로부터 재정적 도움을 최소한 조금이라도 받지 않으면 성취될 수 없는 것이었기에, 그녀가 일을 원치 않는다는 사실에 충격을 받았다.

⑦ 성숙한 사랑: 친밀감과 열정과 결정/헌신 요소의 결합

태욱과 지영은 그들의 모든 친구들에게 완벽한 커플로 보인다. 둘의 사이가 매우 가깝다는 점이 그 부부를 '완전한 한 쌍'으로 두드러져 보이게 했다. 그들은 서로를 가깝게 느꼈고 15년 동안이나 원만한 성생활을 지속시켜 왔고, 다른 누구와도 그런 긴 시간 동안 행복할 수 있으리라는 것을 상상할 수 없었다. 태욱에게는 약간 제멋대로 하는 버릇이 있었는데 심각하진 않았다. 그는 차차 그것을 지영에게 말하게 되었고, 태욱은 유리잔처럼 투명한 사람이었기에 부인이 이미 그것을 알고 있었다는 것을 그는 알지 못했다. 그들은 간혹 싸우기도 하나 각자는 그 결혼생활과 상대방에 대해 즐거워한다.

Sternberg 이론에서 개인의 삼각형 모양이 커다란 정삼각형일 때 가장 이상적이다. 즉 사랑의 강도가 커질수록 삼각형의 면적이 넓어지고, 균형 잡힌 사랑의 관계일수록 정삼각형과 비슷해진다. 하지만 사랑하는 모든 관계에서 그 강도와 균형은 다양할 것이고, 따라서 이 이론의 묘미는 다양한 삼각형들을 비교해 보는데 있다. 이러한 기하학적 비교는 크게 네 가지 차원이 있다; ① 현실 삼각형 vs 이상 삼각형, ② 자신의 삼각형 vs 상대의 삼각형, ③ 자기가 인식한 삼각형 vs 상대가 인식한 삼각형, ④ 생각 삼각형 vs 행동 삼각형.

당연히 각각의 비교에서 두 삼각형이 비슷할수록 사랑의 만족과 관계의 질이 높을 것이다. 그러나 모든 경우에서 불일치는 피할 수 없는 현상이다. '언제까지나 행복하게 사는 것'이 전적으로 불가능한 것은 아

니지만, 그렇게 되기 위해서는 반드시 시간의 변화에 따른 관계의 다른 모양들, 즉 감정의 다른 모양들에 주의를 기울여야 한다. 이 이론은 우리가 관계를 이해하고, 만들어 가고, 또 다시 만들어 가기 위해 지속적으로 노력해야 한다고 말한다. 관계란 마치 건축물과 같아서, 손질하지 않으면 시간이 흐름에 따라 파손되기 시작한다. 따라서 관계를 최상으로 만들어갈 책임은 바로 우리 자신에게 있다는 것이다.

다음에 제시된 Sternberg의 사랑의 삼각형 검사를 각자 실시해서 자신의 점수를 구해 보자.

<지시문> □□은 여러분이 관계를 맺고 있는 사람을 뜻한다. 여러분은 각 질문을 두 번에 걸쳐 1에서 9까지 평가를 하는데, 1은 '전혀 아님'을, 5는 '중간 정도', 9는 '아주 많음'을 의미한다. 첫 번째 평가(느낌)는 여러분이 느끼기에 각 질문이 여러분의 관계에서 어느 정도 해당되는지를 체크하는 것이다. 두 번째 평가(중요성)는 그 질문이 여러분의 관계에서 얼마나 중요한가를 평가하는 것이다.

1. 나는 실제로 □□가 잘 살도록 지원하고 있다.
16. 나는 □□를 보면 설렌다.
31. 나는 □□를 걱정한다.
2. 나는 □□와 다정한 관계이다.
17. 나는 하루에도 몇 번씩 □□를 생각한다.
32. 나는 □□와의 관계를 유지하기 위해 전념하고 있다.
3. 나는 필요할 때에 □□에게 의지할 수 있다.
18. 나와 □□와의 관계는 아주 낭만적이다.
33. □□에게 헌신하기 위해 우리 사이에 타인을 불러들이지 않을 것이다.
4. 필요할 때에 □□가 나에게 의지할 수 있다.
19. 나는 □□가 아주 매력적이라고 생각한다.
34. 나는 □□와의 관계가 안정적이라고 확신한다.
5. 나는 나 자신과 나의 소유물들을 □□와 기꺼이 나눌 수 있다.

제3장 가깝고도 먼 남성과 여성 / 157

20. 나는 □□를 이상형으로 여긴다.
35. 나는 □□에게 헌신하는 중에 어떤 것도 개입시키지 않을 것이다.

6. 나는 □□에게서 정서적으로 많은 힘을 얻고 있다.
21. □□만큼 나를 행복하게 해 줄 수 있는 사람을 상상도 할 수 없다.
36. 나는 남은 인생을 □□와 사랑하며 지내기를 바란다.
7. 나는 □□에게 정서적으로 많은 힘을 주고 있다.
22. 나는 다른 사람보다 □□와 있고 싶다.
37. 나는 □□에 대한 책임감을 앞으로도 항상 가질 것이다.
8. 나는 □□와 의사소통이 잘 이루어지고 있다.
23. 나는 □□와의 관계보다 더 중요한 것은 없다.
38. 나는 □□에 대한 헌신을 확고한 것으로 본다.
9. 나는 나의 인생에서 □□가 아주 많은 가치를 차지하고 있다.
24. 나는 □□와 육체적인 관계를 특히 더 좋아한다.
39. 나는 □□와의 관계가 끝나리라고 상상도 할 수 없다.
10. 나는 □□에게 친근감을 느낀다.
25. 나는 □□와의 관계에 끌리는 무언가가 있다.
40. 나는 □□와의 사랑이 확실하다.

11. 나는 □□와 편안한 관계이다.
26. 나는 □□를 존중한다.
41. 나는 □□와의 관계가 영원한 것으로 본다.
12. 나는 □□를 정말로 이해한다고 생각한다.
27. 나는 □□가 없는 인생을 생각할 수도 없다.
42. 나는 □□와의 관계가 현명한 결정이라고 본다.
13. 나는 □□가 정말로 나를 이해한다고 생각한다.
28. 나는 □□와의 관계가 열정적이다.
43. 나는 □□에 대한 책임감이 있다.
14. 나는 □□를 정말로 신뢰한다고 생각한다.
29. 나는 로맨틱한 영화를 볼 때나 책을 읽을 때 □□를 생각한다.

44. 나는 □□와의 관계를 계속할 계획이다.
15. 나는 □□에게 내 자신의 정보를 숨김없이 털어놓는다.
30. 나는 □□에 대해서 환상을 갖는다.
45. □□가 어려울 때도 나는 우리의 관계를 유지할 것이다.

위의 검사에서 '피검사자의 반응 편파'를 방지하기 위하여, 문항들의 순서를 일부러 뒤죽박죽 섞어 놓았다. 그 중에서 1~15번까지의 응답을 모두 더한 후 15로 나눈 것이 자신의 친밀감 점수이고, 16~30번까지가 열정, 31~45번까지가 결정/헌신 점수이다.

<표 3-3>은 Sternberg의 연구대상에서 얻은 것이다. 결과에서 평가(느낌)의 점수와 중요성의 점수가 비슷한 것이 이상적인데, 그 차이가 크면 클수록 잠재적인 불화의 가능성도 커진다.

아마도 여러분 각자가 얻은 점수는 Sternberg가 제시한 결과에 비해 절대값이 작을 수 있다. 이는 감정 표현에 대한 사회문화적 차이에서 기인한 것으로 볼 수 있다.

<표 3-3> 사랑의 삼각형 검사의 결과: 미국의 경우(Sternberg, 1999)

		친밀감	정열	결정/헌신
평가(느낌)	높음(상위 15%)	8.6	8.2	8.7
	평균	7.4	6.5	7.2
	낮음(하위 15%)	6.2	4.9	5.7
중요성	높음(상위 15%)	9.0	8.0	8.8
	평균	8.2	6.8	7.6
	낮음(하위 15%)	7.4	5.4	6.5

2. Lee의 사랑의 색깔

다음으로 Lee(1977; Sternberg. & Barne, 1988)의 사랑의 색깔 이론을 살펴보자. 그가 사용한 방법은 사랑에 관한 수십 만개의 항목들을 분석하여 개발한 '사랑이야기 카드 분류법'(Love Story Card Sort)이다. 그는 사랑을 색깔로 비유했는데, 마치 무지개가 빨강, 노랑, 파랑의 삼원색이 혼합되어 나타나듯이 사랑에는 세 가지 기본색이 있다고 제안했다.

① 에로스(Eros; 첫눈에 반한 사랑)
② 루두스(Ludus; 놀이나 게임 같은 사랑)
③ 스토르게(Storage; 열기도 어리석음도 없는, 우정 같은 사랑)

그 외의 다른 유형들은 세 가지 기본색들의 혼합을 통해 파생되는 것이다. 그 중에서 이차색은 다음과 같다.

④ 매니아(Mania; 중독적 사랑, 에로스+루두스)
⑤ 프래그마(Pragma; 실용적 사랑, 스토르게+루두스)
⑥ 아가페(Agape; 자기희생의 사랑, 에로스+스토르게)

사실 Lee는 사랑 그 자체를 정의하기보다는 사랑의 '다른 색깔들'을 구별하는데 관심이 있었다. 따라서 이 이론의 초점은 서로를 '똑같이' 사랑하는 두 사람이 아니라, '사랑의 색깔'이 서로 잘 어울리는 두 사람인 것이다. 따라서 색깔이 어떻게 하면 보다 잘 어울릴까를 배우듯이, 우리는 사랑의 양식들이 잘 배합되도록 배울 수 있다고 Lee는 주장한다. 이러한 작업은 앞서 Sternberg의 이론과 상당히 비슷하면서도 또 다른 이론적 맛을 느끼게 한다.

아래에 나와 있는 설명들은 각각의 유형에 해당되는 '전형적인' 특성을 보여 주는데, Lee의 연구에서 특정한 유형에 해당되는 사람들 중에서 최소한 75%가 보이는 특성들이다. 물론 사람들은 단 한 가지 사랑의 유형에 제약되지 않으며, 특정한 사랑의 유형도 개인사나 역사에 따라 결코 똑같지 않다는 것을 명심해야 한다.

① 에로스(Eros; 첫눈에 반한 사랑)

에로스적 사랑을 하는 전형적인 유형은 자신의 어린 시절이 행복했었다고 생각하고(이는 객관적인 사실은 아니며, 중요한 것은 태도이다), 일을 즐기며, 아주 절실하게 추구하는 것은 아니지만 사랑을 위하여 위험을 감수할 준비도 되어 있다. 그들은 자신들이 어떤 신체 유형에 가장 잘 끌리는지를 분명히 알고 있기 때문에, 그 유형에 가까워 보이는 사람을 보면 (사진에서조차) 첫눈에 반해 크게 흥분을 느낀다. 이들은 사랑하는 대상을 빨리 알고 싶어한다. 그리고 사랑하는 이의 단점과 드러나지 않은 결함을 잘 알고 있고, 빈번한 언어 접촉을 통해 사랑하는 사람에 대한 자신의 기쁨을 표현하려 한다. 이들은 대개 배타적인 관계를 원하지만, 소유하려 하지 않으며 경쟁자의 존재에 대해 두려워하지도 않는다. 에로스적 사랑을 하는 이들은 이상적인 연인을 만나서 함께 사는 것이 삶에서 가장 중요하다고 생각한다.

② 루두스(Ludus; 놀이나 게임 같은 사랑)

전형적인 루두스식 사랑을 하는 사람들은 어린 시절이 그저 평범했었다고 생각하지만, 어른이 되어서는 종종 좌절을 겪는다. 이들은 사랑을 위해 기꺼이 헌신할 생각이 없으며, '아직 정착될 준비가 되어 있다'. 특정한 신체 유형에 매력을 느끼지도 않기에 언제든지 다른 대상을 찾아 떠날 준비가 되어 있다. 새로운 짝을 만나는 경우에도, 이들은 평범한 삶을 살아가고 특별한 감흥을 느끼지도 않고 확실하게 사랑에 빠지는 일도 없다. 미래에 대한 계획을 세우기를 꺼리는데, 자신의 계획에 사랑하는 사람을 포함시킬 것인지 아닌지를 문제삼기 때문이다. 루두스식 사랑을 하는 이들은 상대방이 '너무 몰입하는 것'을 피하려고 파트너를 너무 자주 보는 것을 꺼려하며, 파트너가 질투가 많은 것도 사랑의 재미를 망친다고 싫어한다. 그들은 여러 명의 파트너들을 똑같이 그리고 동시에 사랑하는데서 아무런 모순도 느끼지 않는다. 이들에게서 성은 헌신을 표현하기 위함이 아니라 재미를 위함이며, 사랑이 삶에서 가장 중요한 것도 아니다.

③ 스토르게(Storage; 열기도 어리석음도 없는, 우정 같은 사랑)

전형적인 스토르게식 사랑을 하는 사람들은 식구가 많고 격려해 주는 가족 안에서 자랐거나, 안정되고 우호적인 공동체 안에서 성장한 사람들이다. 그들은 친구를 좋아하며, 삶에 만족해한다. 그들은 많은 시간과 활동을 공유하는 특별한 우정이 바로 사랑이라고 기대한다. 특별히 좋아하는 신체 유형은 없고, 애인이 없다는 것에 전전긍긍해 하지도 않고 '시간이 흐르면' 만날 것이라고 생각한다. 그들은 파트너와의 관계가 무르익음에 따라 서로가 더 강하게 감정 표현을 해야 한다는 위협이 있지 않는 한, 서로를 평온한 방법으로 소유한다. 이들에게는 배우자와 성관계를 갖기 전에 먼저 친구로서 알아 가는 과정이 중요하다. 일단 서로간에 깊은 우정이 아주 확실해지면 성과 관련된 문제가 '밖으로 표현될' 수도 있다. 상호간의 사랑은 그 자체가 인생의 목표가 아니라 우정과 가정이라는 보다 큰 목표의 한 측면이다.

④ 매니아(Mania; 중독적 사랑, 에로스+루두스)

전형적인 매니아식 사랑을 하는 사람은 자신의 어린 시절이 불행했다고 생각한다. 성인이 되어서도 대개는 외로워하며, 종종 자신의 일에 만족해하지 못한다. 이들은 '사랑할' 필요를 강하게 느끼면서도 사랑은 힘겹고 고통스럽다는 생각에 사랑하기를 두려워한다. 어떤 유형을 좋아하는지에 대해서도 확신이 없으며, 때로는 잘 어울리지 않는 특성을 가진 사람을 찾아다닌다. 그들은 자신들이 좋아하지도 않고 사랑이 실패한다면 친구로서의 관계를 유지하지 않을 그런 사람과 사랑에 빠지는 것에 스스로 놀라워하기도 한다. 그러나 그들은 파트너를 매일 만나 보려 하며, 서로가 함께 할 미래를 상상해 보기도 한다. 하지만 상대가 약속 시간에 늦거나 약속을 연기시키면 쉽게 화를 낸다. 매니아식 사랑을 하는 이는 종종 분별을 잃은 것처럼 보이며, 그들의 사랑을 증명하기 위해 극단적인 일을 자행하기도 한다. 사랑을 표현하는 것과 (대개는 성공하지는 않지만) '자신을 통제하기 위해' 움츠려 드는 것이 번갈아 나타난다. 이들은 극도의 질투심을 보여 주며, 상대방에게 더 많은 애정과 헌신을 요구한다. 또한 파트너와의 성관계에서 만족하지도 않고 평온을 얻지도 못하나, 스스로는 관계를 끊지 못해서 항상 상대측에서 관계를 끝내게 된다. 매니아식 사랑을 하는 사람이 이런 것들을 극복하려면 많은 시간이 필요하다.

⑤ 프래그마(Pragma; 실용적 사랑, 스토르게+루두스)

프래그마식 사랑을 하는 전형적인 유형의 사람들은 어린 시절과 현재의 삶에서 아무런 차이를 느끼지 못하지만 성인이 되어서는 노력을 통해 목적을 달성할 수 있으며 삶에서 성공할 수 있다고 생각한다. 어울리는 상대를 만나는 것이 이들에게는 해결해야 할 현실적인 문제이다. 따라서 이들은 가까운 사무실이나 클럽 또는 자신이 몸담고 있는 공동체 내에서 자기 짝을 찾으며, 그 사람이 '실제로 어떤 사람'인지를 알 수 있는 상황에서 상대를 찾고 싶어한다. 상대를 제대로 알기 전까지는, 헌신이나 미래 같은 말에 대해서는 얘기하기를 꺼려한다. 일반적으로 과도한 감정의 표출, 특히 질투심 같은 것을 경시하면서도, 상호간에 점점 더 헌신적으로 되거나 서로를 배려해 주는 표시에 대해 아주 만족해한다. 이들은 성적으로 궁합이 맞는지가 중요하다고 보지만, 이는 필요하면 개선될 수 있는 기술적인 문제라고 생각한다. 이들에게 어울리는 짝을 만나는 것은 행복한 삶을 위해 바람직한 것이지만 본질적인 것은 아니다. 이들에게는 그 어떤 상대도 자신의 상식을 희생할 만큼 가치가 있지는 않다.

⑥ 아가페(Agape; 자기희생의 사랑, 에로스+스토르게)

이 유형의 사람들은 어린 시절이 행복했었든 아니든 '그것으로부터 배운다'. 이들은 '자신과 타협해 왔으며', 자신의 사랑이 상호적이든 아니든 사랑의 행위는 성숙하고 완성된 삶에 필수적이라고 생각한다. 모든 사람이 사랑 받을 가치가 있다고 생각하기에 특별히 좋아하는 유형은 없지만, 혐오스러울 정도로 추한 것은 (어느 정도 죄책감을 가지고) 피하려 한다. 이들은 사랑이 타인의 필요에 응해야 하는 의무라고 생각한다. 서로 주고받는 것을 좋아하지만, 질투하거나 소유하려 하지 않으며, 상대방이 필요로 하는 것을 다른 어떤 이가 더 잘 충족시켜 준다면 기꺼이 물러난다. 따라서 이 유형은 상대방에게 사랑이나 헌신을 강요하지는 않는다. 성적인 친밀감은 그다지 중요하지 않고, 오히려 부드럽고 따뜻한 느낌이 더 가치 있는 것이라 생각한다. 타인을 사랑하는 것이 인간이 살아가는 가장 주된 목적이자 의미이며, 사랑의 실천이 특정한 대상에게 사랑을 표현하는 것보다 훨씬 더 중요하다고 생각한다.

각 사랑의 색깔들의 상대방에 대한 선호나 그 외 보다 자세한 사항을 알고 싶으면, Sternberg와 Barnes(1988)를 참고하길 바란다.

남과 여 (도리스 레르헤 Doris Lerche의 작품)

제 3 절 결혼이라는 딜레마

여기서는 Levinson이 성인발달의 초심자 단계에서 중요한 과제라고 지적한 결혼의 문제를 살펴보고자 한다. 예전에 어떤 선생님께서 "태어난 것도 내 뜻이 아니고, 죽는 것도 (일부 경우를 제외하면) 내 뜻이 아니다. 따라서 결혼이야말로 자신의 인생에서 자기가 선택할 수 있는 가장 중요한 일"라고 말한 적이 있다. 이토록 의미심장하고 성스러운 결혼이 한국 사회에서는 어떤 모습을 띠고 있을까?

물론 모든 사람들이 그렇지는 않겠지만, 요즘 치러지는 결혼식은 "엄숙한 의례도 흥겨운 잔치도 아니고, 결혼하는 당사자나 그 가족을 위한 것도 아니고, 하객들을 위한 것도 아니다. … 흡사 가축시장을 방불케 하는 흥정과 거래가 공공연히 오가는 혼담들, 졸부 콤플렉스와 허세와 물신숭배로 찌든 결혼일 뿐이다. … 어쩌면 자신의 진실한 행복보다는 행복한 척하며 남들로부터 부러움을 사는데 더 관심을 두는 것은 아닐까" 하는 김찬호(1991)의 지적은 성인 초기에 있는 선남선녀(善男善女)들이 한번쯤 곰곰이 생각해봐야 하는 문제이다.

현재 한국 사회에서 이루어지는 결혼의 가장 기본적인 자료는 <표 3-4>와 같은 연령별 분포이다. 1999년 현재 남성들은 26~29살 사이에 전체의 43.82%, 여성들은 24~27살 사이에 46.93%가 결혼을 하고 있다. 이는 남성이 여성보다 두 살 정도 나이가 많은 부부의 모습과 소위 '결혼적령기'라는 사회적 통념을 그대로 반영하고 있다.

여기서 '결혼적령기'라는 개념은 일종의 '사회적 발달 기준'(social developmental norm)을 의미한다. 그러한 기준에서 벗어날수록 개인에게는 더 강한 사회적 압력이 가해진다(명절에 가족들이 모여 앉아 집안의 미혼 여성에 대해 오고 가는 대화들을 떠올려 보라).

<표 3-4> 혼인 부부의 연령별 분포(통계청, 1999)

연령	남성 (단위:명)		여성 (단위:명)	
15세 미만	11	(0.00%)	83	(0.02%)
15~19세	2,340	(0.65%)	9,301	(2.55%)
20세	1,419	(0.39%)	6,944	(1.91%)
21세	2,191	(0.60%)	11,186	(3.08%)
22세	4,150	(1.14%)	17,712	(4.88%)
23세	7,663	(2.11%)	26,794	(7.39%)
24세	13,566	(3.74%)	37,052	(10.22%)
25세	23,393	(6.45%)	48,663	(13.42%)
26세	34,649	(9.55%)	47,152	(13.00%)
27세	41,572	(11.46%)	37,312	(10.29%)
28세	41,748	(11.51%)	26,672	(7.35%)
29세	40,975	(11.30%)	18,230	(5.03%)
30세	31,759	(8.76%)	12,122	(3.34%)
31세	22,794	(6.29%)	8,588	(2.37%)
32세	16,213	(4.47%)	6,301	(1.74%)
33세	12,034	(3.32%)	5,210	(1.44%)
34세	9,089	(2.51%)	4,707	(1.30%)
35세	6,930	(1.91%)	4,128	(1.14%)
36세	6,204	(1.71%)	3,943	(1.09%)
37세	5,208	(1.44%)	3,653	(1.01%)
38세	4,674	(1.29%)	3,417	(0.94%)
39세	3,913	(1.08%)	3,065	(0.85%)
40~44세	13,272	(3.65%)	10,602	(2.92%)
45~49세	6,835	(1.88%)	4,960	(1.37%)
50~54세	4,332	(1.19%)	2,566	(0.71%)
55세 이상	5,590	(1.54%)	2,247	(0.62%)
미상	149	(0.04%)	63	(0.02%)
계	362,673	(100.00%)	362,673	(100.00%)

그런데 이렇게 많은 사람들이 도대체 어떻게 만나서 결혼에까지 이르게 될까? 이에 대해서는 Udry(1974; 윤진, 1985에서 재인용)가 제시한 여과망 이론(filter theory)이 좋은 설명을 제공한다.

그의 주장에 따르면, 우리가 수많은 배우자 후보들 가운데에서 6가지 필터를 통해 최종적인 한 사람을 선택하게 된다. 그 필터의 순서는 ① 근접성(propinquity), ② 매력(attractiveness), ③ 사회적 배경(social background), ④ 의견의 일치(consensus), ⑤ 상호보완성(complimentarity), ⑥ 결혼준비상태(readiness)이다.

우선 맨 통과해야 할 필터는 거리의 근접성이다. 미국 코네티컷 주에 사는 사람보다는 한국, 그 중에서도 자신과 같은 지역에 거주하는 사람과 만날 확률이 훨씬 높다는 것이다. 군입대 문제로 헤어져 있는 커플들이 가장 힘들어하는 것도 바로 이러한 점이다. 다음으로는 매력이라는 여과망이다. 여기에서는 특히 신체적 매력이나 연령이 고려된다. 세 번째는 사회적 배경인데, 즉 종교, 교육수준, 직업, 사회경제적 지위 등에서 비슷한 수준에 있는 사람끼리 결혼에 성공할 확률이 높다는 것이다.

그리고 나서 인생관이나 가치관에서 유사한, 의견의 일치 필터를 지나고 나면, 상호보완성이 나온다. 이는 자신이 갖지 못한 특성을 상대방이 가지고 있을 때 결혼할 가능성이 증가한다는 것인데, 결혼에서 이러한 차이점은 공통점 못지 않게 중요하다고 한다. 마지막 관건은 결혼준비상태이다. 위의 모든 필터를 통과했다손 치더라도 학교 졸업, 취직, 건강 등의 현실적인 준비가 되어 있어야 비로소 결혼에 이를 수 있다고 한다.

이제 보다 현실적인 결혼식 장면으로 눈을 돌려보자. 한국 사회에서 결혼은 단순히 당사자 두 명이 마음이 맞아 혼인 신고하면 끝날 수 있는 행사가 아니다. <표 3-5>는 일반적인 결혼 준비 일정표(기쁜우리,

1993)의 예이다. 거의 '월드컵 16강 진출 프로젝트'를 방불케 한다.

<표 3-5> 일반적인 결혼 준비 일정표(기쁜우리, 1993)

	결혼식을 위한 준비	신혼여행 준비	혼수품 준비	예단 및 예물 준비	웨딩드레스 한복, 부케	미용 및 건강체크
제 1단계 (100~75일전)	예산별 결혼비용 선정 결혼 준비를 위한 일정표 작성 주례 및 사회자 선정 예식장 및 피로연 장소 예약	신혼여행지 결정 여행사 예약	혼수품 가격 및 모델 조사			
제 2단계 (74~50일전)			신혼집 결정 혼수품 구입			
제 3단계 (49~30일전)	초대객 목록 작성 청첩장 인쇄 의뢰 결혼식날 도우미 결정 (사회자, 접수, 사진, 부케)			예단 준비 예물 준비		
제 4단계 (29~10일전)	청첩장 발송 집안어른 인사 친구만나기 비디오 사진 촬영 예약	신혼여행 정장 준비 신혼여행 가방 꾸리기 (캐주얼, 속옷, 화장품)	신혼집꾸미기		웨딩드레스결정 한복 맞춤	건강 체크 미용실 선정 피부손질
제 5단계 (9~2일전)	함 받기 회상에 휴가원 제출 주변 정리(소품, 방정리) 도우미 최종점검 주례인사	신혼여행 가방 체크 여행사 최종확인			드레스 가봉 한복 가봉 부케 예약	결혼식 메이크업 결정
제 6단계 (결혼식 전날)	소품, 차표, 지갑, 예물 최종체크 사례봉투 준비					미용실에서 피부마사지 목욕 후 전신 바디마사지

이것 뿐이 아니다. 최근 들어 이혼이 급속하게 증가하고 있고, 이혼의 70%가 결혼생활 2~3년 사이에 일어나며,4) 그 중 부부간의 불화로 인한 이혼의 비율이 전체의 85%를 차지하는 상황 속에서, 전문가들은 이에 대한 예방적인 해결책으로 결혼 준비 교육을 제안하기도 한다. 즉 원만한 부부 적응을 도와주기 위하여, 결혼에 대한 올바른 지식, 태도 및 기능을 갖추게 한다는 것이다(정민자, 1996).

---
4) 실제로 1999년 현재 결혼하는 사람들 중에서, 초혼이 아닌 재혼 비율은 13% 정도를 차지하고 있다(통계청, 1999).

이러한 결혼 준비 교육 프로그램은 다음과 같은 내용으로 구성된다;
① 결혼에 대한 가치관(결혼과 독립, 결혼의 목적, 과정), ② 배우자의 개인적인 배경과 유래, ③ 배우자의 성격, ④ 부부 사이의 대화 기술, ⑤ 결혼에 있어서의 각자의 역할, ⑥ 갈등을 해결하려는 기술, ⑦ 재정과 경제 문제, ⑧ 성관계, 임신, 출산, 애정의 문제, ⑨ 종교적 혹은 정신적인 가치, ⑩ 자녀와 부모에 대한 기대와 방식.

무엇이 이리도 복잡하고 어려운가? 그냥 편하게 넘어갈 수 있는 방법은 없을까? 물론 있을 수도 있다. 하지만 인생에 공짜는 없다. 다음과 같은 지적을 읽어보자.

> 우리 시대의 가장 기본적인 망상 중의 하나는 가정 생활이 저절로 돌아가고, 그것을 다루는 최선의 책략은 긴장을 풀고 저절로 돌아가게 내버려두는 것이라는 것이다. 특히 남자들이 이런 생각을 맘 편히 한다. 그들은 직장에서 성공하기가 얼마나 힘든지, 출세에 얼마나 많은 노력을 기울여야 하는지 안다. 그래서 집에서는 그냥 풀어지고 싶어하고, 가족으로부터의 어떤 심각한 요구도 부당하다고 느낀다. 그들은 종종 자신의 가정에 아무런 문제가 없다고 거의 미신처럼 믿는다. 너무 늦었을 때에야(아내가 알콜 중독이 되고, 자녀가 차가운 이방인으로 변해 버렸을 때), 많은 남자들은 가정이 다른 모든 공동 사업과 마찬가지로, 그 존재가 제대로 유지되기 위해서는 정신 에너지의 끝없는 투입을 필요로 한다는 사실을 깨닫는다(Csikszentmihalyi, 1990).

더군다나 이 사회는 남성들에게 결혼이란 어떤 것이며 어떻게 살아야 하는지에 대해 어디에서도 가르쳐 주지 않는다. 왜냐하면 가정은 남성의 영역이 아니라 여성의 영역이라고 생각하기 때문이다(홍숙기, 1994).

끝으로 장안에 화제가 되었던 ○○ 결혼정보회사의 내부 심사 기준표(권태윤, 2002)를 보자. 각자 자신의 점수를 계산해 보기 바란다. 100

점 만점에서 총점 65점 이상이어야 이 회사의 특별회원에 등록이 가능하다고 한다. 이 기준표에는 다음과 같은 각주도 있다.

① 기타 점수를 계산할 때 한가지가 부족할 때마다 5점 감점
② 장남인 경우 총점에서 5점 감점
③ 남자 35세, 여자 30세 이상이면 5점 감점
④ 호감 가는 인상이 아니면 외모 점수는 0점 처리
⑤ 학벌과 재산은 위의 최하점에 미치지 않으면 0점 처리
⑥ 혈액형, 건강 상태, 음주 빈도 등도 체크

이 기준표를 보고, 사람들은 거의 대부분 기분이 상한다고 말한다. 왜 기분이 나쁠까? 앞서 언급한 '결혼적령기'와 마찬가지로 이 기준표는 사회적 기준이다. 즉 내가 아닌 외부의 문제이다. 결국 기분이 상하는 것은 자신을 그 기준에 맞추어야 한다고 생각하는 데에서 기인하는 것은 아닐까? 이 장에서도 결론은 바로 '내 모습'인 것이다.

<표 3-6> ○○ 결혼정보회사의 내부 심사 기준표

항목	남자		여자	
	배점	채점 기준	배점	채점 기준
직업	30	30: 판·검사, 의사, 벤처회사사장 25: 변리사, 회계사 등 전문직 20: 대기업 근무 15: 교직종사자, 공무원 10: 중소기업 근무	20	20: 연봉 3천만원 이상이고 전문직 15: 연봉 2천만원 이상이고 대기업 근무 10: 연봉 2천만원 미만이고 중소기업 근무
학벌	20	20: 서울대, 연·고대, 이대 출신 15: 포항공대, KAIST, 한양대, 성대, 중앙대 출신 10: 지방 국립대 출신 5: 지방 4년제 사립대 출신	20	20: 서울대, 연·고대, 이대 출신 15: 포항공대, KAIST, 한양대, 성대, 중앙대, 숙대 출신 10: 지방 국립대 출신 5: 지방 4년제 사립대 출신
집안	20	20: 아버지가 장차관급 이상 공무원, 50대 대기업 임원 이상, 은행지점장 이상, 변호사·교수 등 특수직 종사자 15: 부모님 모두 대졸 이상이고 대기업 부장, 중소기업을 운영하거나 교직 종사 10: 장사	20	20: 아버지가 장차관급 이상 공무원, 50대 대기업 임원 이상, 은행지점장 이상, 변호사·교수 등 특수직 종사자 15: 부모님 모두 대졸 이상이고 대기업 부장, 중소기업을 운영하거나 교직 종사 10: 장사
재산	20	20: 자신의 연봉이 5천만원 이상이고 부모가 50억 이상 소유 15: 연봉이 3천만원 이상이고 부모가 30억 이상 소유 10: 연봉이 2천만원 이상이고 부모가 10억 이상 소유 5: 연봉이 2천만원 이하이고 부모가 1억 이상 소유	10	10: 부모가 대졸 이상이고 재산이 30억 이상 소유 5: 부모가 대졸 이상이고 재산이 10억 이상 소유
외모	10	10: 키 175cm 이상이고 호감 가는 인상 5: 키 175cm 이하이면서 호감 가는 인상	30	30: 키 160cm 이상이고 미인, 안경 미착용, 체중 50kg 미만, 마른형 25: 키 155cm 이상이고 미인, 안경 미착용, 체중 50kg 미만 20: 키 155cm 이상이고 호감 가는 인상에 마른형 15: 키 150~155cm이고 마른형 10: 키 150cm 미만
	100		100	

보론 3: 결혼, 사랑, 그리고 성 (조한혜정)5)

<해설> 강준만(1998)은 조한혜정을 '한국 지성사에 큰 획을 그은 인물로 평가하여 마땅하다'고 평한 바 있다. 일단 그의 평가를 좀 더 들어보자.

1948년 부산 출생인 조한혜정 교수는 연세대 사학과를 졸업하고 미국 미주리 대학교와 캘리포니아 대학교(UCLA)에서 문화인류학으로 석사와 박사학위를 받았다 그는 1979년에 귀국하여 전혀 새로운 유형의 지식 활동을 이 땅에 선보였다.『탈식민지 시대 지식인의 글 읽기와 삶읽기 1, 2, 3』과『학교를 거부하는 아이, 아이를 거부하는 사회』등의 저서들이 시사하는 바와 같이, 그는 '일상의 실천'을 강조하는 동시에 이 나라 지식인들의 학문하는 방법을 문제삼았으며, '앎'과 '삶' 또는 '이론'과 '실천'이 따로 노는 현실에 대해 정중하지만 매우 날카로운 메스를 들이대어 왔기 때문이다.

혹시 위의 설명이 불충분한 사람은 조한혜정이 쓴『글읽기와 삶읽기 2』(1994)에 실린 두 편의 글, "식민지 지식인의 옷 벗기: 지식 생산 주체에 관하여"(157~190쪽)와 "개인 속의 역사, 기억으로서의 역사: 주변성에 대하여"(191~231쪽)를 읽어보기 바란다. 그녀의 사상적 궤적과 날카로운 현실 인식을 느낄 수 있을 것이다.

---

5) 귀중한 글의 전재(全載)를 허락해 주신 조한혜정 선생님께 진심으로 감사드립니다. 출처: 조혜정 (1991). 결혼, 사랑, 그리고 성: 우리 시대의 문화적 각본들. 또하나의 문화, 7, 23~44. 또하나의 문화.

그리고 다음과 같은 조한혜정의 지적은 대학교육, 그리고 이 책의 주제와 관련해서도 너무나 느끼게 하는 바가 많다.

흥미롭게도 학생들은 추상화 수준이 높으면 그 나름대로 쉽게 소화하는 방식을 갖고 있다. 구태여 자신의 삶과 연결시켜 볼 필요 없이 공식을 외우듯 머리 속에서 처리해 버리는 것이다. 사실상 이것은 입시 위주의 교육 체제에서 숨쉬듯 해오던 것이라, 이 치열한 입시 전쟁에서 살아 남은 학생들은 매우 빠른 시간 내에 어려운 텍스트를 끄떡없이 요약해낸다. 물론 이것은 전혀 바람직한 학문하는 방법이 아니나, 학생들 자신이 무엇인가 어려운 것을 배웠다는 뿌듯한 느낌을 갖기에는 충분하다. 대부분의 사회과학 공부가 지금까지 그런 재미 속에 이루어져 왔다고 해도 과언이 아닐 것이다.
그러나 일상적 삶을 비추어주는 개념을 다루게 될 경우 사정은 달라진다. 문화와 관련된 강의는 현실을 보는 감각을 공유하는 바탕이 없이는 의미 있게 이루어질 수 없다. 그것은 숫자나 추상적 수준에서 처리되는 것이 아니라 바로 '나' 자신의 문제로 풀려져야 하므로 여간 어렵지 않다. 이는 곧 우리의 인식 체계, 우리 자신들의 문제를 논의하기 위해 사용하는 언어 자체가 우리 것이 되지 못한다는 사실을 또 한번 인식하게 한다 지식과 권력 체계, 지식인 문화, 지식인에 대해 근본적 질문을 던질 것을 강하게 요구하는 것이다(조혜정, 1992).

그녀의 글에서 많은 것을 깨우치던 차에, 이 장의 주제와 너무도 관련되는 글이 있기에 보론으로 선택했다. (♠)

1. 머리말

"결혼을 왜 하느냐구요? 사랑하기 때문이죠."

"남녀간의 열렬한 사랑이 없이 이루어지는 결혼은 타락한 결혼이지요. 정상적인 결혼은 연애결혼 뿐입니다."
"결혼은 성문제를 해결해 주기 위한 중요한 기능을 갖습니다. 최근에 강간이 늘어나는 것은 결혼연령이 높아졌기 때문이지요. 부부관계의 핵심은 성관계에 있지 않습니까? 한쪽이 외도를 하는 경우, 그 부부관계는 이미 깨어진 관계입니다."

위의 대화는 우리가 주변에서 흔히 듣게 되는 말들이다. 연애와 결혼간의 필연성, 성관계와 부부관계의 필연성에 대한 언설인 것이다. 실제 생활에서 이 필연의 법칙은 자주 깨진다. 많은 사람들은 물건을 사고 파는 것과 별다름 없는 흥정 끝에 결혼을 하고 또 많은 기혼자들은 혼외정사를 갖는다. 혼전 성관계는 이제 많은 사람들이 거리낌없이 맺고 있는 공인된 관계가 되어가고 있다. 이런 현상적인 이탈에도 불구하고 결혼을 중심으로 한 우리 시대의 지배적인 도식, 즉 결혼은 연애를 전제로 이루어져야 하고 부부관계는 배타적인 성관계를 그 핵심으로 한다는 생각이 아직은 상당히 끈질기게 고수되고 있다. 그 이유는 무엇일까? 그런가 하면 우리는 깔끔하게 맵시를 내고 생을 무척 즐기는 인상을 주는 요즘 젊은이들로부터 다음과 같은 말을 종종 듣는다. "결혼요? 그런 걸 왜 하죠? 서로 부담스럽기만 한 것을 … 난 혼자서 얼마든지 즐겁게 살 수 있어요."

나는 이 글에서 결혼, 성, 연애의 삼각관계에 대한 우리들의 기본 전제에 대해 근원적인 질문을 던짐으로써, 인간관계의 건강성을 회복하기 위한 새로운 토론의 장을 열어가고자 한다. 결혼과 이성간의 사랑과 성은 엄밀히 별개의 영역들이다. 그러나 인류사를 통해 볼 때 흥미롭게도 이들이 둘씩, 또는 셋씩 마치 서로 필연적인 관계가 있는 것처럼 짝지워 있는 경우를 종종 보게 된다. 이 글에서 우리는 먼저 그러한 짝지움의 다양한 형태를 살펴보겠다. 그런 짝지움이 왜 이루어져 왔으며, 또 그러한 짝지움이 필연적이고 자연적인 것처럼 보이게 하기 위해 어떤 사회문화적 기제들이 사용되어 왔는지, 더 나아가 우리 시대의 짝지움은 어떤 형태로 나타나 우리의 삶을 구성, 구속해 가고 있는지를 살펴보려는 것이다.

먼저 산업화의 진행에 따른 현대적 사회생활의 기본틀을 만들어온 서구의 경우를 살펴보고, 그 이해를 바탕으로 서구적 각본을 수입해서 사회생활을 꾸려 가는 제3세계적 상황을 그려보자.

2. 중매혼, 연애혼과 성해방으로 이어지는 서구의 각본들

서구사회에서 결혼과 사랑, 그리고 성에 따른 문화적 각본은 크게 봉건, 근대, 탈근대의 시기로 나누어 단절적으로 나타난다. 봉건시대에는 결혼과 생식의 수단으로서의 성이 짝지워졌고, 근대에는 낭만적 사랑과 결혼이, 이제 탈근대로 넘어 오면서는 결혼에 대한 거부와 함께 성과 낭만이 묘한 결합을 이루게 된다. 이러한 변화양태를 사회경제적 변화와 관련하여 구체적으로 살펴보자.

1) 중매결혼과 생식의 도구로서의 성이 짝지워지는 '봉건적' 각본

농업이 생산의 기초인 봉건사회에서 결혼과 사랑은 별개의 것이었다. 오히려 결혼과 출산을 위한 성이 사회생활의 기초가 되었다. 이 사회의 기본단위는 토지공유과 친족적 노동력, 그리고 신분세습을 기반으로 한 확대가족이었다. 정치와 종교 중심의 절대주의, 종족적 협동중심의 혈연주의, 공동체적 합일을 추구하는 의례주의, 세대를 통한 연속성의 강조가 이 시대의 문화적인 특성을 이룬다. 체제유지와 출산력이 중요한 사회인만큼 이 사회에서 결혼은 성과 짝지워졌다. 높은 신분을 유지하려는 상층부에서는 혈통의 순수성을 지키고 특권을 고수하며 신분상승을 이루어낼 남자상속자를 낳기 위한 제도였으며 집단간의 계약이었던 것이다. 이 시대의 결혼은 '어른'들의 협상에 의해 이루어졌으며 이러한 중매 결혼에서 결혼당사자의 의사는 전혀 고려될 필요가 없었다.6) 여성의 정절이 강조된 것도 이와 관련하여 나타났다. 상민층에서는 적자를 이어가야 할 필요성이 덜함으로 성관계는 상대적으로 허용적이었으나 여전히 친족적 집단노동을 중심을 한 경제체제에서 결혼은 성과 밀접한 관련을 가질 수밖에 없었다. 이 때의 성은 출산력의 측면에서 중요성을 띨 뿐이다.

물론 이 철저한 남녀유별의 사회에서도 사랑에 빠지는 사람들은 있었다. 그러나 그것은 어디까지나 지엽적이고 개인적인 현상으로 간주되어 가볍게 처리되었다. 이 사회에서 생식의 수단으로서의 성은 철저히 관리해야 할 대상이었으나 구태여 개인의 감정이나 출산의 가능성이 배제된 성을 제도화할 필요까지는 없었던 것이다.7)

---

6) 이는 가족적 질서를 극히 강조해온 조선시대의 경우를 생각해 볼 때 좀 더 분명해진다. 당사자들이 감정적으로 친밀한 것은 대가족적 질서를 파괴할 우려가 있기 때문에 그 부분은 오히려 역으로 고려될 성질의 것이었다. 어른들의 결정에 복종하여 결합하게 되는 신혼부부의 일차적 과제는 자녀생산이다. 부부는 자녀가 가장 좋은 천기(天氣)를 타고날 날을 특별히 정하여 성관계를 맺었다. 남자들도 이 신성한 혈통잇기 과업을 위해 양기(陽氣)를 아껴야 했으며 여성들 역시 자신의 몸을 청결하고 건강하게 관리해야 했다.
7) 조선시대상을 보아도 이 점은 매우 분명하게 드러난다. 한가한 상류층 남성들의 기생놀이나 상사병에 걸려 죽은 불쌍한 영혼들에 대한 이야기에서 우리는 그 점을 알 수 있다. 그러나 상사병이란 뭔가 좀 모자라는, 비정상적인 사람들이 걸리는 병이며 세인의 주목을 끄는 극히 드문 사건으로 간주되었다는 점에서 이성간의 사랑이 이 시대에는 중요한 각본이 아니었음을 알게 된다.

2) 낭만적 사랑과 연애결혼이 짝지워지는 근대적 각본

서구의 역사를 통해 볼 때 이성간의 사랑과 연애결혼이 대중들에게 의미를 갖게 되는 것은 '근대적 개인성'의 출현과 밀접한 관련을 갖는다. 경제적으로는 공장제 생산에 따른 '자유로운 노동자'의 출현이, 사회적으로는 전통적인 권위로부터 급격한 이탈이 종용되는 획득적 신분사회로의 이행이, 문화적으로는 공동체적 관계가 끊어지고 개체화되면서 개인적 행복에 대한 추구가 강렬해지는 주관주의적 문화의 출현이 낭만적 사랑, 연애결혼, 부부중심의 핵가족화로 이어지는 일련의 현상과 밀접하게 엇물려 나타난다. 이 사회는 한두 세기 동안의 자본주의적 실험기를 거쳐 남자 노동력을 전통적인 권위로부터 해방시켜 공장의 충복이자 근대국가의 신민으로 삼는데 성공한다. 동시에 그들을 개개 가정의 가장으로 승격시키고 그가 일터에 간 동안 그의 아내로 하여금 전적으로 가정을 맡게 하는데도 성공한다. 공장을 짓는 시대로 들어서면서 새로운 공장에 필요한 일꾼 수만큼, 아니 그 이상으로 사람들은 집과 고향을 떠나야 했다. 이들을 공장에 일하러 떠나면서 마치 사랑을 위해 집을 떠나는 것처럼 착각하는 경우가 많았는데 바로 도시에서의 낭만적 사랑과 그 결실로 이루어낼 아늑한 자신들만의 보금자리에 대한 꿈이 이들의 떠남을 부추기고 어려운 삶을 견딜만하게 했다.

이 과정은 지배문화 형성의 측면에서 보면 푸코가 그의 연구에서 밝혔듯이 부르주아 새 계급이 자기정체성을 확립하는 정치화 과정이다.[8] '고귀한 혈통'에서 자기정체성을 찾아온 봉건귀족에 반하여 새로운 지배계급인 부르주아계급은 자기계급의 정체성을 확립할 필요성을 느끼게 되었다. 이들은 핵가족을 단위로 한 부부 중심의 가정을 표준으로 하고, 그 공간을 작은 교회로 성역화하며 성을 부부의 침실로 한정

---

8) 미셸 푸코 (1990). 성의 역사 1: 앎의 의지. 나남출판사.

시킴으로써 도덕적으로 문란한 귀족문화에 반한 자신들의 문화를 이루어낸다. 다시 말해서 근대적 새 계급이 자기정체성을 확립하기 위하여 사랑과 성을 새로운 형태의 가정 안에 한정시켜 놓고 그러한 도덕적 엄격성을 바탕으로 전시대의 지배계급인 귀족들에 반한 우열성을 과시하고자 했던 것이다. 이 과정에서 전시대의 각본을 대치하는 결혼과 사랑에 관련된 새로운 제도와 상징들이 생겨난다.

구체적으로 서양의 낭만적 사랑은 중세의 궁정생활에서 그 원형을 찾아볼 수 있다. 중세의 기사와 무료한 영주의 아내 사이의 연애는 봉건 말기적 현상으로서 당시 십자군 원정 후 실업자가 된 기사들의 기생적 삶과 관련하여 주목을 끌어왔다. 이 관계는 한가한 두 남녀가 이성을 극도로 신비화시키며 맺는 관계의 일종인데, 근대로 이행하는 과정에서 부르주아 새 계급은 이 특수한 관계를 자기 시대의 문화적 각본의 핵심적 요소로 부각시키게 된다. 살스비에 따르면 낭만적 사랑은 어느 날 갑자기 망치로 머리를 얻어맞은 것처럼 사랑의 포로가 된 상태를 의미한다.[9] 이 시대의 남녀관계는 주로 이러한 사랑을 중심으로 각본화하는데, 열렬한 연애, 부모들의 구속으로부터의 해방, 사랑이 마르지 않는 부부애, 가정적 사랑을 통한 자아실현 등이 그 각본의 구체적 내용이다. 남자와 여자가 자신이 선택한 상대와 사랑에 **빠지고** 그들은 새 가정을 이룬다. 부모로부터 독립함과 동시에 '봉건'으로부터도 벗어나는 이 '근대적' 가정은 자본주의 사회의 안정과 '발전'을 도모하는 중심이 된다. 특히 가정이 인생의 전부인 이 시대의 여성들에게 '결혼으로 골인하는 사랑에 빠지는 일'은 일생 일대의 사업으로서 지대한 의미를 갖는다. 폐쇄적인 공간으로서의 핵가족과 부부만의 침식, **빠른** 시일내에 경제적 독립이 강요되는 자녀들의 처지, 남편에게서 충족되지

---

9) J. 살스비는 서구의 역사적 진행에서 낭만적 사랑이 어떤 사회적 의미와 기능을 갖게 되었는지를 그의 연구서 『낭만적 사랑과 사회』(1985, 민음사)에서 자세히 분석해 내고 있다.

못한 사랑을 자녀에게 기대하는 어머니들의 왜곡된 사랑, 강해지는 또래집단의 영향력 등은 낭만적 사랑을 부추기는 물적 토대이자 감성적 온상으로 작용한다. 이 과정을 통해 연애결혼이 정착된다.

18, 19세기를 통하여 인쇄술의 보급과, 때맞추어 나온 영화산업적 기구를 통하여 무수한 낭만적 사랑 이야기들이 소설화되고 영화화되어 지구 곳곳으로 수출되었으며 도시에 대한 동경과 신분상승, 그리고 영원히 행복할 핵가족적 삶에 대한 신화는 삽시간에 지구 전역을 휩쓸게 된다. <신데렐라>, <황태자의 첫사랑>, <작은 아씨들>, <마이 훼어 레이디>, <바람과 함께 사라지다> 등을 비롯한 수많은 명작 연애소설들이 바로 봉건으로부터의 문화적 단절을 시사하는 근대적 각본의 전형들인 것이다. 산업화의 진전에 따라 낭만적 사랑과 결혼제도와의 짝지움은 더욱 급속히 이루어지고 이제 모든 남녀는 영화 속에서만 보던 것을 직접 실험할 기회를 갖게 되어 무척 바빠진다. 부모대로부터의 사회경제적 자립과 여성의 경제적 의존, 그리고 공동체가 없는 도시적 상황에서 낭만적 사랑에 대한 각본은 그 실제적인 보상인 결혼을 전제로 함으로써 100퍼센트의 구체성을 확보하게 된다.

3) 근대적 각본의 변형: 감각적 사랑과 물상화된 성

그러나 시대의 흐름에 따라 결혼과 낭만적인 사랑은 순간적 동반자일 뿐임이 드러나고 만다. 부르주아 새 계급의 자기이상화를 위한 각본이 가진 자체내 모순이 후기산업사회로 가면서 명백히 드러나기 시작하는 것이다.

우리가 다 알다시피 산업사회는 가족이 아니라 개인을 사회적 단위로 한다. 산업자본주의화가 이루어짐에 따라 가족영역은 축소되다가 급기야는 붕괴의 지점에 이르게 된다.[10] 이러한 가족의 해체 현상은 비단 자본주의 사회에 국한된 것이 아니다. 일찍이 자본주의적 진행이 가져올 개인의 원자화와 억압을 간파한 사회주의자들은 19세기 말엽부터 공동체의 회복을 모색해 왔던 것인데, 이 사회주의적 공동체의 핵심은 바로 기존의 이기적이고 배타적인 가족을 의도적으로 파기하는데 있었다. 일정한 생산력 수준에 도달한 현대 과학기술사회에서는 그것이 자본주의 체제이든 사회주의 체제이든 가족이 설 땅이 위태로와지기 마련인 것이다.

가족에 전생애를 매달리거나 반대로 가족을 무의미하다고 생각하고 벗어 던지는 현상은 체제와 무관하게 생산력의 단계, 그리고 사회심리적 여유와 관련하여 살펴보는 것이 좀 더 타당할 것이라는 전제에 근거하여 논의를 진전시켜 보자. 최근 자본주의 체제내에서는 경제적으로 안정되고 즐길 여유가 있는 젊은층에서 결혼을 기피하는 경향이 두드러지게 나타나며 사회주의 체제내에서는 경제가 비교적 안정된 시기였던 시기에 이런 현상이 광범위하게 일어났다. 여기서 현재 경제적 불황에 시달리는 사회주의권의 사회에서 다시 낭만적 사랑과 성, 그리고 결혼에 대한 집착이 높아지고 있다는 점이 시사하는 바가 크다.[11]

가족에 대해 매우 새로운 인식을 갖는 새 세대가 후기산업사회로 들어서면서 등장하였고 이들은 국가와 민족, 그리고 가족의 보다 풍요한 삶을 위해 허리띠를 졸라매고 일한 기억을 가진 부모세대와는 분명히 단절적 경험을 갖는 세대이다. 이들은 자신에게 직결된 일에만 관심을 기울이며 남의 간섭을 극도로 싫어하는 '진정한' 개인주의 세대로서 윗세대보다는 훨씬 합리적이고 '부드러운' 세대이다. 이들은 결혼, 낭만적 사랑, 그리고 성이 아무런 필연적 상관관계가 없는 별개의 것들임을 알고 있다. 이들에게 결혼은 부담스러운 제도이며 피해야 할 어떤 것이

---

10) 앨리 자레스키 (1983). 자본주의와 가족제도. 한마당.
11) 사회주의권의 성과 사랑을 이해하는 데에는 이미 개봉된 바 있는 사회주의권 영화인 <리틀 베라>, <부용진>, <인터걸>, <프라하의 봄> 등이 도움이 될 것이다. 『또하나의 문화』 제7호에 실린 연변과 부다 페스트의 사례들도 참고가 될 것이다.

다. 이들은 더 이상 성과 부부관계를 연결시키지 않으며 그러한 모든 의무적 관계를 우습게 본다.

이 세대의 각본은 성을 중심으로 한다. 이 세대의 많은 사람들은 메마르고 황폐한 삶 속에서 진한 합일의 감정을 주는 어떤 구원의 상징으로서의 성에 매달린다. 피임술은 생식의 수단으로서의 성과 쾌락의 원천으로서의 성을 분리해내는 데 결정적인 역할을 하였고, 이후 성과 육체는 새로운 시대의 담화의 핵심부에, 푸코의 논의를 따르며 새로운 통제의 수단으로 등장을 하게 된다.[12] 푸코는 근대적인 새 지배계급이 새로운 도덕에 근거한 지배를 확립해 가는 과정에서 성이 억압되었다는 느낌, 성에 대해 무언가 죄를 짓고 있다는 생각이 처음에는 소극적이고 수줍게 이야기되다가 시간이 갈수록 대담하고 노골적으로 언설화되는 현상에 주목한다. 부르주아 사회는 결혼에 대한 새로운 규칙을 정했을 뿐 아니라 위생, 체위 등 성에 대한 세세한 지식을 만들어 내었고 또 성에 대한 복잡한 실천의 규칙을 정함으로써 인간을 획일화시키고 감시, 관리하기 시작했다는 것인데 후기산업사회에 들어서면서 바로 이 성 부분이 문화적 각본의 중심을 이루게 된다.

이 시대에 들어서면 성적인 것의 범위는 가장 사소한 사유와 환상까지도 포함하게 된다. 20세기 전반부에 이미 성을 말하는 사람은 진실을 계시하고 법을 전복하며 지고한 행복이 약속되는 새 세계를 전파하는 예언자로서의 위치를 갖게 된다. D. H. 로렌스로 대표되는 이들 새 시대의 예언자들은 현대문명의 폐허, 제도적 관계의 위선과 그로 인한 인간 상실적 상황을 절망적으로 바라보면서 남녀의 완전한 결합에서 오는 감동을 기본으로 하는 새로운 사회 건설을 꿈꾸었던 것이다. 그들

---

[12] 올해 2월에 상영된 바 있는 마가렛 에드우드 원작, 포커 쉘렌돌프 감독의 <핸드메이즈>(The Handmaid's Tale)에서 출산으로서의 성이 국가에 의해 엄격하게 통제되는 암울한 미래사회가 생생하게 그려지고 있다. 『또하나의 문화』 제8호에 실린 영화평을 참고하기 바란다.

은 인간의 감정까지도 철저하게 제도화시키려는 인위적 사회에 치를 떨면서 원시적, 야생적, 자연합일적 관계의 회복을 주창하는 성종교를 만들어 냈던 것이다. 그 이후로 유토피안적 해방의 전망을 성에서 찾는 사람들은 철학자로부터 사이비종교가들에 이르기까지 무수하게 많다. 그러나 이들은 앞으로 오는 사회가 바로 그들이 희망을 걸었던 사회일 줄은 미처 몰랐던 것이며 그로 인해 자신들이 새 시대의 억압을 앞당기는 특공대의 역할을 하고 있는 줄을 전혀 눈치채지 못했던 것이다.13) 성을 통한 인간관리는 언어만이 아니라 상품, 공간적 배치 등을 통해 매우 체계적으로 효과적으로 이루어지게 된다.

다시 말해서 이 시대 구성원의 자기 인식은 성과 관련되어 이루어지며 이러한 현상은 권력의 작용과 밀접하게 관련되어 있다는 것이다. 구체적으로 성을 중심적 자료로 권력과 지식간에 맺어지는 결정적 인연을 감각과 쾌락에 관한 언설의 공식화와 표준화 과정을 통해 이루어진다는 것인데, 이런 면에서 19세기의 지나친 근엄함과 20세기의 열광적 관능주의는 푸코에서 있어서 단절이 아니고 연속적 현상인 것이다. 이는 성관계의 형식과 내용, 그리고 성적 욕망 자체가 적극적으로 창출되는 과정일 뿐이며 이를 통하여 창출된 형식들은 대중매체를 통해 순식간에 퍼진다. 영화와 비디오, 광고와 뉴스는 수시로 갖가지 종류의 성지식을 유포하고 생활의 전영역에 침투하여 새로운 쾌락, 새로운 성감대를 형성하게 되는 것이다.

사랑은 또 어떻게 되는가? 자본주의 사회가 기본으로 하는 개인주의의 발전은 개인으로서의 인간의 자유를 어느 정도 보장해주는 것이 사실이지만, 인간이 개인이란 단위로 분절화됨으로써만 그 근본적인 의미를 얻게 된다는 면에서 인간을 플라스틱화시키는 위험을 자체내에 안고 있다. 후기자본주의 사회는 '개인'의 우선적 요구에 따라, 그 범위

---

13) 현재 우리 사회에서는 마광수 시인이 로렌스에는 못 미치는 수준이지만 그러한 역할을 하고 있다.

가 침범당하지 않아야 한다는 강한 전제 아래 재구성되는데 이에 따라 더 이상 낭만적 사랑이라고 부르기 힘든 남녀관계가 등장한다. 개인의 이익과 자존심을 상하지 않는 한도 내에서 서로의 합의에 따라 적당히 즐기는 감각적 관계가 등장하게 되는 것이다. 개인의 내부에 침범하는 것을 거부하는 행위양식, 근본적으로 극히 차가운 계약적 관계와 감각적 사랑이 문화적 환경을 메우게 된다.14) 분절적이고 원자화된 사회에서 권력은 손쉽게 그 목적을 달성한다. 모두가 고립되고 외로운 사회, 일시적인 관계가 지배적인 사회처럼 관리하기 쉬운 사회는 없을 것인데, 우리는 그 방향으로 이행하고 있는 하나의 도도한 흐름을 여기서 보게 된다.

3. 제3세계적 각본, 그 피상성과 상투성

나는 독자들이 서구의 시대사적 재구성을 시도한 위의 논의를 통해 두 가지 사실을 알아차렸을 것으로 믿는다. 그 하나는 우리가 일반적으로 인간적 감정의 자연스러운 흐름의 산물로 간주해온 사랑과 결혼, 그리고 성에 대한 생각은 실은 하나의 문화적 구성물에 지나지 않으며 따라서 시대에 따라 변한다는 사실이다. 그것을 말하기 위해 나는 성, 사랑, 결혼이 시대에 따라 어떠한 모습으로 개개인의 삶과 집단적인 역사 진행에 관여해 왔는지를 살펴보았다. 농경사회는 혈통이 중요한 사회이므로 중매결혼과 생식으로서의 성이 문화적 각본의 중심이 되어왔

---

14) 이 부분에 쓴 단어들은 지금 튀니지아에서 인류학적 현지조사를 하고 있는 송도영 동인의 편지에서 따온 것들이다. 그는 이번 동인지에서는 낭만적 사랑에 관한 이데올로기를 집중적으로 진단하고 비판하여야 한다고 생각한다면서 자신이 구상해온 글, 즉 불란서의 후기구조주의적 상황이나 민족주의적 각성의 홍수 속에 있는 튀니지아의 농촌 상황은 그런 면에서는 우리 논의에 오히려 김을 뺄 우려가 있겠다고 원고를 내지 않았다. 불란서적 상황에 대한 그의 표현이 여기에서 차용되었다.

고, 공장생산과 부부중심적 핵가족이 중요한 산업사회에 들어서면서는 낭만적 사랑과 연애결혼에 대한 새로운 각본이 부상하였다. 개체중심의 후기산업사회에 들어서면서 그 각본 역시 번복된다. 낭만적 사랑은 박제되고 성에 대한 무수한 언설이 이 시대를 통해 확대되면서 쾌락으로서의 성은 인간의 감정과 육체를 관리하는 권력의 주요한 통제기제로 작용하게 됨을 보았다.

다른 하나의 사실이란 고도의 정보화 기술을 토대로 하는 현대사회에서 사회적 통제는 봉건사회나 근대사회에서와는 전혀 다른 형태로 이루어진다는 점이다. 권력은 이제 더 이상 금지나 신체적 처벌 등 강압적인 기제에 의존하여 지배하지 않는다. 새로운 욕망을 부추기고 사람들로 하여금 그것에 적극적 관심을 쏟게 함으로써, 다시 말해서 다른 것에 관심을 쏟지 못하게 함으로써 자발적 충성을 확보할 수 있게 된다. 이 정보중심의 시대에 들어서면 권력은 제도적인 억압기제보다 창출된 이미지들이 진리인 것처럼 보이는 효과를 내는 문화적 기제를 통해서 보다 손쉽고도 철저하게 작용하게 되는 것이다.

그러면 이제 우리의 경우를 생각해 보자. 서구문명의 압력에 의해 산업화를 추진해왔고 아직도 그 모델에서 벗어나지 못하고 있는 우리의 뒤틀린 상황에서 사랑과 성, 그리고 결혼에 대한 각본들이 어떻게 나타나고 있는지 살펴보자는 것이다.

춘향전은 아마도 우리 역사가 자본주의적 방향으로 이행을 이룬 시점에 싹튼 연애 이야기일 것이다. 낭만적인 사랑에 대한 언설은 신분제 붕괴가 현저해지는 17세기경부터 서서히 형성되기 시작했을 터인데 서구 열강의 문물을 수입하면서 이런 추세는 가속화한다. 서구적 발전을 무조건 추종하기 시작한 개화기를 거치며, 신소설과 신문지면 등을 통해서 이에 대한 담화는 급격하게 확장된다. 그러나 일제시대만 하여도 사랑은 머릿속으로만 하는, 또는 용감한 몇 명의 모험을 구경하고 곁에서 즐기는 수준에 그쳤다. 선각자 신여성들을 자살로 이끈 연애지상주의는 경제적 자립을 이룰 수 없었던 당시의 사회적 조건에서는 그야말로 유토피안적인 환상이었다. 폐병환자와의 사랑이 미화되듯이 사랑은 죽음과 관련된 비현실적인 세계에 속한 어떤 것에 지나지 않았다. 여전히 엄격한 남녀유별적 분리공간에 살았기 때문에 짝사랑을 하거나 여학교 학생들이 남자 선생님을 사모하는 것이 고작이었고 여자 기숙사에서는 동성연애가 성행했다. 해방 이후에도 한참 동안 사랑은 슬픔을 동반하는 젊은 날의 추억 정도로서의 의미만을 갖는다.

본격적인 산업화 단계인 1970년대로 들어서면서 비로소 낭만적 사랑과 연애결혼, 그리고 단란한 핵가족의 꿈이 우리 사회에 탄탄하게 자리를 잡게 된다. 그 대표적인 이미지는 주말에 자가용을 타고 교외에 드라이브를 나가는 부부와 그들의 두 자녀일 것이다. 그것은 자체충족적이고 완벽한 가정의 상징이다. 이 때에 이르면 대다수의 사람들은 남녀간의 사랑이 인간생활의 가장 본질적이고 중요하며 영원한 어떤 것처럼 믿게 되고 그것을 행복한 결혼으로 이어가기 위하여 안간힘을 쓰게 된다. 어디에 있는지 모르지만 첫눈에 알아볼 '천생연분'의 짝, 자신에게만 애정을 퍼부어주고 종래는 자신의 삶의 기둥이 되어줄 상대를 찾아 많은 사람들이 헤매기 시작한 것이다.

위에서 재구성한 우리 역사의 한 단면을 읽으면서 어쩌면 독자들은 우리가 살고 있는 성과 사랑, 그리고 결혼에 관련된 경험세계가 서양의 그것과 크게 다르지 않은 형태로 진행되고 있다고 느꼈을 것이다. 그러나 그것은 표피적 유사성에 지나지 않는다. 그 표피적 유사성 밑에 엄청난 차이가 있는데 그 점을 나는 상투성(常套性)과 피상성(皮相性)이란 단어로 표현하고 싶다. 여기서 상투성이란 단어를 쓰면서 나는 행위자가 자신의 행위를 자신의 생각대로가 아니라 밖에서 주어진 정해진 각본대로 연기하는 모습을 떠올린다. 자신에게 어울리지도, 체화되지도 못한 역할을 그는 어리석게도 계속 반복한다. 피상성이란 단어는 그러한 행위가 단순한 흉내에 지나지 않기 때문에 문화적 축적에 어떠한 자국도 남기지 못하고 증발해 버리는 현상과 관련된다. 왜 이 상투성과 피상성이 제3세계의 경우에는 짙어지는가?

먼저 문화적 각본은 그 자체로서 억압적인 것은 아님을 분명히 하자. 그것은 시대적 기능을 갖고 있으며 그 기능이 끝나갈 때 억압성을 드러내게 된다. 위에서 살펴본 서구적 각본들은 그 시대의 물적 조건과 상응하면서 나타났고 각 단계적 삶에 새로운 질서와 의미를 부여해 주었다. 구체적으로 연애결혼을 근대를 사는 사람들에게는 '끈적끈적하고 부담스러운 봉건적 관계'를 청산하는 데 결정적인 역할을 하였다. 그리고 개인주의에 기반한 새로운 관계와 새로운 도덕성을 확립하는 토대가 되었다. 첫째로 연애의 각본은 연애관계에 있는 상대방에 대해 적극적 관심과 애정을 퍼부어야 함을 지시하면서 바로 그 지시되지 않은 사람들에게는 불필요한 의존이나 간섭을 해서는 안된다는 지시를 동시에 내리고 있다. 자신의 부모를 포함한 그 외의 모든 사람들로부터 독립하여 적절한 거리를 유지할 것을 요구하며 대다수의 사람들과는 시민적 질서를 지키는 정도에서 상호작용할 것을 요구하는 것이다. 이것을 바로 새로운 근대적 질서의 핵심을 이룬다. 둘째로 연애는 자신이 스스로 선택한 상대방과 많은 노력을 기울여 관계의 나무를 키워가는 것을 의미한다. 연애를 한다는 것은 각본상으로는 사랑이 저절로 되는 것처럼 되고 있지만 실제 그 연극을 몇 차례 해보게 되면 당사자들은 그 각본의 이상형을 변형시킬 수밖에 없음을 스스로 알게 된다. 즉, 연애과정에서는 상대방에게 적극적인 관심을 가지면서 그를 이해하기 위해 최선의 노력을 해야 함을 알게 되는 것인데, 이 과정을 통해 봉건적 사회에서와는 다른 차원의 인간 이해를 이루어낼 수 있게 되고 자신의 애인만이 아닌 일반적인 '남'에 대해서는 깊이 있는 이해를 갖게 된다. 동시에 많은 사람들은 이 과정을 통해서 보다 적극적으로 자신의 삶을 계획하고 자신이 내린 결정에 책임을 져야 한다는 것을 익히게 된다. 의무적인 만남이 줄어드는 대신 자발적 만남이 늘어나는 근대적 상황에서 연애라는 제도적 관계를 상호책임을 지는 인간관계와 적극성을 기르는 훈련의 기회로서 기능적 측면을 갖는다는 것이다.

그러나 그 각본을 수입하는 입장에 있는 제3세계 경우는 일상적 삶의 토대와 기존 각본이 서로 어긋나 있다는 점에서 매우 다르게 수용된다. 제3세계의 경우는 경제적 조건의 변화, 특히 경제적 자립이라는 기본적 조건이 무르익지 않은 상태에서 낭만적 사랑이 수입되었고 따라서 그 각본은 매우 다른 의미로 읽힐 수밖에 없다는 것이다. 똑같은 영화를 보거나 책을 읽어도 제3세계 주민과 서구인의 반응은 다를 수밖에 없다. 동화의 예를 들어보자. <잠자는 공주>의 재해독을 시도한 이링 페처는 이 동화에 나타나는 상징분석을 통하여 이 동화가 근세 초기의 흔들리는 성규범을 다루고 있음을 밝혀내고 있다.15) 페처는 동화 중에 불임의 왕비가 목욕하다 만나는 개구리는 서민계층의 남자를 암시하는 것이며, 방적산업이 본격화되는 18세기에 이르기까지 실잣던 방은 성애를 즐기던 장소로 이용되었다는 점과 물레가락은 음경의 상징이라는 점에서 공주가 물레가락에 '찔리는' 것은 공주가 부모 몰래 즐기는 성애를 암시하는 것으로 이해될 수 있음을 밝혀내었다. 구체적으로 이 동화는 당시 사회에 새롭게 제기된 신분제와 처녀성의 문제를 다룬 것으로서 서민계층의 남자와 귀족계층의 여자와의 만남, 그로 인해 갖게 되는 귀족계층 여자의 죄책감과 대신 자신의 딸의 처녀성을 지키고자 하는 부모의 노력, 그 노력에도 불구하고 15세가 된 공주가 물레잣는 방에 있는 '흔들거리는 물건'에 대해 갖게 되는 관심, 그리고 종국에는 왕자의 '입맞춤'으로 상징되는 처녀성 상실에 대한 공포의 극복을 그린 이야기라는 것이다. 다시 말해서 이 동화는 당시 기존의 성

---

15) 이링 페처 (1991). 누가 잠자는 숲속의 공주를 깨웠는가?; 이진우 옮김. 철학과 현실사. 213~217쪽 참고할 것.

규범에 대한 근본적 도전 내지는 갈등을 그리고 있다는 것이다.

이 동화가 수입되어 제3세계 주민들에게 읽힐 때는 어떤 의미로 읽힐 것인가? 실제 이 동화가 당시 서양에서 불러일으킨 성규범에 관한 담화는 상징성이 다른 새로운 사회로 이전하는 과정에서 증발되어 버린다. 맥락을 떠남으로써 역사성을 상실하는 대신 이전된 사회에서 나름대로 새로운 의미를 갖게 되는 것이다. 아마도 우리가 어릴 때 그 동화를 읽으면서 받은 메시지는 잔치를 하게 되면 모든 사람들을 다 초대해서 아무도 앙심을 품지 않게 해야 한다는, 극히 교훈적인 것이었을 것이다. 그리고 실잣는 방이나 개구리가 왜 동화에는 자주 나타나는지 약간 의아스러워도 그것에 별의미를 주지 않으면서, 때가 되면 '왕자님이 찾아오고 결혼식을 성대하게 치루게 되고 죽을 때까지 행복하게 산다'는 결말 부분은 인상깊게 기억하게 되었을 것이다. 그 동화가 역사 속에서 불러일으킨 혁명적 가치관에 대한 담론으로서의 기능은 사라지고 오로지 잠자던 공주가 왕자를 만나서 결혼을 하고 행복하게 살게 된다는, 다른 무수한 공주 이야기와 똑같은 메시지를 다시 한번 받았을 뿐인 것이다. 이 사례에서 우리는 두 가지 질문을 하게 된다. 수입된 각본(동화)에 의지하여 일상생활을 영위하게 되는 사회란 자신들의 삶에서 드러나는 모순들을 끌어내고 해결해 가려는 담화의 장을 잃어버린 사회가 아닌가 하는 질문과 왜 수입된 각본이 그렇게 위력을 발휘하게 되는지에 대한 질문이다. 후자의 문제부터 보자.

제3세계에서 낭만적 사랑에 대한 신화가 서구 못지 않게 큰 위력을 발휘하는 근거는 무엇일까? 제3세계에서 낭만적 사랑에 대한 환상이 급격히 퍼져나가게 된 근저에는 아마도 뿌리뽑힌 사회의 문화적 허함이 자리하고 있을 것이다. 다시 말해서 제3세계적 상황에서 벌어지는 낭만적 사랑과 연애결혼에 대한 집착은 산업사회적 물적 조건의 변화와 어우러져 나온 것이라기보다는 급격히 붕괴되는 사회적 위기상황에서 나온 도피적이고 졸속한 대응방식일 가능성이 높다는 것이다. 기존의 관계에서 지킬 만한 것이 없다고 느낄수록, 전쟁이나 경제적 빈곤으로 불안정한 사회일수록, 자기 존재의 의미가 희미하고 절망적일수록, 낭만적 사랑을 통해 도저히 자기로서는 이해하기 힘들고 감당하기 힘든 상황으로부터 도피해 보고자 하는 성향이 높아진다는 것인데, 이런 기준에서 보면 제3세계의 성원들은 서양의 세계대전 전후시기를 제외하면 제1세계의 성원들보다 이렇게 될 확률이 월등히 높은 상황에 처해 있는 것이다. 우리 사회의 성원들이 서양 영화 속에 나타나는 사랑의 각본에 더욱 감격하고 그것을 전적으로 모방하며 기존관계로부터의 이탈을 더욱 강렬하게 추구하는 경향은 바로 이런 측면에서 설명될 성질의 것이다. 역으로 이런 급격한 이탈, 뿌리뽑힘은 깊이 있는 관계 형성을 방해함으로 제3세계의 붕괴를 더욱 재촉해왔고 이에 따라 자체내 문화체계의 형성은 점점 어려워지고 있는 것이다. 우리의 사회생활 과정에서 상투성과 피상성이 짙어진다는 말은 바로 이런 현상을 두고 한 말이다.

박완서는 그의 장편소설 『휘청거리는 오후』에서 이러한 현실에 대한 놀라운 통찰력을 보여주고 있다.16) 주인공 초희는 여성에게 결혼은 풍요한 삶과 신분상승을 보장하는 지름길이라는 각본을 믿는 여성이다. 그녀는 번영하는 삶에 대한 집착, 절대로 부모세대처럼 가난하게 살기 싫다는 집념에서 부를 보장해 줄 남편을 만나기 위해 전력투구한다. 초희는 자기 시대의 연애가 얼마나 비현실적인 것인지를 감지하여 일찌감치 중매결혼을 택할 정도로 영리한 현대 여성이다. 그녀는 중매로 만난 부자 남자의 마음을 사로잡기 위해 각본대로 사랑스런 여자로서의 연기를 뛰어나게 해낼 수 있고 잠자리에서도 '소문대로'의 여자가 되는 법을 익히 알고 있다. 그러나 이 영리한 초희에게 이 시대는 행복한 삶을 허용하지 않는다. 그녀의 치명적인 오산은 자기가 살고 있는 시대가

---

16) 박완서 (1977). 휘청거리는 오후: 상·하. 창작과 비평사. 이 소설은 모두가 읽었으리라고 보고 내용을 소개하지 않겠다.

핵가족적 개인주의와는 거리가 먼 집단주의적 사회임을 알지 못한 데서 비롯된다. 자신의 개인적 이익만을 치밀하게 —그것도 근시안적으로— 계산하는 자기중심적인 사람이 사회의 유물인 중매혼을 택한 것부터 일은 이미 틀려 있는 것이다. 중매결혼을 한 젊은 여성이 기존 가족의 중심이 될 수 있다는 것 자체가 큰 착각이었다는 것이며 이로써 초희는 상투적이고 피상적인 관계 속에서 괴로워할 수밖에 없게 된다. 결과적으로 그녀의 열성적 연기는 증발되고 소모될 수밖에 없었고 그와 그의 가족 모두에게 비참만을 안겨주게 된 것이다.

반면 그의 동생 우희는 낭만적 사랑과 연애결혼의 각본에 충실했다. 그녀는 오로지 사랑을 위해 결혼하는 그 시대의 순수한 젊은이들의 표상, 새 시대의 도덕에 맞춘 인간이고자 했다. 그러나 사랑에 빠져 집을 떠나고 자신들만의 보금자리를 만든다는 서구의 각본과는 달리 경제적 자립이 어려운 상황에서 우희의 계산은 흔들린다. 그리고 엄밀히 집을 떠나지 않는다. 그녀의 아버지가 자살을 하는 이유 중의 하나가 바로 연애결혼을 하는 딸의 혼수와 집마련에 드는 비용 때문이었다면 도대체 그 중매결혼과 연애결혼이란 것의 차이는 어디에 있는가? 우희의 연애 결혼이나 박완서가 그려내 주는『서 있는 여자』의 주인공 연지의 부부관계를 통해서 우리는 우리 시대 젊은이들의 부부관계가 서구적 각본과는 표면만 같을 뿐 실제로는 얼마나 다른지를 알게 된다.

단적으로 우리는 연애를 하더라도 그것을 스스로를 독립적으로 세워가고 새로운 관여적인 관계를 키워 가는 과정으로 삼기가 무척 어려운 조건 속에 살고 있다는 것이다. 연애결혼을 한 이들도 여전히 부모로부터 무엇을 기대하는 한 부모대의 봉건적 관계틀을 벗어나지 못하는 것이며 결국 그 질척한 관계망 속에 매몰된 채 헤어나지 못하고 만다. 집을 떠나지 못하기 때문에 연애를 하더라도 새롭고 진정한 체험에까지 이르지 못하고, 스스로 새로운 관계를 맺고 키워감으로 얻게 되는 성취감이나 적극성을 기르는 훈련의 기회도 갖지 못한다는 것이다. 우리가 주변에서 보는 대부분의 연애가 소모적인 관계, 소설가 최수철[17]의 표현을 빌리면 '치욕'이나 '죄의식'의 기억에서 끝나는 어떤 것이 되어버리고 설혹 결혼으로 이어진다 하더라도 새로움을 창출해내지 못하는 이유가 바로 여기에 있다. 이렇게 볼 때 서구적 각본의 수입에 따른 연애와 사랑에 관한 환상은 우리의 상황을 더욱 복잡하게 만들 뿐 아니라 그로 인한 자포자기, 실망 등으로 사회적 관계의 피상성과 이중성을 더욱 높여 놓고 있는 것이다. 수많은 사람들이 꿈꾸고 기대하며 몰두하는 이 연애의 경험이 새로운 문화형성과 무관하게 겉돈다는 면에서 이것은 사회적으로도 큰 손실을 의미한다. 급격한 문화적 단절을 경험한 제3세계가 그 충격에서 좀체로 벗어나지 못하는 근저에는 이러한 일상생활에서의 체험이 새로운 관계와 문화적인 창조작업으로 이어지는 통로가 끊겨진 현실이 버티고 있다.

　우리는 실로 엄청난 혼란의 시대를 살고 있다. 앞에서 본 봉건, 근대와 탈근대적 현상들이 마구 뒤섞여 나타나는 혼재의 시대를 살고 있으며 그 혼란을 정리해 갈 틀을 전혀 만들어내지 못하고 있다. 구체적으로 결혼과 가족집단의 이익에만 몰두하는 조부모세대와 그것에 매달리면서 낭만적 사랑에 대한 환상 속에 사는 부모세대, 그러한 각본에서 아무런 의미를 찾지 못하는 자식세대가 뒤섞여 살면서 서로를 더욱 풀기 어려운 갈등상황 속에 집어넣고 있다. 각 세대는 자신들이 풀어내었어야 할 과제를 풀지 못한 채 다음 세대(자식)들의 삶에 자기 식대로 관여를 하고 있으며 이로써 사회경제적 변화에 따라 이루어내야 할 문화적 단절, 즉 '봉건'과 '식민시대'로부터의 단절을 제대로 이루어내지 못하고 있는 것이다. 운 좋게 '봉건'적 질곡에서 벗어난 젊은이들은 그

---

[17] 최수철은 그의 연작 단편소설 <어느 무정부주의자의 사랑>에서 현대의 사랑을 해체하는 시도를 보이고 있다. 특히 『현대문학』 1990년 12월에 실린 <뿌리에 고인 눈물>을 읽어보기 바란다.

세대대로 낭만적 사랑과 성해방의 각본에 휘둘려서 새로움을 탄생시킬 냉철한 시각과 여유를 갖지 못하고 있다. 많은 애정소설이나 안방에서 관람하는 드라마들은 낭만적 사랑의 각본에 따른 복잡한 얽히고 설킴을 적당히 재미있게 그려냄으로 많은 사람들을 그 각본에 붙들어 두고 있다. 사랑과 결혼과 성에 대한 왜곡된 생태는 이렇게 서서히 대중들을 축소된 사적 공간에 몰아 넣음으로써 탈정치화시켜 가고 있는 것이다. 사회 변혁을 위해 핵심적 역할을 담당하는 노동운동, 교육운동을 위시한 갖가지 사회운동의 전개에 있어서도 이 혼돈스런 '연애'의 환상은 암적인 존재로 작용하고 있다. 여기서 득을 보는 자들을 누구인가? 이 혼란은 기존의 권력유지에 매우 효과적으로 사용되고 있지 않은가?

새롭게 등장하는 세대는 어떤지 살펴보자. 이들은 부모세대의 어리석음을 자신들은 되풀이하지 않을 것이라고 다짐하고 있지만 그들 역시 기회주의적이다. 근대적인 행복을 추구하면서 그것이 이루어지지 않으면 쉽게 포기하고 타협한다. 최근에 형성되고 있는 안정적 중산층 출신 청소년들은 '탈근대적' 성향을 현저하게 드러내기 시작했다. 그것은 후기산업사회적 징후이면서 동시에 혼돈의 과중함에서 오는 것이기도 하다. 이들은 자아의 보호벽 사이에 안주하면서 낭만적 사랑에 대한 환상이 광범위하게 자리잡은 위에 '성개방-성집착'의 경향을 드러내기 시작했다. 경제적으로 비교적 안정적인 삶을 살아온 이 세대는 자본주의적 발전을 신뢰하며 개체성을 추구하면서 동시에 부모로부터 기대하는 것은 여전히 기대한다. 이들이 소위 자유주의를 통해 얻을 것을 충분히 얻었다고 느끼는 시점에 이르면 반작용의 신보수주의의 줄을 타고 여피들로 급속히 변신을 할 가능성은 상당히 높다. 남녀관계에 있어서 이들은 감정적으로 그리 쉽게 빠지지 않으면서 '상처'를 최소화시키는 형태로 기능화되고 분절화된 관계를 맺으려 할 것이다. 사방에 홍건히 고였던 '낭만적 사랑'에 대한 상징에 매몰되었던 윗세대를 우습게 보면서 이들은 자신들의 사방에 깔려 있는 '성'에 관한 언표들에 매료될 것이다. 그러한 방향으로 우리의 역사가 그냥 흘러가도록 내버려 둘 것인 가?

4. 맺음말

나는 이 글에서 우리가 미처 사슬이라고 느끼지 못하고 있던 다양한 사슬을 드러내 보았다. 봉건과 근대와 탈근대적 사슬을 동시에 쓰고 있는 혼돈의 시대를 사는 만큼 그 얽힘을 풀어내고 보다 명료하게 현상을 보는 눈을 갖는 것이 중요하다고 여겨져서 우리가 갖고 있는 각본의 역사성을 따져 보았다. 결혼과 출산의 연결, 이성간의 배타적인 사랑과 연애결혼과의 연결, 그리고 성과 권력간의 연결을 바탕으로 한 문화적 각본을 관통해 봄으로써 우리는 이제 우리가 살고 있는 시대의 거대한 억압구조의 장치를 어느 정도 알아볼 수 있게 되었을 것이다. 후기자본주의 시대로 갈수록 권력은 사적 영역에 관여하면서 억압당한 자들의 자발적 충성을 유발하는 데 성공한다는 점도 알게 되었다. 우리는 인류의 미래에 대해서 도저히 낙관적일 수 없다는 것, 고도의 정보기술을 바탕으로 한 관리사회의 새로운 질서가 얼마나 무서운 사회일지도 상상할 수 있게 되었다.

제3세계적 상황은 우리로 하여금 더욱 깊은 반성적 성찰을 하게 한다. 서구적인 사랑과 성에 관한 각본을 반성적 성찰 없이 받아들여야 했던 역사적 상황에 대해, 스스로 각본을 만들어내고 그 각본을 변형시켜 나갈 수 없는 사회의 비극에 대해 생각해 보았다. 각 사회마다 모든 사회구성원들이 따라야 할 문화적 각본들이 있다. 그러나 실제로 구성원들은 그 각본대로 행동하지는 않는다. 의도적으로 그 각본을 변형시키기도 하고 비의도적으로 그 각본을 잘못 읽기도 하면서 사회 구성원들은 각본을 바꾸어가려고 노력한다. 그리고 이 노력이 강해지면 실제로 각본은 구성원들에게 더 잘 어울리는 새로운 것으로 대체된다 역사

적으로 엄청난 충격을 받은 제3세계의 경우, 비극은 빌려온 각본에 집
착하는 데서 비롯된다. 단절을 이룰 때는 단절을 이루면서 스스로 각본
을 만들어 가는 것이 정상적인 역사의 진행이라면 강제적인 단절을 경
험한 제3세계는 현재 엉거주춤한 상태에서 적당히 서구적 각본을 모방
하면서, 또 '봉건'적 관습은 '전통'이라는 이름으로 고수하면서 그냥 '굴
러가고' 있다.

　단절을 이루어야 할 때 그것을 이루어내지 못하고 모든 것을 허용
하는 듯하면서 실제로는 자체내 역량을 전혀 기르지 못하고 있는 것이
다. 사적 관계에서 사랑의 각본에 극단적으로 매달리던 사람이 극단적
인 손익계산을 하는 결혼을 별 심리적 갈등 없이 해내는 현상과 우리
가 자신의 삶을 적극적으로 살아내지 못하고 있는 현상과는 밀접한 관
계가 있다. 그리고 그것은 많은 사회구성원들을 자포자기하게 만들고
사회적 관계의 피상성과 상투성을 높임으로써 사회를 더욱 병들게 하
고 있다. 서양은 그 문명의 절정을 지나 내리막길을 가고 있다 하더라
도 여전히 자신들의 문명의 기초가 되어온 합리성과 개인성에 신념을
두고 문제를 풀어가고 있다. 그러나 우리들은 일상적 삶 속에서는 아직
도 혈연적 가족을 중심으로 한 '봉건'의 틀에서 헤어나지 못하면서 '탈
근대'적 고도기술사회를 맞이 있는 것이다 문제해결의 실마리를 누가
어디서 찾을 것인가?

　이제 우리는 더 늦기 전에 우리 스스로에게 질문을 던져야 한다. 서
구적인 사랑과 성에 관한 각본을 반성적 성찰 없이 따라함으로써 스스
로를 소모적 인간으로 만들고 동시에 문화적 피상성을 높이는 데 기여
하지나 않았는지? 사랑과 결혼과 성에 관련된 생각과 행동과 느낌들은
극히 사적인 체험이며 역사의 진행과는 무관한 영역이라고 치부해 버
림으로 우리 스스로를 이중성을 극복하지 못한 분열된 주체로 만들어
버리지 않았는지? 현재 우리가 고민하고 있는 사회변혁운동의 한계는
우리 자신이 바로 이러한 관계의 피상성과 상투성을 벗어날 때에 어느

정도 벗겨지는 것이 아닐지? 우리는 이제 자생적 치유능력을 급격히 상실하고 있는 제3세계적 상황을 꿰뚫어보고 기존관계의 상실만을 부추겨온 제3세계적 성과 사랑의 상투성에 어떻게 저항해가야 할 것인지를 함께 고민해 가야 할 것이다. 나는 우리가 '합리성'과 '개인성'의 확립을 궁극적인 목표로 설정하고 달려온 서구의 역사적 진행을 그대로 따라가서는 안 된다고 생각한다. 그렇다고 경제적인 면에서는 분명한 '근대'로 넘어왔으면서도 필요한 문화적 '단절'은 이루어내지 못하고 끌려오기만 한 우리 사회가 이대로 표피적인 변신을 거듭한다고 해서 살벌한 국제질서 속에서 살아남을 수 있으리라고 생각지 않는다. 일상적 삶에 대한 근원적인 성찰과 이 차원을 관통하는 영역에서의 변혁이 시급하다고 보며 이런 단절을 이루어내지 못한다면 우리는 곧 정보화시대에 들어서면서 문화적으로도 식민화될 수밖에 없다. 그 때 우리의 아이들은 누구를 어떻게 사랑할까? 역사 속에 깨어 있는 주체로 서 있는다는 것은 앞으로 또 얼마나 더 어려워질까?

나는 여기서 어떠한 처방을 내리고자 하지 않는다. 새로운 패러다임의 출현이 요구되는 이 시점에서 손쉬운 처방, 해답이 있다면 어쩌면 그것은 도그마일 것이다. 우리는 억압을 느끼기 시작한 사람들이 스스로 답을 찾아야 하는 시대, 우리 문제를 풀어줄 신이나 영웅이 사라진 시대에 살고 있음을 잊어서는 안 된다. 우리로부터 그 많은 기쁨을 앗아간 '우리'를 심판대에 올리자. 아직도 우리를 부추기고 있는 첨병들과 제도적 장치들을 알아내고 무성하게 퍼져나간 말들, 알맹이 없이 우리를 현혹시켜온 언표들을 사로잡아야 한다. 이제 자기상실, 자기혐오로 이어지는 연애를 더 이상 사랑이라는 이름으로 부르지 말자. 이성간의 폐쇄적 공간에 가두어버린 사랑을 해방시켜 우리는 상대방의 성장에 적극적으로 개입하는 우정을, 인정을, 정을 다시 찾고 거기에서 나오는 새로운 에너지로 공동체적 회복을 이루어가야 한다. 그리고 성해방은 이 시대의 새로운 억압적 언설에 지나지 않으며, '성'의 외침이란 인간

본능의 외침이 아니라 더욱 도식화된 상호작용의 한 형태일 뿐임을 분명히 하자. 피상적이고 상투적인 관계를 청산하고 서로 서로의 자람에 참여하는 관계, 열린 만남을 북돋우는 사회를 이루어가기 위하여 이제 우리는 우리의 체험에 충실한 우리들의 각본을 만들어가야 한다.

추천 도서

▷ 새로 쓰는 사랑 이야기

(또하나의 문화 제7호, 또하나의 문화, 1991)

우리의 시각에서 우리의 문제를 본격적으로 파헤친 '또하나의 문화'의 일곱번째 동인지이다. 많은 사람들의 인생에 변화를 일으켰던 '교과서 아닌 교과서'라고 할 수 있다. 이 책의 주제와 관련하여, 『새로 쓰는 성 이야기』(1991), 『새로 쓰는 결혼이야기 1, 2』(1996) 역시 읽어볼 만하다.

▷ 일과 사랑의 심리학

(홍숙기 저, 나남출판, 1994)

성격심리학을 전공한 여성 심리학자가 한국 사회의 환경 속에서 개인이 느끼는 만족과 행복에 대해 고민한 책이다. 일과 사랑이라는 주제를 다양한 시각에서 접근했고, '오직' 심리학자였던 저자가 논의를 전개시켜 나가면서 변모하는 과정 역시 매우 의미심장하다.

▷ 사랑은 어떻게 시작하여 사라지는가

(스턴버그 지음, 사군자, 2000)

본문에서 다루었던 Sternberg의 사랑의 삼각형 이론을 중심으로, 일반인을 위해 쉽고 재미있게 서술한 책이다. 여기에서 나아가, 좀 더 학술적인 내용을 원한다면 『사랑의 심리학』(하우, 1999)도 추천할 만하다.

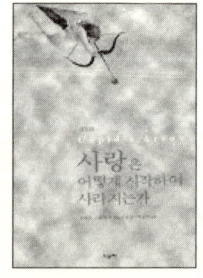

4장

너 지금 행복하니?

　미국의 어느 한 시골 마을. 농장 주인이 외벽 손질을 하고 있었다. 그런데 멀리서 흙바람을 일으키며 멋지게 생긴 검정색 지프가 농장 쪽으로 다가오고 있었다. 지프는 미끄러지듯 농장 주인 앞에 멈춰 섰다. 지프에서 말끔한 검정색 정장을 차려 입은 잘생긴 남자가 내렸다.
　"날씨가 좋군요. 이 농장 사장님이시죠. 제가 재미있는 제안 하나 해드릴까요?"
　호기심이 발동한 농장 주인이 고개를 끄덕였다.
　"제가 사장님께서 키우고 있는 양의 숫자를 맞춰볼까 합니다. 정확히 몇 마리인지 알아낼 수 있습니다."
　농장 주인이 다소 놀란 듯한 표정을 짓는 것을 보고, 그는 이렇게 말을 잇는다.
　"그런데 그냥 맞추기만 하면 재미없으니까, 제가 제시한 답이 맞으면 제게 양 한 마리를 주십시오"
　농장 주인 역시 괜한 승부욕이 생겼다.
　"좋습니다. 그렇게 합시다."
　남자는 지프에서 검정색 여행 가방을 집어들고, 그 안에 들어있는 노트북을 꺼냈다. 노트북에 핸드폰을 연결하는가 싶더니 이내 NASA에 연결, 위성사진을 다운 받는다. 또한 연방 농장협회, 지역 농장협회 등을 잇달아 접속, 갖가지 자료를 다운 받는다.

한 시간 쯤 지났을까, 남자는 자료를 프린트하기 시작한다. 100페이지 가량이나 될까, 두툼한 프린트물을 재빨리 읽어 내리더니 농장 주인에게 이렇게 말한다.

"알아냈습니다. 전부 1,523마리입니다. 맞습니까?"

"아니, 그걸 어떻게…"

"약속대로 양 한 마리를 제게 주시지요."

남자는 농장 주인에게 양 한 마리를 받아 지프에 싣는다.

이 때 농장 주인이 한마디 건넨다.

"이번에는 제가 제안을 하나 할까 합니다. 제가 당신의 직업이 무엇인지 맞춰 보겠습니다. 만일 맞는다면, 제가 드린 것을 다시 주십시오."

"좋습니다."

"당신은 컨설턴트입니다."

"아니, 어떻게 아셨지요?"

"세 가지 이유가 있습니다. 첫째 당신은 내가 초청하지도 않았는데 찾아 왔습니다. 둘째 당신은 내가 이미 알고 있는 답을 말했습니다. 복잡한 절차를 거쳤지만, 답은 제가 잘 알고 있는 것이었습니다. 그리고 셋째 당신은 제가 하는 일이 무엇인지 아직까지 잘 모르고 있습니다. 제가 당신에게 드린 동물은 양이 아니라 염소입니다."(컨설턴트에 관한 짤막한 우화, 출처: 코리아인터넷닷컴)

제 1 절 직업, 니가 진짜로 원하는 게 뭐야

얼마 전 한국산업인력공단 중앙고용정보원(2002)은 우리 나라의 『산업·직업별 고용구조조사』를 발표하여, 국내 최초로 직업지도(Job-Map)를 공식적으로 제시한 바 있다. 물론 이 결과는 경력, 연령, 학력, 산업, 기업규모 등의 요인이 통제되지 않은 상태에서 조사된 단순평균 자료라는 한계는 있지만, 65,193명이라는 대규모의 취업자들을 대상으로 한 종합적인 작업이었다는데 그 의의가 있다.1) 이 직업지도의 여러 측면 중에서, 수입, 학력, 남녀비율에 따른 분포를 확인해 보자.

먼저 수입에 따른 분포는 <표 4-1>과 같이, 변호사, 항공기 조종사, 기업 고위임원, 출판·영화·방송 및 공연예술 관리자, 변리사, 의사, 마케팅·광고 관리자 순으로 수입이 높은 것으로 나타났다. 전반적으로 관리자 직종과 전문직이 고수입 직업으로 나타나서, 일반적인 통념과 큰 차이가 나지 않았다. 하지만 남녀의 분포에서는 남성이 여성에 비해 거의 2배 많은 수입을 보이고 있는 점이 예사롭지 않다.

다음으로 학력이 높은 직업을 살펴보면, 대학교수, 자연과학 관련 연구원, 대학강사, 생명과학 관련 연구원, 의사, 경영지도·진단전문가, 치과의사 순으로 나타났고, 일반적으로는 학력이 높을수록 수입이 높았지만 둘 사이의 관계가 정확히 비례하지는 않음을 알 수 있다.

끝으로 남녀비율에 따른 직업분포를 살펴보자. 여기에서는 해당 직업에서 여성의 비율이 60% 이상인 직업이 70개, 남성 비율이 60% 이상인 직업이 303개, 남녀비율이 비슷한 직업이 총 46개로 나타났고, 보다 자세한 내용은 다음과 같다.

---

1) 이 고용구조조사는 워크넷(www.work.go.kr)에 공개되어 있다.

<표 4-1> 수입이 높은 직업: 상위 20위(단위: 만원/월)

순위	남성 직업명	수입	여성 직업명	수입	전체 직업명	수입
1	변호사	620	의사	333	변호사	608
2	항공기 조종사	490	대학교수	322	비행기 조종사	490
3	기업 고위임원	457	통역가	319	기업 고위임원	457
4	치과의사	445	한의사	288	출판·영화·방송 및 공연예술 관리자	424
5	출판·영화·방송 및 공연예술 관리자	424	교육서비스 관련 관리자	286	변리사	418
6	의사	421	지휘·작곡·연주가	283	의사	409
7	변리사	418	영업 및 판매 관리자	266	마케팅·광고 관리자	403
8	마케팅·광고 관리자	403	약사 및 한약사	236	회계사	403
9	회계사	403	치과의사	236	치과의사	369
10	세무사	367	항공기 객실 승무원	194	세무사	367
11	보험 및 금융 관리자	364	해외 영업원	188	보험 및 금융 관리자	352
12	한의사	351	직업 능력개발 훈련 교사	186	경영지도·진단전문가	348
13	영업 및 판매 관리자	349	중등학교 교사	186	컴퓨터 및 정보시스템 관련 관리자	347
14	경영지도·진단전문가	348	초등학교 교사	181	전신·전화·우편 및 기타 통신시설 관리자	340
15	컴퓨터 및 정보시스템 관련 관리자	347	생명과학 관련 연구원	181	한의사	339
16	법무사	346	대학강사	180	영업 및 판매 관리자	339
17	전신·전화·우편 및 기타 통신시설 관리자	340	작가	166	감정사 및 감정평가사	332
18	감정사 및 감정평가사	332	금융사무원	164	정보행정 관리자	331
19	정부행정 관리자	331	오락·게임·여가 관련 관리자	157	법무사	329
20	공학 및 기술 관리자	326	통신공학 기술자	157	전기·가스 및 수도 관련 관리자	326

※ 해당 표본수가 적어 수입에 대한 통계적 신뢰성이 낮은 직업은 순위에서 제외.

① 여성이 많은 직업(여성 비율이 60% 이상): 통역가, 번역가, 간호사, 유치원 교사, 예능계 학원강사, 치위생사, 영양사, 체형관리 및 피부미용사, 메이크업아티스트 및 분장사, 보험모집인, 출납창구사무원, 이·미용사 등 70개.

② 남녀의 비율이 비슷한 직업(여성 비율이 40~60%): 만화가 및 애니메이터, 웹개발자, 조주사, 약사 및 한약사, 출판기획전문가, 제품디자이너, 패턴사, 중등학교교사, 보험사무원, 무역사무원 등 46개.

③ 남성이 많은 직업(남성 비율이 60% 이상): IT컨설턴트, 소프트웨어개발자, 네트웍시스템 분석가 및 개발자, 컴퓨터시스템 설계·분석가, 컴퓨터 공학기술자, 대학교수, 변호사, 의사, 한의사, 통신공학기술자, 일반공무원, 안경사, 제과·제빵원, 증권 및 투자중개인, 조경사 등 303개.

앞서 수입에서와 마찬가지로, 남녀비율에 따른 분포가 임의적으로 보이지는 않는다. 전체적으로 볼 때, 여성이 많은 직업들이 남성이 많은 직업들보다 수입이 낮은 특성을 보이고 있다. 이러한 성차이는 그 격차의 정도는 다르겠지만, 비단 우리 사회만의 현상은 아니다.

미국에서 대학 졸업생 346명(남성 51%와 여성 49%)을 대상으로 졸업 7개월 후의 직업 상태를 조사한 결과 역시 다음과 같은 성차이를 보고하고 있다(Martinez, Sedlacek & Bachhuber, 1985).

- 비슷한 비율의 남녀가 취업했거나 대학원에 진학했다.
- 여성에 비해 더 많은 남성들이 자신이 원하는 분야나 만족스러운 직장에 취업했다고 보고했다. 여성들은 자신이 원하는 분야의 직장을 구하는 과정에 있는 경우가 많았다.

- 상대적으로 남성들이 공학과 수학 분야에서 더 많이 종사했다. 여성들은 교육, 사회과학, 사무직에 더 많이 종사했다.
- 여성들보다 더 많은 남성들이 큰 회사에 취업했다.
- 거의 비슷한 비율의 남녀가 관리직이나 경영행정직에 취업했다.
- 남성들의 수입은 여성들보다 통계적으로 유의미하게 더 많았다 ($18,220 vs $12,798).

이왕 돈 얘기가 나온 김에 한발 더 나가 보자. 현재 국내의 연봉 체계에 대한 정보가 <표 4-2>에 제시되어 있다.

<표 4-2> 주요 기업의 연봉 현황(류해진, 2001)

	정보통신 기업	벤처기업	외국계 기업
대졸	2,536 만원 (2,100~2,850)	1,931 만원 (1,500~2,570)	2,625 만원
대리	3,030 만원 (2,700~3,280)	2,642 만원 (1,800~3,180)	·
과장	3,732 만원 (3,300~4,520)	3,139 만원 (2,600~3,860)	5,000 만원
차장	4,664 만원 (4,000~6,130)	4,154 만원 (2,800~4,900)	·
부장	5,373 만원 (4,580~7,160)	5,175 만원 (3,290~7,000)	7,250 만원
조사 대상 기업	데이콤인터내셔널, 동부정보시스템, 두루넷, 신세기통신, 온세통신, 유니텔, 하나로통신, 한국IBM, 한국PC통신, 한국통신, 한국통신, 한국통신기술, 한국통신하이텔, 한국후지쯔, 한국휴렛팩커드, 한라정보시스템, LG-EDS시스템, M.COM, SK텔레콤	가산전자, 다우기술, 데이콤인터내셔날, 비트컴퓨터, 우리기술, 웅진닷컴, 인성정보, 인츠닷컴, 콤텍시스템, 타운뉴스, 하이콤정보통신, 한국하우톤, 한글과컴퓨터, 핸디소프트, 3Wtour, CTI Group, KCC정보통신	노무라증권, 딜로이트 컨설팅, 아더앤더슨, 푸르덴셜생명보험, 한국IBM, 한국안센, 한국유니시스, 한국후지쯔, 한국휴렛팩커드, AATI Korea, Accenture, KPMG, PwC

이 표는 '헤드헌트코리아'에서 제공한 대략적인 자료인데, 각 회사와 직급에 따라 다소 차이가 있다는 점을 염두에 두길 바란다(류해진, 2001). 사실 대학생들이 회사에 취직할 때 이러한 연봉 체계에 대해서 너무 무지하기에, 엉뚱한 뜬소문이나 예외적인 사례에 민감한 경향이 있는 것 같다.

아무튼 두 가지 표를 훑어보고 어떤 느낌이 드는가? 아직까지 본격적으로 직업의 세계로 뛰어 들지 않은 대학생의 입장에서, 수입이 높은 직업들을 갖고자 하는 성취동기가 강하게 자극될까? 아니면 '더럽고 치사한' 현실 세계를 엿본 것 같은 찝찝함이 남을까?

물론 직업선택에서 수입이 유일한 기준은 아니다. 따라서 다음과 같은 '역설적인' 결과도 접하게 된다. 온라인 취업정보 사이트 잡라인이 최근 직장인 758명을 대상으로 조사한 바를 보면, 우리 나라 직장인 4명 가운데 3명은 학창 시절에 자신이 꿈꾸던 직업과 전혀 다른 일을 하고 있다고 대답했다. 이는 꿈을 실현하지 못한 아쉬움의 표현만은 아니다. 직장인의 51%는 "연봉이 동결되거나 줄어들더라도 내가 하고 싶은 직종이라면 직장을 옮길 뜻이 있다"고 대답했다(한겨레21, 2002).

이 직장인들이 학창 시절에 꿈꾸던 직업들은 과연 무엇일까? 그리고 지금 하고 있는 일은? 그런데 왜 바꾸지 못하는 것일까? 만일 이 사람들이 당장 자신이 희망하는 직업으로 바꿀 수 있다면, 과연 진짜로 더 만족하게 될까? 아니면 영원히 갈 수 없는 (어쩌면 가면 안되는) 이상향일까?

 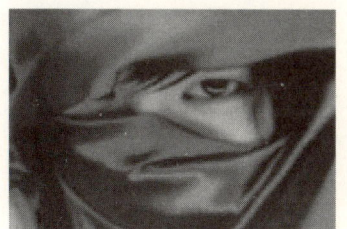

도대체 직업이 무엇이길래, 우리는 직업 때문에 이렇게 고생을 해야 하나? 먼저 구본형(1998)의 말을 들어보자.

현대인은 직장을 축으로 하여 일상의 삶을 영위해 왔다. 직장은 생계의 수단 이상의 것이다. 자신의 직업이 바로 인생인 것이다. 직업을 통해 자신의 존재를 규정하고, 직업을 통해 공동체와 연결되고, 직업을 통해 그는 하루 하루를 계획할 수 있었다. 직장은 그 사람에게 특정한 역할을 기대하기도 하지만, 자신의 일에 대한 보람도 주었다. 직장은 인생의 의미와 질서를 부여하는 제일 중요한 사항이다. 그러므로 직장에서부터의 일탈은 본인에게 뿐만 아니라 그 가족에게도 심각한 심리적 영향을 주게 될 수밖에 없다.

최근에 명예퇴직을 한 대기업의 중역은 '퇴직을 하고 가장 견디기 어려운 것은 심리적 측면'이라고 말했다. '어느 직장에서 무엇을 하는 무슨 직책'을 가진 사람임을 말해 주는 명함이 없이는 그는 자신을 다른 사람에게 소개할 수 없었던 것이다. 그러므로 직장은 생계의 수단을 넘어 자신을 나타내는 정체성의 근본이었다.

또 다른 장면을 하나 비교해 보자. 다음은 출판사에 다니는 직장 여성의 하루 일과이다. 무엇이 문제일까?

오전 7시에 맞춰둔 시계가 여지없이 울어댄다. 그것은 전날 내가 술을 먹었든지 안 먹었든지, 늦게까지 책을 보았거나 비디오를 보느라 잠을 설쳤는지와는 전혀 별개의 문제다. 몇 시간을 잠에서 허우적거렸는지와도 물론 별개의 문제로, 나는 잠에 취한 채 더듬거리며 시계가 있을 법한 방향으로 기다시피 다가가 시계의 뒷면에 위치한 단추를 밑으로 내린다.

… 더 자고 싶은 생각과 일어나야 한다는 생각 사이에서 모자라는 잠 쪽으로 자꾸 기울어지는 모습이 이어지다 보면, 어느새 7시 20분에 맞춰둔 또 다른 시계의 벨이 덜 깬 잠을 비집고 들어온다. 지금 일어나지 않는다면 지각을 면할 수 없다.

… 오전 동안의 회의는 덜 깬 잠과 술의 기운을 몸이 이겨내기도 전에 계

속되는 것이어서, 11시를 넘기면서는 이미 그 날 하루동안 써야 할 에너지의 대부분을 써버린 듯한 느낌을 주게 마련이다.

… 자꾸 굳어 가는 머리와 자꾸만 쌓여 가는 피로, 스트레스, 그런 것들이 직장생활을 통해 몸 속에 노폐물로 쌓인다. 그러나 그 곳을 버리고 어디 먼 곳으로 떠나 버릴 수도 없는 자신의 입장은 절망감이 되어 집으로 돌아오는 길을 어지럽히게 마련이다(조봉진·홍성태, 1995).

1. 대학생이 직업을 준비한다는 것

대학만 나오면 취업 걱정을 하지 않아도 되던 때가 있었다. "가재를 털어서라도 대학에만 보내면 입신은 보장되던 시대, 소 등에 업혀 대학을 나온 사람들에 의해 '한강의 기적'이 구가되던 시대"(염재호·서병훈·김용학·송호근, 1994)가 이 때의 모습이다. 그리고 세월이 지나서, 좋은 대학을 나와야만 취업 걱정을 하지 않아도 되었다. 일류대에 입학한 사람들에게만 "시작이 반이었다".

그러나 상황은 또 급변했다. 이제 대학은 "반품도 시킬 수 없는 한국의 대학 교육"이라는 어느 대기업 총수의 질타를 받아야 하는 입장이 되었다. 기업인들은 대학 졸업생의 업무 능력에 대해 47.5%가 잘못한다, 45%가 보통이라고 응답했다(염재호 등, 1994).

무엇이 변했는가? 먼저, 대학생이 변했다. <표 4-3>이 그 극적인 변화를 보여 주듯이, 1980년 당시의 고등학교 졸업생 중에서 4년제 대학에 진학하는 비율은 17.4%에 불과했다. 그러나 불과 20년 만인 2000년 현재 그 비율은 45.7%로, 거의 절반에 육박한다. 이 통계에 2년제 대학까지 포함할 경우 그 비율은 훨씬 더 높아질 것이다. 바야흐로 대학 교육의 대중화 시대인 것이다.

이러한 변화는 대학 졸업자의 진로 유형에 큰 변화를 가져왔다. 즉 대학 졸업 이후 대부분이 취업을 하기 위해 노동시장에 진입하는 것이 아니라, 상위기관인 대학원에 진학하거나 취업하지 못하고 불안정한 상황에 처해 있는 비중이 커지게 되었다. 예를 들면, 1998년 IMF 이후 대학생의 미취업률은 급격하게 증가하고 있는 추세로, 2000년 현재 대학 졸업생 265,000명 가운데 123,000명만이 취업했고 28,000명이 대학원으로 진학했으며, 110,000명은 명확한 진로활동을 못하고 있는 것으로 추정된다(진미석, 2001).

<표 4-3> 고등학교 졸업자의 4년제 대학 진학비율(진미석, 2001)

구분	1980	1985	1990	1995	2000
졸업자(명)	467,388	642,354	761,992	649,653	764,712
진학자(명)	81,504	156,476	162,906	225,284	349,797
진학비율(%)	17.4	24.4	21.4	34.7	45.7

두 번째는 직업 경로가 변했다. 이전에는 대학 졸업하고 대기업 취업해서 탈없이 다니면서 승진하고 은퇴하는 직업 경로가 있었고, 가능하면 그 길을 따르면 되었다. 하지만 이제 취업, 승진, 은퇴, 이 모든 것이 너무나 다양한 경우의 수를 만들어 내고 있다. 이러한 변화가 거시적인 측면에서 한 사회의 다양성 증가라는 긍정적인 면도 있겠지만, 그 속에서 살고 있는 개인에게는 엄청난 스트레스를 줄 수밖에 없다.

최근의 직업 경로에 대해 전문가들은 "노동 시장에서 가장 커다란 흐름으로 어떤 직종이든 능력과 실적에 따라 수입의 차이가 커지고 있다"고 공통적으로 지적하고 있다(한겨레21, 2002). 설상가상으로 최근 기업의 대졸자 채용 양상은 1998년을 기점으로 신입사원보다는 경력사원 중심으로 넘어갔다. 2001년의 경우 전체 채용 규모에서 신입 사원이 차지하는 비율은 25.8%에 불과하다.

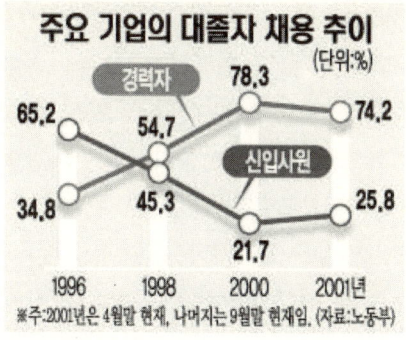

이러한 상황임에도 불구하고, 여전히 우리 사회에서 '대학생'은 최고학부에 진학한 지적으로 성숙하고 능력 있는 집단으로 평가받기 때문에, 이들의 진로 문제는 개개인이 알아서 해야 하는 문제라는 인식이 강한 편이다. 실제 자료에서도 이러한 경향이 잘 드러난다. 대학생의 진로상담 경험 유무에 대한 질문에서 대학생 가운데 53%가 대학에 들어와서 진로상담을 받은 적이 없다고 반응하였으며, 진로상담을 받은 학생들 역시 약 50%가 부모, 형제 혹은 친구 등과 같은 개인적인 인간관계를 활용하는 것으로 나타났다(진미석, 2001).

대학생들의 직업 선택에서 가장 큰 문제는 그들이 '좋은' 직업만을 선택하려고 한다는 것이다. '자신에게 맞는' 직업이 아니고 말이다. 따라서 대학생이 선호하는 직업에는 시대별로 유행과 경향이 있다. 그러나, 이는 마치 '예쁘고 똑똑하고 성격도 좋은' 배우자가 나타나기를 기다리는 것만큼 무모할 수 있다. 왜냐하면 그런 배우자는 이미 상대가 있거나, 설령 아직 없다고 하더라도 특별한 경우가 아닌 이상 나를 만날 이유가 거의 없기 때문이다. 너무 비관적인 이야기라고 생각할지 모르겠지만 이건 엄연한 현실이다.

똑같은 일이 직업 선택에서 벌어진다. 사람들은 직업에서 나름대로 성공하기를 바라고, '좋은' 직업을 갖고 싶어한다. 하지만 '좋은' 직업에 종사하는 사람들 중에는 나만큼, 아니 나보다 뛰어난 사람들이 우글거린다. 그 중에서는 진짜 '타고난' 것처럼 보이는 사람들도 있다. 따라서 나의 성공 확률은 그만큼 낮아진다. 반대로 '나에게 맞는' 직업을 선택할 경우, 그 직업에선 바로 내가 '타고난' 사람이다.

예를 들어보자. 우리가 아는 어떤 사람은 운전할 때나 놀러갈 때나 지리 감각이 굉장히 탁월하다. 한 번 가본 곳은 반드시 기억하고, 지리 정보에 대해서는 타의 추종을 불허한다. 현재 그가 어떤 일을 하고 있을까? 그는 어느 건설 회사에 근무하는데, 전국을 돌아다니면서 아파트 단지를 지을만한 땅을 보러 다닌다. 똑같은 시간을 일했을 때 다른 어떤 사람보다도 더 나은 성과를 보이는 것은 당연하다.

하지만 자기에게 딱 맞는 일을 찾기 위해서는 먼저 자신을 알아야 한다. 자신의 장점과 단점이 무엇인지 그리고 좋아하는 것과 싫어하는 것이 무엇인지를 알아야 한다. 만약 이런 질문에 답할 수 없다면, 자신이 좋아할 수 있고 자신의 자긍심을 키워줄 그런 일을 찾기란 불가능하다. 만약 자기에게 딱 맞는 천직을 선택할 수 있을 정도로 창의적인 사람이라면 성공할 수 있다고 한다. 그것도 아주 크게 말이다(Stanley, 2000).

2. 선택하고 변화할 때

자신을 이미 안다고? 그런데도 하루 하루의 일상은 복잡하고, 당장 해야 할 일들로 정신이 없다고?

Stephen Covey가 쓴 책 『소중한 것을 먼저 하라』(First Things First)에 다음과 같은 일화가 나온다. 생각해 볼거리가 많기에 길게 모두 인용한다.

    한 강사가 학생들에게 퀴즈를 냈다. 강사는 탁자 밑으로 손을 넣더니, 아가리가 넓은 커다란 항아리를 하나 꺼냈다. 강사는 탁자 위에 항아리를 올려놓았다. 그 옆에는 주먹만한 크기의 돌 몇 개가 담긴 접시가 있었다. 강사는 물었다.
    "이 항아리 안에 이 돌 몇 개를 집어넣을 수 있겠습니까?"
    추측해 보게 한 뒤에 강사는 말했다.

"좋습니다. 어디 확인해 봅시다."
　강사는 항아리에 돌 하나를 집어넣었다. … 이어서 두 번째 돌 … 이어서 세 번째 돌. 몇 개나 집어넣었는지 기억이 나지는 않지만, 어쨌든 강사는 항아리를 돌로 꽉 채웠다. 이윽고 강사가 물었다.
　"항아리가 꽉 찼습니까?"
　모두 돌들을 바라보며 대답했다. "네."
　그러자 강사는 말했다. "그래요?"
　강사는 탁자 밑으로 손을 넣더니 자갈이 든 통을 꺼냈다. 강사는 자갈 몇 개를 항아리에 쏟아 붓더니 항아리를 흔들었다. 자갈은 큰 돌들 틈으로 들어갔다. 강사는 싱긋 웃으며 한 번 더 물었다.
　"항아리가 꽉 찼습니까?"
　이번에는 학생들도 속지 않았다. "아닌 것 같은데요."
　"좋습니다!"
　강사는 탁자 밑으로 손을 넣더니 이번에는 모래가 든 통을 꺼냈다. 강사는 모래를 항아리에 부었다. 모래는 돌과 자갈의 틈으로 들어갔다. 다시 한 번 강사가 학생들을 보고 물었다.
　"항아리가 꽉 찼습니까?"
　"아뇨!"
　학생들은 모두 소리쳤다.
　"좋습니다!"
　강사는 물주전자를 집더니, 항아리에 물을 부었다. 1리터가 넘은 물이 들어갔다. 강사는 말했다.
　"자, 무엇을 알 수 있습니까?"
　누군가 대답했다.
　"틈은 늘 있기 때문에, 하려고만 들면 언제나 자기 인생에서 더 많은 것을 집어넣을 수 있다는 겁니다."
　강사가 말을 받았다.
　"아닙니다. 그게 핵심이 아니고, 핵심은 이겁니다. 만일 당신이 큰 돌을 먼저 집어넣지 않았다면, 과연 다른 것들을 집어넣을 수 있었을까요?"(Covey, Merrill & Merrill, 1994)

여기에서 항아리가 자신의 인생(혹은 시간)이라면, 큰 돌은 무엇일까? 그것을 찾는 것이 아마도 성인 초기에 가장 중요한 일일 것이다. 그러나 그것을 찾았다손 치더라도 사람들은 잘 변하지 않는다. 왜? 변화관리 컨설턴트로 알려져 있는 구본형(1999)에 의하면, 사람들이 쉽게 변화하지 않는 이유는 크게 세 가지가 있다고 한다.

첫째, 사람들은 변화가 가지고 올지도 모르는 불이익을 두려워한다. 변화는 현재의 상태를 파괴하기 때문에 사회적 기득권은 보호되지 않는다. 변화는 자유를 제한할지도 모른다. 책임과 함께 그 권한도 줄어들게 될 지 모른다. 근무조건을 악화시키고, 근무 환경을 더 나쁘게 만들지도 모른다. 더 많이 일하고 더 적게 받게 될 지 모른다. 더 심각하게는 실업을 야기시키고, 직장을 잃게 될지도 모른다. … 개인적으로도 변화는 희생을 강요한다. 6시에 일어나서 영어를 배우거나 조깅을 하는 것은 편안한 새벽잠을 희생해야 가능한 것이다. 날씬한 몸매를 위한 다이어트는 맛있고 기름진 음식을 먹는 즐거움을 희생해야 가능하다. … (따라서 자기 인생에서) 기득권의 본질을 이해하지 못하고는 변화를 성공시킬 수 없다.

둘째, 변화는 습관의 일부를 깨뜨림으로서 불균형을 가져온다. 우리의 일상은 여러 가지 익숙한 습관들로 이루어져있다. 이 습관들은 서로 상호 연결되어 있다. 마치 기름진 음식은 술과 어울리고 술은 담배 맛을 좋게 만든다. 변화는 사람이 그 동안 체득하여 익숙해진 매일 매일의 생활과 습관 중 일부를 공격함으로써, 상호 연관된 나머지 다른 일상적 요소들과 갈등을 일으키게 한다. 그리하여 '과거의 자기'는 변화된 일부를 다시 원상 복귀시킴으로써, 마음의 평화를 찾게 만든다. 예를 들어 담배를 끊겠다고 결심했고 며칠째 그 약속을 지키고 있다고 하자. 그러나 술과 기름진 음식은 그대로 허용했다고 가정하자. 술과 기름진 음식을 먹으면서 담배를 피우지 않기는 매우 어렵다. 술과 음식은 담배를 그리워하며 손짓하며 부른다. 그는 망설이다가 술이 거나해지면 슬그머니 담배 한 가치를 피워 문다. 마지막 담배라고 다짐하지만 이미 그 때는 늦어 옛날로 되돌아가는 첫 담배를 피워 문 것이다.

셋째, 변화에 대한 충분한 설득이 이루어져 있지 않기 때문에 우리는 변화에 저항한다. 이것은 자기 자신과의 커뮤니케이션을 말한다. 변화는 '하면 좋은 것'이 아니다. 그것은 '생존의 문제'이다. 당신은 스스로에게 그렇게 믿도록 자신을 설득하였는가? 정말로 그렇게 믿고 있는가? 변화는 지금 당장 시작해야 하는 것이다. 내일이 아니고 1시간 후가 아니라, 지금 당장 '불타는 갑판'에서 뛰어 내리는 것이 확실한 죽음을 모면하는 일이다.

당신은 정말 그렇게 믿고 있는가? 그리고 변화가 종극적으로 가져다 줄 수 있는 가치와 혜택에 대하여 믿음을 가지고 있는가? 지금 이 고통과 불안은 언젠가 자랑이 되고 나는 좀 더 행복해 질 것인가?

정리하기 전에 마지막으로 덧붙인다면, 대학생의 직업 문제는 결코 다른 심리사회적 현상과 별개의 문제가 아니다. 그것은 자아정체성의 문제이며, 가족의 문제이다. 또한 그것은 한국 사회 특유의 학력 지상주의와도 밀접하게 연관되어 있다. 아래의 문장들을 음미하면서, 다음 이야기로 넘어가도록 하자.

> 1997년을 기준으로 우리 국민 가운데 전문대 졸업 이상의 학력을 갖고 있는 사람은 19%에 불가하며, 학연으로 '재미를 보는' 소위 명문대 출신의 수는 전체의 2~3%를 넘지 못한다(강준만, 2001).

> 가정이 직장 문제의 방파제 역할을 하기에는 우리 나라 가정 자체가 구조적 문제를 안고 있기 때문이다. 따라서 직장에서 발생한 소외는 직장에서 구조적으로 해결하려는 장치를 개발하고 제도적으로 발전시키는 방향이 필요하고, 사생활에서는 보다 따뜻하고 보완적 인간 관계와 상호신뢰감이 유지되도록 하는 풍토의 조성이 동시에 요구되는 것이다. 만일 이러한 감추어진 소외 문제를 적극적으로 해결하지 않고 방치해 둔다면 방파제로서의 가정이 그 기능을 상실하는 현상과 그와 때를 같이 하여 모든 공식 조직에서 구조적 소외가 폭발적으로 커져 공식 조직의 붕괴가 일어나는 현상을 갑작스럽게 경험하게 될 지 모르기 때문이다(오세철, 1982).

20년 뒤 (홍윤표, 1998)

제 2 절 경력발달에 관하여

앞서 말한 내용을 기초로 좀 더 학문적인 논의를 시작해 보자. 먼저 용어 문제를 정리해야 하는데, 보통 이 분야에서는 직업(occupation, job), 진로(career), 경력(career) 등의 용어가 혼용되어 왔다. 그러나, 최근 들어서는 심리학이나 교육학에서 '경력'이라는 용어의 사용이 일반적이며, 경력발달, 경력설계, 경력상담 등 하위 분야로의 세분화가 나타나고 있는 추세이다.

여기에서 말하는 경력이란 '어떠한 일을 하든지 개인이 일하면서 접하는 일생 동안의 활동 및 관계하는 행동'을 의미한다. 따라서 앞으로 본격적으로 다루게 될 경력발달 역시 이러한 맥락 하에서, '개인이 시간의 변화에 따라 점진적으로 갖게 되는 연속적 단계 또는 지위'로 정의한다(탁진국, 1993).

이제 경력발달에 관한 이론들 중에서 가장 대표적인 Ginzberg의 경력선택 이론, Super의 경력발달 이론, Holland의 경력유형 이론에 대해 살펴보자(송명자, 1995에서 재인용).

1. 경력발달에 관한 심리학적 이론들

발달적 관점에서 경력선택의 문제를 접근한 최초의 연구자라고 할 수 있는 Ginzberg, Ginzberg, Axelrad와 Herman(1951)은 개인의 경력선택이 환상적 단계, 시험적 단계, 현실적 단계를 거쳐 발달한다는 경력선택 이론을 제안했다.

여기서 환상적 단계(fantasy stage)는 약 11세 경까지의 아동기에 해당되는 단계이다. 어린 시절 대통령, 과학자, 우주인, 가수 등 현실감 없이 여러 경력을 꿈꾸는 시기이다. 11~17, 18세 사이는 과도기적 시기인 시험적 단계(tentative stage)에 해당되는데, 이 시기 동안 청년들은 자신의 흥미, 능력, 가치 등을 평가하며 그 결과를 바탕으로 현실적인 가능성들을 시험하기 시작한다. 이어서 17, 18세에서 20대까지가 경력선택의 현실적 단계(realistic stage)에 속한다. 이제 개인은 자신에게 가능한 경력들을 광범위하게 탐색한 후, 특정 경력을 집중적으로 고려하며, 마지막으로 그 경력과 관련되는 구체적인 직업을 선택하게 된다.

경력발달과 관련해서, Super(1967)는 개인의 자아개념의 발달적 변화에 주목하고 있는데, 그의 설명은 Ginzberg의 이론보다 더 포괄적이라고 할 수 있다. Super에 따르면, 14~18세 사이의 청년들은 현재 자신의 총체적 자아개념과 가장 잘 어울리는 경력에 관해 생각하기 시작한다. 이 시기를 구체화 단계(crystallization phase)라고 한다. 18~22세 사이에는 고려하는 경력의 범위를 좁히고 그 중에서 몇 가지 유형의 경력을 실험적으로 경험해 보기도 한다. 이 시기가 명료화 단계(specification phase)이다. 그 다음, 실행 단계(implementation phase)는 대부분의 젊은이들이 학교 교육을 끝내고 실제 경력의 세계에 종사하기 시작하는 시기를 말한다.
자신의 자아개념에 가장 적합하며 전생애에 걸쳐 지속될 구체적인 경력의 선택은 25~35세 사이의 안정화 국면(stabilization phase)에서 이루어진다. 35세 이후의 기간은 자신이 선택한 경력에서 보다 높은 수준의 발전과 성취를 향해 노력하는 시기이다. Super는 이 시기를 공고화 국면(consolidation phase)이라 불렀다.
물론 Super 이론에서 연령은 개략적인 구분이며, 개인에 따라 유동적이다. 그러나 청년기에 다양한 경력을 탐색하는 것이 개인의 자아개념 발달에 필수적인 점은 모든 사람에게 동일하다고 주장한다.

Holland(1973)는 개인의 성격유형과 특정 경력간의 일치를 중요시하는 성격유형 이론을 제시하였는데, 자신의 성격에 맞는 경력을 택한 사람들이 자신의 일을 즐기면서 같은 직종에 오래 머물러 있다는 사실을 확인하였다. 또한 정확한 자기인식과 정보가 경력의 결정에 필수적이며, 개인이 만들어내는 환경 역시 자신의 성격과 경력선택에 영향을 미침으로써 서로 상호적 관계임을 그는 강조하고 있다.

Holland가 주장하는 여섯 가지 기본적인 성격유형의 구조와 그 내용은 다음과 같다(김충기, 1999).

① 현실적 유형(realistic type)
성격: 남성적, 솔직하고, 성실하고 검소하며, 지구력이 있고, 건강하며, 소박하고, 말이 적으며, 냉정한, 구체적인, 실리적인, 비사교적인, 거칠은, 실제적인, 고집이 있고, 직선적이며, 단순하다.
적성: ㉮ 기계적·운동적인 능력은 있으나 대인관계 능력은 부족하다. ㉯ 수공, 농업, 전기, 기술적 능력은 높으나 교육적 능력은 부족하다.
가치: 특기, 기술, 기능, 전문성, 유능성, 생산성
대표적인 직업: 기술자, 자동기계 및 항공기 조종사, 정비사, 농부, 엔지니어, 전기 및 기계기사, 운동선수

② 탐구적 유형(investigative type)
성격: 탐구심이 많고, 논리적, 분석적, 합리적이며, 정확하고, 지적 호기심이 많으며, 지적인, 학구적인, 나서지 않는, 소극적인, 인기가 없는, 비판적, 내성적이고, 수줍음을 잘 타며, 신중하다.
적성: ㉮ 학구적·지적인 자부심을 가지고 있으며, 수학적·과학적인 능력은 높으나, 지도력이나 설득력은 부족하다. ㉯ 연구 능력이 높다.
가치: 탐구, 지식, 학문, 지혜, 합리성
대표적인 직업: 과학자, 생물학자, 화학자, 물리학자, 인류학자, 지질학자, 의료기술자, 의사

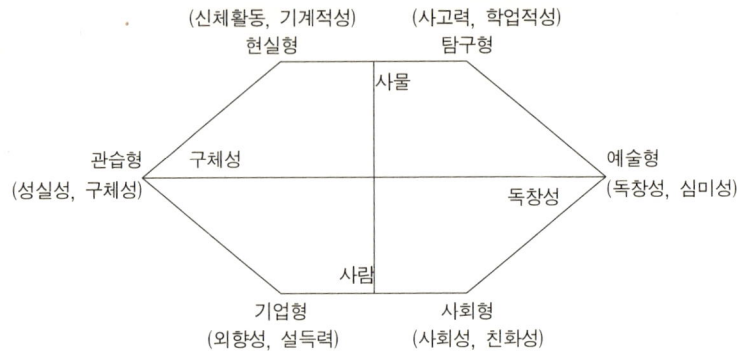

<그림 4-1> Holland 이론에서의 여섯 가지 유형(김충기, 1999)

③ 예술적 유형(artistic type)
　성격: 상상력이 풍부하고, 감수성이 강하며, 자유분방하고, 직관적인, 까다로운, 관념적인, 복잡한, 순응하지 않는, 즉흥적인, 감정이 풍부하고, 독창적이고, 개성이 강하고, 협동적이지 않다.
　적성: ㉮ 미술적·음악적 능력은 있으나, 사무적 기술은 부족하다. ㉯ 상징적·자유적·비체계적 능력은 있으나, 체계적·순서적인 능력은 부족하다.
　가치: 예술, 창의성, 재능, 변화, 자유, 개성
　대표적인 직업: 예술가, 작곡가, 음악가, 무대감독, 작가, 배우, 소설가, 미술가, 무용가, 디자이너

④ 사회적 유형(social type)
　성격: 사람들을 좋아하며, 어울리기 좋아하고, 친절하고, 이해심이 많으며, 우호적인, 사회성 있는, 외향적인, 관대한, 따뜻한, 재치 있는, 협동적인, 남을 잘 도와주고, 봉사적이며, 낙관적이고, 열성적이다.
　적성: ㉮ 사회적·교육적 지도력과 대인관계 능력은 있으나, 기계적·과학적 능력은 부족하다. ㉯ 기계적·체계적 능력이 부족하다.
　가치: 사랑, 평등, 헌신, 인간존중, 공익, 용서, 봉사
　대표적인 직업: 사회복지사, 교육자, 간호사, 유치원 교사, 종교지도자, 상담

가, 임상치료가, 언어치료사

⑤ 기업가 유형(enterprising type)
　　성격: 지배적이고, 지도력이 있으며, 말을 잘 하고, 설득적이고, 경쟁적이며, 모험심이 있는, 과시적인, 쾌락 추구의, 활기찬, 자신감 있는, 외향적이고, 낙관적이고, 열성적이다.
　　적성: ㉮ 적극적이고 사회적이며 지도력과 언어능력은 있으나, 과학적인 능력은 부족하다. ㉯ 대안에 대해 설득적인 능력은 있으나, 체계적 능력은 부족하다.
　　가치: 권력, 평등, 명예, 모험, 자유, 보상
　　대표적인 직업: 기업경영인, 정치가, 판사, 영업사원, 상품구매인, 보험회사원, 판매원, 관리자, 연출가

⑥ 관습적 유형(conventional type)
　　성격: 정확하고, 빈틈이 없고, 조심성이 있으며, 세밀하고, 계획성이 있으며, 보수적인, 관습적인, 절제된, 순응적인, 방어적인, 실천적인, 사무적인, 능률적인, 검소한, 질서정연한, 상상력이 없는, 방법적인, 완고하고, 책임감이 강하다.
　　적성: ㉮ 사무적이고 계산적이며 회계정리 능력은 있지만, 예술적・상상적 능력은 부족하다. ㉯ 체계적이고 정확성은 있으나, 탐구적・독창적 능력은 부족하다.
　　가치: 능률, 체계, 안전, 안정
　　대표적인 직업: 공인회계사, 경제분석가, 은행원, 세무사, 경리사원, 컴퓨터 프로그래머, 감사원, 안전관리사, 사서, 법무사

2. 경력발달의 각 단계별 이슈[2]

일반적으로 조직에서의 경력발달 단계는 개인이 조직에 들어와서 근무한 근속연수를 토대로, '초기 경력 시기', 중간관리자로서 발돋움할

---
[2] 아래의 설명들은 탁진국(1996a)의 내용을 요약・발췌한 것이다.

시기인 '중간 경력 시기', 임원진으로 승진하느냐 아니면 회사를 그만두느냐를 결정하게 되는 '후기 경력 시기'로 구분된다. 조직에서 몇 년간을 근무해야 중간 경력 또는 후기 경력에 포함되는지가 명확하지는 않지만, 특정한 경력발달 단계에 있는 개인들은 그 단계에 어느 정도 독특한 문제들을 직면하게 된다.

1) 초기 경력(early career)

새로운 조직에 처음 들어가서 빠른 시간 내에 적응하기 위해서는 자신의 일을 익히고 다른 구성원들과 원만한 관계를 구축하며 조직의 문화에 맞게 적응하는 노력이 중요하다. 또한 나름대로의 경력목표도 세우고, 이를 성취하기 위해서 필요한 노력이 무엇인지를 깨달을 필요가 있다. 한편, 조직의 입장에서는 신임 구성원들이 조직에 들어와서 믿고 의지하며 어려운 일을 상의할 수 있는 일종의 멘토 역할을 하는 사람을 연결시켜 주는 것도 중요하다.

최근의 연구 동향을 살펴보면, 초기 경력에서 성공을 경험하는 것이 매우 중요함을 강조하고 있다. Dreher와 Bretz(1991)가 156명의 관리직, 전문직 및 기술직 종업원을 대상으로 실시한 연구결과에 따르면, 초기 경력에서의 성공이 개인의 인지능력과 경력획득과의 관계를 조절하는 역할을 하는 것으로 나타났다. 즉, 초기에 성공을 경험한 사람은 그렇지 못한 사람에 비해서 인지능력이 뛰어날수록 높은 수준의 경력을 획득할 가능성이 큰 것으로 나타났다.

Cox와 Harquail(1991)은 초기 경력에서 성공을 거두는데 있어 남녀간에 어떠한 차이가 있는지를 알아보았다. 그 결과, 여성이 유사한 교육, 연령, 경험 및 수행수준을 가진 남성에 비해서 임금이 낮고, 승진 기회가 적고, 직급 수준이 낮은 것으로 나타나 초기 경력에서부터 차별 대우를 받고 있음이 밝혀졌다.

Martin과 Day(1994)는 성격 요인이 종업원의 초기 경력에 어떤 영향을 미치는지를 알아보았다. 5년 동안의 종단적 연구 결과, 자기검색 척도(self monitoring scale)3)에서 높은 점수를 받은 종업원은 낮은 점수를 받은 사람에 비해서 회사를 더 자주 바꾸고, 타 회사로 승진해서 가는 경우가 더 많은 것으로 나타났다. 또한 회사를 바꾸지 않은 종업원 가운데서 자기검색 정도가 높은 사람은 내부 승진을 더 많이 한 것으로 나타났다.

2) 중간 경력(middle career)

중간 경력에 관한 연구는 초기나 후기 경력에 비해 상대적으로 적은 편이다. 중간 경력 시기는 개인이 그 조직에서 머무르게 되는 전체 기간 중 대략 중간 정도에 해당된다. 이 시기에 있는 사람들 가운데 일부는 더 높은 지위로 승진하지만 많은 사람들은 승진하지 못하고 그 자리에 계속 머물러 있거나 아니면 퇴직해야만 하는 위험을 감수해야 한다. 특히 그 자리에 오래 머무를 경우 더 이상의 개인 발전을 기대하기 어려운 한계 수준에 도달할 수도 있다.

이러한 문제점을 해결하기 위해서 중간 경력 기간에 있는 사람들을 대상으로 한 경력상담은 이들의 경력목표를 재평가하고 자신을 파악하는 능력을 향상시키는데 중점을 둔다. 한 분야에서 오래 근무해서 자신의 일에 타성이 젖은 중간 관리자에게 새로운 활력소를 제공하기 위해서 직무순환제도 바람직한 경력발달 방법이라 할 수 있다. 다양한 분야의 다양한 직무를 경험함으로써 자신의 능력을 향상시킬 수 있을 것이

---

3) "자기검색 능력이 뛰어난 사람들은 상황에서 적절한 행위가 무엇인지에 신경 쓰고, 상대방의 행위나 반응에 주의를 기울이며, 자기의 인상관리에 능하고, 이러한 능력을 여러 상황에서 구사하며, 인상관리에 필요한 다양한 행동 레파토리를 지니고 있다. 반면에 자기검색 능력이 낮은 사람들은 상황의 요구나 상대방의 반응에 관심을 덜 갖고, 인상관리 능력도 떨어진다. 이들은 자신의 태도와 의견에 중심을 두기 때문에 행동과 태도 사이에 일관성이 높은 경향을 보인다"(한규석, 1995).

다.
　최근에는 중간 경력자들의 경력에 대한 관심사와 정신건강간의 관계에도 관심을 기울이고 있다. Buunk와 Janssen(1992)은 전문직에 종사하는 네덜란드인 248명을 연령별로 구분하여 경력에 대한 관심, 상대적 박탈감 및 정신건강을 비교·분석하였다. 중간 경력자 집단의 결과는 초기나 후기 경력 집단과 비교해서 의미 있는 차이가 없었다. 그러나 이들은 경력발달에 대한 욕구가 상대적으로 더 강했으며, 줄어든 직무기회와 변화하는 역할 정체성에 대해서 지나치게 집착했다. 그리고 이러한 집착은 건강을 해치고 직무불만족을 가져오는 것으로 나타났다.
　Stohs(1992)는 예술학교를 졸업한지 18년이 지난 남녀 예술가들의 직업을 조사하였다. 그 결과, 여성이 남성에 비해 경력의 불연속적 정도가 더 강했으며, 불연속적 경력을 가진 여성은 연속적 경력을 가진 여성에 비해 더 많은 자녀를 가지고 있었다.

3) 후기 경력(late career)
　오랜 기간에 걸쳐 조직에 근무한 사람들은 계속적으로 승진하여 임원급과 같이 높은 지위에 도달한 소수와 승진하지 못한 채 그 조직에 계속 머물러 있는 다수의 사람들로 구성되어 있다. 이 때, 능력이 뛰어난 일부 사람들을 CEO 후계 대상자로 지목하여, 이들로 하여금 조직 전반에 걸쳐 리더십을 발휘하도록 훈련시키는 후계 계획(succession planning)이라는 경력발달 프로그램이 제시된 바 있으나, 이 분야에 관한 연구는 아직 많이 부족한 실정이다.
　이 밖에, 나이가 든 구성원들의 주요 관심사가 될 수 있는 내용으로는 조기 퇴직(early retirement)에 대한 보상을 들 수 있다. 조기 퇴직은 더 나이가 들어 직장에서 해고당하는 정신적 고통을 피하고, 보다 젊은 사람들에게 새로운 자리를 양보한다는 취지 하에 도입된 제도로서, 조기 퇴직에 따른 보상을 주는 것이 보편적이다. 최근 국내에서도 조기 퇴직 제도를 도입해서 실시하고 있는 조직이 늘고 있는 추세이다.

은퇴전 프로그램(preretirement/outplacement program)에 대한 관심은 1970년대 말부터 시작되었는데, 적어도 은퇴 예정 약 1년 전부터 주로 워크샵을 통해서 프로그램을 진행한다. 워크샵의 내용은 주로 조직 구성원들이 은퇴에 따른 준비를 하면서 직면하게 되는 생활 및 경력에 따른 문제들을 이해하는데 도움을 제공하는 방향으로 그 초점을 두고 있으며, 다루는 주제는 건강, 재정, 안전, 주택, 제2의 경력, 여가 활용 등이다.

아마도 현재 우리 나라 직장인들의 가장 큰 고민 역시 퇴직 문제일 것이다. 언제 "열심히 일한 당신, 떠나라"할지 모르는 상황이다. 그래서 떠도는 속어가 '사오정'(45세 정년)이다. 위에서 눌리고 밑에서 치이다 보면 마흔 중반을 넘기기가 어렵다는 현실을 반영하고 있는 말이다. 이러한 사정에 따라, 우리 나라 역시 이러한 은퇴전 프로그램들을 적지 않은 기업에서 도입하려고 했으나 IMF를 전후로 거의 사라지고, 제대로 실시하고 있는 곳은 아직까지 드문 실정이다(신광식, 2002).

4) 경력발달의 장애 요인들

초기 경력 시기에 있는 사람들이 경력발달 과정에서 가장 힘들어하는 문제는 무엇일까? 탁진국(1996b)은 15개 조직에 속한 138명을 대상으로, 조직에서 자신의 경력을 쌓아 가는데 장애가 된다고 지각하는 요인이 무엇인지를 알아보았는데, 사람들이 경력발달의 걸림돌로 지각한 사항들의 순서는 다음과 같다.

① 회사정책: 회사의 승진체계, 임금제도, 인사이동, 인사고과, 조직개편, 복지시설 등의 문제로 인한 어려움
② 대인관계: 상사, 동료 및 고객관계에서 협조가 잘 되지 않아 겪는 어려움

③ 업무특성: 업무의 단순함, 업무과다, 업무의 자율성, 지속성, 명확성 등의 부족으로 인한 어려움
④ 성격: 자신의 소극성, 자신감 결여, 성취욕구 결여, 나태함, 책임의식 결여 등 성격 특성으로 인한 어려움
⑤ 능력, 적성 및 흥미: 자신의 능력(어학실력, 분석력, 합리적 사고력 등) 부족, 일에 대한 적성 또는 흥미가 없기 때문에 겪는 어려움
⑥ 회사분위기 및 조직문화: 회사분위기가 관료적, 권위주의적이거나 공동체의식 부족으로 인한 어려움
⑦ 성차별: 여성에 대한 승진, 인사 등에서의 차별
⑧ 교육 기회의 부족: 회사가 제공하는 교육 및 훈련이 부족함
⑨ 직업의식 결여: 동기 부족, 애사심 부족, 직무 불만족 등
⑩ 장래에 대한 불안정: 직장의 미래에 대한 불안

위의 요인들을 살펴보면, 회사정책이나 업무와 같은 개인 외적 요인들 뿐만 아니라, 성격이나 능력 등의 개인 내적 요인들도 다수 포함되어 있다. 아직까지 직업 세계에 본격적으로 진입하지 않은 대학생들의 입장에서는 경력발달에 대한 준비과정에서 이러한 요인들을 참고할 필요가 있을 것이다. 즉 '자신에게 맞는' 직업선택의 중요성이 다시 한번 강조되는 것이다.

5) 경력발달에서 우연의 문제
일반적인 경력발달 이론들은 크게 보아 ① 자기이해의 과정, ② 직업의 특성에 대한 이해, ③ 자신의 특성과 직업의 특성을 합리적으로 연계시키는 과정 등의 세 요소들을 지니고 있으며, 모두 규범적인 (normative) 이론이라는 공통점을 갖고 있다(송병국·이채식, 1997). 그러나, 경력발달 과정을 설명하기 위해 제시된 규범적인 이론들이 한 편으로는 합리적인 의사결정 과정의 중요성을 시사하기도 하지만, 예기

치 않았던 인생의 여러 사건들이나 개인에게 특별히 영향을 미치는 중요한 타인에 대해서는 전혀 고려하고 있지 않다는 지적이 있다 (Bandura, 1982). 심지어 진로 의사결정에 관한 완벽한 인과모형을 만들어 내기 위하여, 의도적으로 우연적인 요소나 사건의 영향을 무시하거나 부분적으로 최소화하고 있다는 비판을 받기도 한다(Seligman, 1981).

우연4)적인 요소나 사건이 개인의 경력발달에 영향을 미친다는 주장은 정도의 차이는 있을지언정, 전생애 발달심리학적 관점을 취하고 있는 학자들 사이에서는 일반적으로 공유되는 사실 중의 하나이다. 실제로 우리 주변에서도 취업 문제로 고민하던 사람이 우연한 만남이나 소개, 예기치 않은 타인의 도움 등으로 직장을 얻게 되는 경우 뿐만 아니라, 기성 직장인들에게도 자주 발생하는 우연을 통한 극적인 반전(反轉)에 관한 이야기를 흔히 들을 수 있다.

그렇다면 다음 문제는 우연에 대해 우리가 할 수 있는 게 별로 없다고 느끼는 일종의 무력감이다. 왜냐하면 사람들은 자신의 인생에 대해 스스로 통제한다고 믿고 있으며 그러한 통제에 문제가 생길 경우 상당한 심리적 불안을 느끼게 되는데, '우연'이라는 단어는 그 의미상 '통제 불능'을 암시하기 때문이다.

이러한 딜레마에 대해서 Bandura(1982)는 "우연은 준비되어 있는 마음을 선호한다"는 Pasteur의 명언을 언급하면서, 우연에 대해 '잠재적인 영향의 선택적인 실천'이라는 색다른 정의를 내린다. 그 예로서, 학생들이 수업에 참석하지 않는 한, 교수는 학생들에게 영향을 줄 수 없으며, 사람들에게 읽혀지지 않는 한, 책은 사람들에게 영향을 줄 수 없다고 Bandura는 주장한다.

---

4) 여기에서 우연(chance)이란 개인이 통제할 수 없는 기회, 만남, 사건 등을 모두 일컫는다.

이제 경력발달에서 우연의 문제에 대해 정리해 보자. 첫째, 개인의 인생에서 우연한 기회는 피할 수 없는 것이며, 이는 경력발달 과정에서도 중요한 역할을 한다. 둘째, 개인의 경력발달은 합리적인 계획과 우연적인 요소의 상호작용에 따라 이루어진다. 셋째, 우연한 만남이나 사건이 개인의 경력발달에 미치는 영향은 그것이 발생한 시기와 상황에 좌우된다. 넷째, 개인이 우연한 기회를 통제할 수 있는 능력은 물론 천차만별이다. 그러한 능력은 개인의 여러 가지 심리사회적 특성들(내외 통제 성향, 행동양식, 자아개념 등)에 의하여 영향을 받는다(송병국·이채식, 1997).

준비된 자에게 복이 오나니….

3. 일 잘하는 사람 vs 일 못하는 사람

다음으로 일과 관련해서 堀場雅夫(호리바 마사오)가 제시한 흥미로운 비교를 살펴보자. 그는 세계 최고의 정밀측정기기 생산업체인 호리바 제작소의 창업자이자, 일본 최초의 벤처사업가로 불리는 사람이다. 최근 그가 쓴 『일 잘하는 사람, 일 못하는 사람』(2000)이란 책이 화제가 되었는데, 그 이유는 일반적으로 사람들이 직장인의 상식이라고 믿고 있는 덕목들을 철저히 부정하면서, 과거 일본인의 직업관과는 완전히 다른 유형을 제시하고 있기 때문이다.

그는 옛날처럼 단지 '열심히 일하라', '최선을 다하라'는 이야기는 더이상 통용되지 않는다면서, "노력만으로 평가받는 시대는 끝났으며, 어제의 성공이 오늘의 실패를 낳을 수 있는 시대이기 때문에 과거의 상식과 행동방식은 버려야 한다"고 주장한다. "요즘 성공하는 사람들의 공통된 특징은 장점이든 단점이든 자신만의 무기를 강력하게 살려 가는 사람"이라는 그의 강변은 주목할만하다.

그가 보기에, 21세기에 살아남을 수 있는 유능한 사원은 개개인이 회사를 중심으로 일체화된 세포와 같은 존재가 아니라, 회사보다는 자신을 우선시하는 톡톡 튀는 개성 있는 사원이라고 잘라 말하고 있다. 그가 비교한 '일 잘하는 사람과 일 못하는 사람의 특성'이 <표 4-4>에 나와 있으니, 한번 자신의 모습과 비교해 보기 바란다.

<표 4-4> 일 잘하는 사람 vs 일 못하는 사람(堀場雅夫, 2000)

	일 잘하는 사람	일 못하는 사람
성격	결론 도출이 빠르다 가능성이 낮은데 도전한다 허풍이 세고, 모든 일에 입을 댄다 조금의 성공으로는 만족하지 않는다 사람을 구분하지 않고 만난다	결점을 고치려고 노력한다 좋은 사람이라고 불리며 적이 없다 돌다리도 두드리고 건넌다 감정표현이 없다 모든 일은 자신이 한다
능력	치밀하게 계획을 세운다 장단점이 확실하다 시류를 읽는 것이 빠르다 아이디어가 끊임없다	상사의 마음을 읽지 못한다 시간을 잘 활용하지 못한다 여사원에게 인기가 없다 흥미가 아니고 노력으로 일한다
노력	윗사람과 자주 만나려고 한다 정보수집에 열심이다 인맥을 잘 만든다	그늘진 곳에서 진력을 다한다 별일도 없는데 빨리 출근한다 밸런스 감각을 중시한다
습관	자기 업적을 과장해서 말한다 접대를 받으면 반드시 갚는다 반대의견에는 철저히 논쟁한다	네 일 내 일을 구분한다 사내 정보통으로 통한다 무슨 일이 있으면 회의를 연다
발언	철저히 '모난 돌'이 된다 권리는 반드시 찾아 먹는다	설명을 잘 못한다 지시를 받고 질문을 많이 많다
태도	부하를 신뢰한다 언제나 중요한 부서만 희망한다 '전부 내 공'이라고 주장한다	부하를 꾸중하지 않는다 자기가 입안한 일만 열심히 한다 상사에 칭찬에 일희일비한다
사고 방식	문제발생 즉시 상사에게 보고한다 실패의 원인을 분석한다	잔업을 당연히 생각한다 동료의식이 강하다
가치관	용꼬리보다 닭 머리가 되길 원한다 출세 욕망을 숨기지 않는다	자신의 월급을 타사와 비교한다 애사정신을 강조한다

끝으로, 전문가들이 추천하는 직업선택 및 직업전환의 지침(DOT21, 2001)이 있어서 첨부한다. 한번쯤 시간을 내서 꼼꼼히 읽고 생각해 보

기 바란다.

① 메가트렌드를 쫓지 말고 자신만이 차별화할 수 있는 직업을 찾아라. 가장 중요하게 고려할 점은 누구나 전망 있다고 믿는 직업보다 '자신만이 차별화할 수 있는 직업'을 선택해야 한다는 것이다.

② 현재 자신의 직무에 정보기술이 적용되었을 때, 가장 높은 경쟁력을 확보할 수 있는 직업으로 전환을 고려해야 한다. 현재 직무와 무관한 전환은 위험이 높다.

③ 정보 수집, 특히 해외정보 수집에 많은 노력을 기울여야 한다. 국내 시장뿐 아니라 해외 시장에서 해당 직업에 대한 전망을 탐색해 보아야 한다. 현재 국내에서는 전망 있는 직업이지만 정보기술이 앞선 국가에서는 사양직업이라면 다시 한번 고려해볼 필요가 있다.

④ 직업전환도 일종의 투자다. 기업에게만 투자위험이 있는 게 아니라 개인, 특히 직업전환을 시도하는 개인에게도 투자위험이 존재한다.

⑤ 장기적 시각을 가져야 한다. 직업전환은 짧은 기간 동안의 학습으로 이루어지는 것이 아니다. 장기 비전을 갖고 현재 직무를 유지하면서도 집중력 있는 학습이 필요하다.

⑥ 대중매체에서 소위 '유망직업'으로 소개되는 직업은 이미 차별화되기 어려운 분야일 수 있으므로 선택에 주의해야 한다. 대중매체에서 소개하는 인기직업은 이제 시작하기에는 이미 늦어버린 경우가 많다.

⑦ 틈새시장을 찾아라. 기업만이 틈새시장, 틈새상품을 찾는 것이 아니다. 개인도 직업선택에서 숨어 있는 직종을 찾아야 한다.

⑧ 흥미와 적성을 고려하라. 아무리 인기 있는 유망직업도 흥미가 없고 적성이 맞지 않으면 직업이 생활의 즐거움으로 연결되기 어렵다.

⑨ 직업전환시 실무교육은 필수다. 직업전환에는 적극성이 필요하다. 머리로만 생각하지 말고 행동으로 옮겨야 한다.

⑩ 어학능력은 필수다. 기업의 외부환경은 점점 더 세계화되고 있다. 어떤 직업에서도 어학능력 없이는 세계와 경쟁할 수 없다.

제3절 경력발달의 한 예: 교수

이제 직업과 경력발달에 대한 장을 마무리하면서, 하나의 사례로서 대학교수라는 직업에 대해 탐색해 보자. 대학 강의를 하다 보면, 많은 학생들이 장래 직업으로 교수를 희망하고 있음을 알 수 있다. 그리고 실제로 많은 학생들이 대학원에 진학하거나 유학을 떠나고 있다. 하지만 그들 중 상당한 비율이 중도에 포기하거나, 혹은 교수라는 경력발달의 현실에 대해 박사학위를 받을 때까지도 무지한 채로 있다가 크게 고생하는 경우를 보게 된다.

이 장은 교수라는 경력발달[5]에서 나타나는 이러한 시행착오에 대한 일종의 가이드이다. 물론 아래에서 언급될 내용들은 개인이나 전공분야 등에 따라 차이가 있을 수 있으며, 교수의 경력발달에 관한 모든 내용을 포괄하는 것은 아니다.[6] 우리는 단지 현실에 대한 몇몇 자료들을 나열해 가면서 간단한 설명만 덧붙일 것이다.

이러한 논의가 교수라는 경력선택을 평가절하하거나, 아니면 부당하게 과대평가하기 위한 것은 아니다. 또한 우리의 논의는 현재 상황을 막연히 비난하거나 혹은 현실에 대한 맹목적인 적응을 부추기고자 하는 것도 아니다.

다만 우리는 교수의 경력발달을 한 예로 제시함으로써, 한 사회의

---

5) 교수라는 직업과 상관없이, '공부가 좋아서 평생 공부만 하고 싶은' 경우는 아래의 논의에서 제외된다.
6) 아래에서 유학 문제 역시 언급되지 않을 것인데, 왜냐하면 유학 문제에는 너무나 많은 변수가 개입하기 때문이다. 하지만 다음과 같은 진술은 참고하라. "제대로 공부하려면 유학 가라는 이야기가 많다. 외국 대학의 수준이 이 곳보다 나은 것도 이유겠지만, 그보다 더 큰 것은 학생복지 수당, 장학금 혜택 등으로 오히려 국내보다 돈 걱정 안하고 공부할 수 있으며, 프로젝트나 잡무에 시달리지 않아도 되기 때문이다. 그리고 도서관 시설이 잘 돼 있어 책을 구하기 위해 이리저리 뛰어다니지 않아도 된다. 유학은 공부를 하기 위한 탈출이다"(한겨레 21, 1996).

직업이라는 것이 여러 사회문화적 특성들을 반영하고 있음을 보여주고자 한다. 또 한편 이러한 논의를 통해 직업에 대해 가지는 환상과 같은 인식을 조금이라도 분석해 보고, 경력선택에 있어서 현실적이고 실제적인 판단과 평가를 하는데 기여하고자 하는 것이다. 그래서 결국 우리가 원하는 것은 '자신에게 맞는' 합리적인 선택일 뿐이다.

1. 2006년, 박사대란이 온다

"일부 학문분야의 박사는 앞으로 20년이 지나도 취업할 가능성이 희박하다." 스포츠신문의 선정적 기사 제목이 아니다. 이는 바로 우리 나라에서 대학정책을 총괄하고 있는 교육인적자원부 담당 관료의 입에서 나온 말이다(교수신문, 2001). 가히 충격적이다.

박사실업 문제에 대해서는 한국직업능력개발원에서 나온 『학문분야별 고급인력 수급전망에 관한 연구』(진미석·장창원·임언·김영화, 2000)라는 보고서에 적나라하게 서술되어 있다. 보고서에 따르면, 지금까지 적체된 박사규모와 앞으로 양성될 박사규모를 감안한 '박사공급'과 향후 6년간 대학과 각종 부설연구소, 산업체에서 수용가능한 '박사수요'를 비교해 볼 때, 박사실업 문제는 시간이 갈수록 심화되면 됐지 감소하지는 않을 것이라고 한다.

보다 구체적으로, 2006년까지 취업을 해야 하는 박사인력은 (적체된 사람까지 포함해서) 53,584명, 그러나 박사수요는 26,521명 밖에 되지 않는다. 따라서 보고서는 "특단의 조치가 있지 않는 한, 올해 대학원 입학자들이 졸업하는 2006년경에 박사실업 대란은 불가피하다"고 결론 내리고 있다.

또한 각종 교육통계와 정부출연·민간연구소의 박사채용 규모를 토대로 2000년 현재까지 미취업상태인 박사 수를 학문분야별로 추정한 결과, 인문계열 4,638명(실업률 54.4%), 사회계열 2,798명(31.7%), 이학계열 3,149명(41.8%), 공학계열 2,869명(18.0%)이 과거 10년 내에 박사학위를 받고도 정규직에 취업하지 못하고 있다고 보고했다. 이러한 박사실업률은 오는 2006년이 되면, 인문계열이 가장 높은 62.2%, 이학계열이 56.0%, 사회계열은 45.3%, 공학계열은 44.1%로 높아질 것으로 분석되었다.

앞서 중앙고용정보원(2002)의 직업지도에서도 보았듯이, 박사학위를 받기까지는 무려 20년이 넘는 시간이 소요된다. 그런데 박사학위를 받고 나서 두 명 중에 한 명은 실업자가 된다는 것이다. 실제로 지난 1998~2000년에 서울대, 연세대, 고려대 등 21개 주요 대학에서 배출된 박사 3,917명의 경우, 남성의 35.1%, 여성의 66%가 취업하지 못한 것으로 나타났다(동아일보, 2001a).

<표 4-5> 연도별 박사학위자 배출 현황(동아일보, 2001a)

	남성 박사			여성 박사		
	전체	국내학위	국외학위	전체	국내학위	국외학위
1980년	780	610	170	50	24	26
1985년	1,522	1,209	313	182	138	44
1990년	2,994	2,151	843	461	330	131
1995년	4,634	3,415	1,219	919	692	227
1996년	4,975	3,723	1,252	1,018	739	279
1997년	5,228	3,899	1,329	1,153	893	260
1998년	5,239	4,008	1,231	1,258	991	267
1999년	5,520	4,442	1,078	1,378	1,144	234
2000년	5,661	4,889	772	1,503	1,264	239

어디에서 문제가 시작된 것일까? 우선 박사학위자의 숫자가 매우 많아졌다는 사실을 지적할 수 있다. 위의 <표 4-5>는 극적인 증가를 잘 보여주고 있다. 남성 박사는 1980년 780명에서 2000년 5,661명으로 7.3배 늘었고, 이 가운데 국내 박사는 8배 증가했다. 여성 박사는 1980년 불과 50명에서 2000년 1,503명으로 30배나 늘었고, 이 가운데 국내 박사는 52배나 증가했다. 여성 박사는 연평균 22%, 남성 박사는 11%씩 증가한 셈이다.

그런데 이러한 박사학위자의 증가가 한국 사회의 학력수준이 전반적으로 상승함에 따라 자연스럽게 나타난 현상이라기보다는, 정부의 대학원 정원 정책이 박사에 대한 실제 수요를 고려하지 않고 양적인 팽창만을 부추겨 왔기 때문이라는 해석이 있다. 실제로 1990년 303개 대학원에 대학원생 87,163명이던 국내 대학원의 규모가, 1995년에는 427개 대학원에 113,836명으로 80% 가까이 확대됐고, 2000년에는 829개 대학원에 229,439명으로 급증했다. 이러한 대학원의 양적 팽창이 결국 박사실업 사태로 이어지고 있다는 것이다(교수신문, 2001).

2. 박사와 교수, 그 과정과 결과

여기에서는 먼저 박사학위를 받기까지 어떤 일이 벌어지는지 여러 가지 측면에서 살펴보고, 그 다음 교수라는 직업에 대해 수입 중심으로 확인해 보도록 하자.

<표 4-6>은 박사학위를 받기까지 소요되는 기간, 비용 등의 기초 자료에 대한 개관이다. 표에서 언급된 (박사학위 취득에 필요한) 소요 경비에는 등록금, 책값, 논문심사비 등 직접 경비 만이 포함된 것이며, 여기에 취업을 유보한 기회비용과 생활비 등을 합치면 1억 4000만원 이상 드는 것으로 추산되었다. 그렇다면 박사학위 취득에 필요한 이 많은 돈을 사람들은 어떻게 해결했을까? <표 4-7>을 보면, 주로 장학금,

부모님의 지원, 과정 중의 취업을 통한 것으로 나타난다.
　아무튼 이렇게 힘들게 해서, 박사가 되었다고 하자. 한국 사회에서 박사학위는 지식수준을 나타내는 징표 이상의 의미를 가지며, 사회적 지위와 권력성취의 통로가 되어 왔음을 부인할 사람은 그다지 많지 않다. 지식인의 역할에 거는 사회적 기대가 높은 만큼 그들에 대한 사회적 보상도 크기 때문이다. 그런데, 박사들이 실업자의 대열에 끼는 기이한 현상이 만연하고 있다. 이 현상에 대해 김용학·서병훈·송호근·염재호(1993)는 사회과학 분야의 박사실업자 280여 명을 대상으로 종합적인 조사를 실시한 바 있는데, 그 중에서 아직 교수가 되지 못한 박사실업자의 일주일 시간표가 <표 4-8>에 제시되어 있다. 나머지 다른 결과에 대해서는 각자 확인해 보기 바란다.

　이 모든 과정을 넘어서, 꿈에 그리던 교수가 되었다고 치자. 그 생활은 수입 면에서 어떨까? 서울 시내의 모 사립대학교가 급여체계를 개선하기 위한 참고용으로 작성했다고 하는 자료(신동아, 2001b)에 따르면, 초임이 가장 높은 대학은 고려대로 연 3,965만원이며, 숭실대(3,813만원), 광운대(3,758만원), 서강대(3,702만원)가 그 뒤를 따르고 있다. 재직기간 10년차 기준으로는 고려대(5,326만원), 이화여대(5,246만원), 성신여대(5,165만원), 숭실대(5,153만원), 연세대(5,081만원) 순이고, 정교수에 해당하는 30년차 기준으로는 연세대(8,136만원)가 고려대(7,591만원)를 제치고 가장 많은 급여를 지급한다고 한다.
　서울대 교수협의회에 따르면, 서울대 교수의 급여는 1999년 기준으로 전임강사 2년차 2,760만원, 조교수 2년차 3,128만원, 부교수 2년차 3,544만원, 정교수 2년차 4,159만원이다. 그런데 전임강사 또래인 35세 의사 연봉은 6,400만원, 조교수 2년차에 해당하는 38세 회계사의 연봉은 8,300만원, 부교수 2년차에 해당하는 48세 변호사의 연봉은 1억 3,500만원에 이른다고 한다(신동아, 2001b).

<표 4-6> 남녀 박사 학위자 비교(동아일보, 2001b)

	남성	여성
학위 취득 기간	62.0 개월	65.7 개월
학위 취득 나이	35.2 세	34.1 세
직접 소요 경비	2,422 만원	2,428 만원
강사 연간 소득	956 만원	866 만원
정규직 취업 소요기간	14.9 개월	21.4 개월
미혼율	11.4 %	41.7 %
희망 직업	교수 (88%)	교수 (86%)

<표 4-7> 박사학위 소요경비 조달 방법(동아일보, 2001b)

조달 방법	남성	여성	전체
장학금	32.5 %	32.6 %	32.7 %
부모님의 지원	25.1 %	29.7 %	26.2 %
배우자의 지원	8.6 %	7.8 %	8.3 %
학위과정 이전의 저축	6.3 %	6.3 %	6.3 %
과정 중의 취업	22.7 %	19.0 %	21.9 %
직장 지원	4.3 %	4.7 %	4.3 %

<표 4-8> 주당 시간 배분표: 국내박사와 외국박사 대비

활동 분야	국내박사	외국박사	평균
강의 시간	11.2	11.0	11.1
강의 준비	16.6	15.3	15.9
학생 면담	2.0	1.4	1.7
개인 연구	17.7	12.9	14.9
연구회, 학회	3.9	3.3	3.6
사교 모임	3.2	3.8	3.6
연구·행정 보조	5.2	4.6	4.9
가사	9.1	10.0	9.6
기타	10.1	10.2	10.1
계	79.0	72.5	76.4

초임 기준으로 볼 때, 서울지역 사립대 중에도 급여가 가장 높은 대학과 낮은 대학 사이에는 그 차이가 1,000만원을 넘고, 일부 대학의 20년차 급여가 다른 대학의 10년차 임금과 비슷한 경우도 있다. 또한 국·공립대 교수의 연봉은 급여가 괜찮은 사립대의 60~70% 수준이다. 일반적으로 재직 5년의 국립대 교수가 일부 사립대 교수의 초봉보다 적다고 보면 된다고 한다.

물론 교수라는 경력발달에서 연봉이 차지하는 비중은 다른 직업들에 비해 상대적으로 낮을 것이다. 또한 학자와 교육자로서 가지는 보람, 자기 생활에 대한 독립성 등은 다른 어떤 직업과도 비교할 수 없는 교수만의 매력이기도 하다. 하지만 그런 모든 장점들을 고려한다고 해도, 현실의 언덕은 너무나 가파르다.

끝으로 교수라는 경력발달에서 반드시 짚고 넘어가야 할 또하나의 문제는 바로 '여성 박사'이다. 2000년 기준으로, 국내 대학에서 여성교수의 비율은 15.6%(국립대는 9% 수준)에 불과하다(한겨레21, 2001). 하지만 국내외에서 교수가 되고자 공부하고 있는 여성들의 비율도 전체의 15.6%에 불과할까? 이는 대단한 불일치이다.

교육인적자원부가 한국직업능력개발원에 의뢰해 연구·발표한 『여성 고급인적자원의 활용 실태 및 개선 방안 연구』(진미석·임언·민무숙, 2000)에 따르면, 해방 이후에 배출된 한국인 박사는 모두 90,000여명이고, 이 가운데 여성박사는 12,500여명으로 전체의 13.7%를 차지하고 있다. 그런데 그 중에서 절반 정도는 대학교수(42.5%), 자영업(9.6%), 연구소(3.4%) 등에 취업했지만, 나머지 44.5%의 여성박사는 시간강사를 전전하거나 취업을 포기한 것으로 조사됐다.

특히 가장 왕성하게 연구활동을 할 수 있는, 박사학위 취득 이후 3년 이내의 미취업 실태를 보면, 1998년 배출된 여성박사의 62.3%, 1999년 66%, 2000년에는 73.3%가 취업이 되지 않았다고 한다. 이렇듯 여성박사의 미취업률이 높은 것에 대해, 진미석 등(2000)은 전공분야의 편중과 성차별에 기인한다고 분석했다. 여성박사의 전공분야는 1998년에 인문계열 22.4%, 사회계열 15.3%. 이학계열 13.5%, 공학계열 4.3%, 의약학 22.2%, 기타 22.4% 등으로, 인문·사회계열이 전체의 37.7%를 차지하고 있다. 더군다나 외국에서 학위를 받은 여성박사의 경우, 인문계열 전공자가 급증해 2000년에는 무려 62.4%였다는 사실은 여학생의 경력선택에서 결코 무시할 수 없는 정보이다.

앞서 한국직업능력개발원에서 나온 두 보고서의 책임연구자였던, 여성박사 사례를 확인해 보면서 논의를 마무리하자.

한국직업능력개발원 직업진로정보센터 소장 진미석 씨. 그는 1983년 서울대에서 석사학위를 받고 미국으로 건너가, 1988년에 명문 하버드대학에서 교육학 박사학위를 받았다. 그런 그도 오늘의 자리를 얻기까지는 무려 9년 가까운 세월이 흘러야만 했다.

미국 유학생활을 마치고 한국에 돌아온 그는 1988년 당시 직장을 구하는 것이 그렇게 어려울까 싶었다. 그러나 그건 순진한 그의 착각이었을 뿐이었다. 그는 서울지역 대학에 수 차례 응시했지만 번번이 쓴잔을 들이켜야만 했다. 아무래도 수도권은 좀 무리다 싶어, 나중에는 지방도 마다하지 않고 응시했다.

그러나 결과는 똑같았다. 국책 연구원 등 갈만한 다른 직장도 마침 불어닥친 경제위기 상황으로 그를 받아들이지 않았다. 그는 이런 현실이 모든 박사들의 공통된 수난이니 당연히 감수해야 할 것으로 여겼다. 그런데 그에 비해서 남자 선후배 동료들은 ―역시 쉽진 않았지만― 어쨌든 몇 년 고생하다가도 나중에는 연구소나 대학 등으로 비집고 들어가는 것이었다. 그들과 그는 처지가 달랐던 것이다. 진 박사는 그제야 숱한 면접과 응시의 나날을 되새겨 보았다. 그리고 결국 그는 근본적으로 보이지 않는 큰 장벽이 그를 가로막고 있었던 것을 절실하게 느껴야만 했다.

그나마 진 박사는 스스로 자신이 다행인 편이라고 생각한다. 그는 1996년 말 미국 위스콘신대학에서 진로지도를 새롭게 공부하던 중, 이듬해 한국직업능력개발원이 발족하면서 취업을 할 수 있었던 것이다(한겨레21, 2001).

지금까지의 논의를 종합해 볼 때, 교수라는 직업을 자신의 경력으로 개발하는 것은 결코 쉬운 일이 아닌 듯 하다. 무엇보다도 그 경쟁률이 만만치 않다. 또한, 시간적·경제적으로 감내하고 감당하기가 버거워보인다. 그렇다고 해서 교수라는 직업이 적어도 수입 면에서는 그다지 매력적으로 보이지는 않는다. 이런 상황에서도 교수가 되고 싶은 사람, 그리고 교수로서 성공할 수 있는 사람, 그들은 아마도 '천부적으로 타고난 사람들'이 아닐까?

　진미석(동아일보, 2001b)은 우리 사회에서 진로에 대한 교육이 거의 이뤄지지 않아서, 너무나 막연하게 자신의 전공이나 경력을 선택하는 경향이 있다고 한탄한 바 있다. 이 장은 그러한 지적에 대한 조그만 응답일 뿐이다.

명예 퇴직 (홍윤표, 1998)

보론 4: 정리해고의 사회학 (세이노)7)

<해설> 우리가 '세이노'(필명, sayno@korea.com)라는 이름을 처음 접한 것은 2001년 동아일보에 연재되던 '세이노의 부자아빠 만들기', '세이노의 돈과 인생' 칼럼을 통해서이다. 필명의 의미 만큼이나 직설적인 주장과 글의 내공이 예사롭지 않았다. 그에 대해 모르는 사람들을 위해 동아일보에 실렸던 프로필을 인용한다.

> 1955년 생으로 5년간 연평균 10억원을 소득세로 냈다. 가난 때문에 고교를 4년만에 졸업했고, 이를 비관해 3차례나 자살을 시도했다. 고교 3학년 때부터 사업을 시작해 광고대행업과 입시영어학원, 의류업, 요식업, 정보·컴퓨터 유통업 등에 손댔다. 평균 3년마다 주력 업종을 바꿨다. 사업상 지금까지 70여 개국을 여행했다. 사업 이외에 개인적으로 굴리는 순수 투자자금은 100억원에 이른다. 주식 및 부동산 투자로 돈을 벌었다. 사업과 투자를 위해, 국내 종합지와 경제주간지 3종씩을 구독하고, 해외 경제지 2종, 해외잡지 3종을 읽고 있다. 연평균 독서량은 25권 정도.

학술적이고 추상적인 직업이나 경력 얘기가 아니고, 실제 조직에서 일어나는 구체적인 문제들에 대해 예리하게 서술되어 있기에, 이 장의 보론으로 선택했다. 물론 사람에 따라서는 그의 주장에 동의하지 않을 수도 있겠지만, 필자의 생각에는 단점보다 배울 점이 더 많이 눈에 띈다.

보론에 나와 있는 '세이노의 직장인 능력 평가 설문지'도 꼭 직접 해보기 바란다. 많은 것을 느낄 수 있으리라. (♠)

---

7) 귀중한 글의 전재(全載)를 허락해 주신 세이노 선생님께 진심으로 감사드립니다. 출처: 세이노 (2001). 정리해고의 사회학: 전쟁터에서 휴머니즘 찾지 마라. 신동아, 2001년 2월호. 동아일보사.

오래 전에 부동산 경매로 부를 늘리기 시작했을 때 어떤 이가 이렇게 조언했다. "경매 물건에는 가진 것 없는 사람들의 한이 서려 있다. 뭔가 잘해보려고 하다가 일이 잘못되어 담보로 잡힌 물건을 날리게 됐기 때문이다. 불행해진 사람들의 사정을 이용해 돈을 벌려는 것은 재고해봐야 하지 않겠나?" 틀린 말은 아니었다. 경매물건 중에는 입주자가 어이없이 전세금을 날리고 거리로 나앉게 된 경우가 많다. 그들을 생각하면 경매에 참여하는 것이 인간으로서 할 도리가 아닌 듯싶다. 하지만 담보를 받고 돈을 빌려준 사람을 생각하면 그 담보는 당연히 처리돼야 하는 물건이다. 윤리게임을 해본 적이 있는가. 늦은 밤 어느 약국에 강도가 들어왔다가 약사에게 발각돼 격투가 벌어졌다. 약사는 칼에 찔려 죽고 강도는 붙잡혔다. 당연히 당신은 강도가 나쁘다고 생각할 것이다.

1. 윤리 게임과 경제 원리

그런데 다음날 신문에 이런 기사가 보도됐다. 그 약사는 불치병 특효약을 발명한 사람이고 강도는 찢어지게 가난한 사람인데, 강도의 아내는 그 불치병으로 죽어가고 있다. 그는 전 재산을 팔아 100만원을 들고 약을 사러 갔으나 약사는 1000만원을 주지 않으면 절대로 안 판다고 했다. 그래서 결국 밤에 약을 훔치려고 들어왔다가 약사에게 들켰고 싸움이 벌어져 엉겁결에 살인을 하게 된 것이다. 자, 이제는 누가 나쁜 놈인가. 의견을 말하기가 망설여지는가.

이번에는 그 다음날 신문에 또 다른 기사가 나왔다. 그 약사는 특효약을 발명하기 위해 전 재산을 바쳤으며, 그 때문에 아이들을 학교에도 보내지 못했고 이혼까지 당했다. 그런데 그 불치병은 1000만 명에 한 명꼴로 걸리는 병이라 특효약이라 해도 많이 팔릴 수는 없으며, 약사가 요구한 1000만원은 그가 투자한 시간과 비용을 생각하면 너무나도 미미한 금액이었다. 당장 아이들을 학교에 보내려고 해도 그 정도의 돈은 필요했다. 자, 과연 누가 나쁜 사람인가? 누구도 이런 윤리게임에서 자신 있게 '나쁜 놈'을 골라내긴 어려울 것이다.

경제에서도 이런 게임은 계속된다. 기업이 정리해고 계획을 발표하면 노조는 어떻게 그럴 수 있느냐고 항의한다. 여기에서 질문을 하나 던지고 싶다. 당신에게 전세를 놓을 집이 하나 있다면 전세금을 얼마나 받겠는가? 시장가격에 따라 남들 받는 만큼 받겠다고 할 것이다. 전세로 들어올 사람의 개인적인 형편을 고려해 전셋값을 결정하는 주인은 없다. 그것이 자본주의를 움직이는 경제원리다.

당신에게 자녀가 둘 있는데 수입이 빤해서 한 명만 대학에 보낼 수 있다고 가정하자. 일단 생활비도 줄여볼 것이고 집을 팔아 여유자금을 만들어 보기도 할 것이다. 하지만 그래도 안 된다면 성공 가능성이 있는 아이 한 명만 대학에 보내고 다른 아이는 진학을 포기시킬 수밖에 없지 않겠는가. 기업도 마찬가지다. 수익구조가 취약해지면 어쩔 수 없이 고정비를 줄이는 수밖에 없다. 어째서 경영자는 책임을 지지 않느냐고? 나도 그 점은 한심하다고 생각한다.

사업이나 투자를 통해 부를 축적하는 과정에 나는 경영자와 고용인의 대립이 빚어내는 갈등구조에 대해 나름대로 이해하고 소화하려 노력했다. 물론 지금의 나는 전형적인 부르주아에 속한다. 프랑스어 '부르주아'(bourgeois)라는 말이 '성 안에 있는 사람들'이라는 뜻이듯, 나는 분명 자본주의의 부자들이 사는 '성' 안에 거주한다.

하지만 내가 청년기를 보낸 70년대 초는 산업화 시대의 정점이었고 춥고 배고픈 시절이었다. 그래서 최인훈의 소설 '광장'에서 이명훈이

'변증법'(dialectic)이란 단어만 보아도 가슴이 뛰었듯이 나는 '프롤레타리아'라는 단어를 보면 가슴이 찡했다.

존 스타인벡의 소설 '분노의 포도'는 1930년대에 전세계를 휩쓴 대공황이 시대적 배경이다. 가난한 농부 조드 일가는 대공황과 가뭄을 견디다 못해 고향을 버리기로 한다. 기술발전에 따른 농업 기계화도 그들의 고통을 키운다. 트랙터 기사 한 명 때문에 스무 세대가 입에 풀칠을 못 하게 되는 상황이 벌어진다.

그들은 캘리포니아에서 '수확인부 800명 모집. 고임금. 숙소 제공'이라는 광고전단을 보고 길을 떠난다. 그들은 고물 자동차를 타고 새로 난 도로를 달린다. 그들의 꿈은 좋은 차를 갖는 것, 그리고 그 당시 붐을 일으키기 시작한 영화나 라디오와 관련된 일을 하는 것이었다.

하지만 부푼 꿈을 품고 도착했을 때에는 이미 수십만 명의 떠돌이 농민들이 모여 있었고, 임금은 너무도 낮은 수준으로 깎여 있었다. 결국 온 식구가 달려들어 하루종일 일해도 한 끼를 때울 수 있는 수입밖에는 얻지 못했다.

그러다 노동자들 사이에서 투쟁의식이 싹트기도 했으나 불온사상으로 몰려 심한 박해를 받는다. 굶주림과 착취로 괴로움을 겪는 그들에게 잘 익은 포도는 이미 아름다운 열매가 아니었다. 그것은 '분노의 포도'였다.

그들은 동맹파업에 들어가고 지주들은 폭력배를 불러들인다. 농민들 편인 목사는 폭력배들이 휘두른 곤봉에 맞아 죽고 만다. 조드의 맏아들 톰이 복수를 하지만 지주들에게 매수된 경찰의 추격을 받는다.

장마철이 되어 모두 창고에서 비를 피하고 있을 때 한 여인이 창고에서 해산을 하지만 아이는 죽는다. 여인은 굶주림으로 죽어 가는 한 사나이의 입에 자신의 젖을 먹으라며 유방을 물려준다. 비가 그치면 그들은 또다시 고물 자동차를 몰고 살 길을 찾아 정처 없이 떠난다.

2. 전태일 시대는 지나갔다

이 소설의 줄거리는 세계화의 물결 속에 우리 사회가 겪고 있는 변혁에도 적용될 수 있을 것 같다. 구조조정으로 강제 퇴직하게 된 가장들, 일확천금의 대박을 꿈꾸는 사람들, 영화나 TV 같은 매체에서 화려하게 소개되는 스타들을 동경하는 젊은이들, 정보화 시대에 걸맞는 신기술을 가진 사람들만 대접받는 사회, 최고경영자의 연봉은 천장 높은 줄 모르고 올라가지만, 사원들은 계약직으로 대체되면서 연봉이 깎이는 임금구조, 아내와 맞벌이를 해도 여전히 부모의 도움을 받지 않으면 작은 아파트 한 채 마련하기도 어려운 현실, '황금족'이라고 불리는 부유층의 호사스러운 소비생활, 고물 컴퓨터로 '정보 고속도로'를 기웃거려 보지만 정작 어디로 가야 할지 모르는 가난한 사람들….

어쨌든 당신이 포도농장 주인이라고 하자. 인부들에게 품삯을 얼마나 주겠는가? 남들이 주는 수준? 아주 후하게 노임을 지불한다면 당신의 포도는 경쟁자들의 것보다 비싸져 잘 팔리지 않을 것이다. 결국에는 농장이 폐쇄될지도 모른다.

이번에는 1970년대 우리 사회를 배경으로 한 조세희의 '난쟁이가 쏘아 올린 작은 공'을 보자. 난쟁이 아버지는 안 가져본 직업이 없을 만큼 열심히 일했지만 가진 것이라곤 무허가 건물 한 채 뿐이다. 자식교육 만큼은 남들처럼 시켜보려 하지만 결국엔 모두 학교를 그만두고 공장에 나가 일한다. 난쟁이가 가진 꿈은 모두가 행복하게 살 수 있을 거라는 희망을 쇠공에 실어 달을 향해 쏘아 올리는 것이다. 그는 그 꿈을 실행에 옮기지 못하고 종이비행기를 날리다 공장 굴뚝에서 떨어져 죽는다.

난쟁이의 장남인 영수는 아버지와는 달리 배움으로써 모든 것을 해결하려 했다. 하지만 그것도 성공으로 이어지지 못한다. 공장에서 부당한 임금과 비인간적인 대우에 항의하던 끝에 기업 총수를 죽이기로 결심하지만 총수의 동생을 죽이고 만다.

둘째 아들인 영호는 자기가 처한 현실을 극복하려고 노력하기보다는 모든 일에 회의적인 태도를 가진다. 무엇을 개선하려 해도 뜻대로 되는 일이 없자 삶에 지쳐버린다. 명희와 영희는 어떻게 보면 현실을 극복하려는 의지가 강하지만 가장 큰 피해를 입는 여성을 대표한다. 그들은 공장에 다니며 몸을 팔게 된다. 가장 많이 희생되면서도 사회적으로는 가장 큰 비난을 받는다.

이 소설에서도 우리는 가진 자와 못 가진 자의 처절한 갈등을 볼 수 있다. 두 소설 모두에서 노동자들이 원하는 것은 노동법에 명시된 인간적 처우를 받는 것이었다. 불행하게도 산업화 시대에는 그런 최소한의 요구조차 무시하는 나쁜 자본가들이 많았다.

하지만 나는 적어도 지금 세상은 노동자를 부품화하던 전태일의 시대가 아니라고 믿는다. 노동법은 강화됐고 수많은 업체들이 인건비 상승과 노조와의 갈등을 피해 해외로 생산기지를 옮기고 있지 않은가. 하지만 여전히 적지 않은 사람들의 머리 속엔 아직도 산업화 시대의 망령이 똬리를 틀고 있다.

3. '제3의 길'은 없다

어느 사업에서든지 인사관리와 인건비는 큰 문제가 된다. 인건비를 최소화해 자본가의 배를 채우기 위함이 아니라 경쟁업체보다 고정비용을 적게 들여야 살아남기 때문이다. 무능한 직원들 때문에 인건비 부담이 가중된다면 하루라도 빨리 정리해야 한다.

기업이 어떤 특별한 기술을 갖고 있어 이익을 많이 내면 고용도 안정시킬 수 있다. 그러나 이득을 많이 내느냐 못 내느냐 하는 것 역시 직원들의 몫이다. 직원들이 생산성을 높이지 못하거나 부가가치를 창출하지 못하면 이득은 줄어들 수밖에 없다. "직원으로 뽑았으면 끝까지 회사가 책임을 져야 하는 것 아니냐"고 묻는다면 "회사가 자식 기르는 부모인 줄 아느냐"고 반문하고 싶다. 나는 아직도 그런 인식을 갖고 있는 사람들에게 덕담을 늘어놓거나 희망의 메시지를 주지는 못한다.

당신이 현재의 직장을 그만두고 다른 곳에 가서 받을 수 있는 임금을 학자들은 '기회비용'이라고 부른다. 이것은 피고용인 관점에서 추구하는 비용이다. 반면에 경영자는 당신을 새로운 사람으로 대체하는 데 들어가는 비용을 생각한다. 나는 이것을 '대체비용'(replacement cost) 이라고 부른다.

당신의 대체비용은 낮은데 고용비용은 높다면 경영이 잘못되고 있는 것이다. 물론 대체비용은 철저하게 당신이 하는 일의 내용과 결과로 결정돼야 하며, 학벌이나 나이, 고향, 정치적 연줄 등과는 전혀 무관해야 한다. 당신이 처한 개인적 상황을 인간적으로 고려하는 휴머니즘도 철저하게 배제돼야 한다.

세계화의 물결 속에 이익을 추구하는 경제전쟁은 더욱 심화되는데도 사람들은 여전히 휴머니즘 향기가 그윽한 대안이 있다고 믿는 것 같다. 안타까운 것은 경제전쟁이라는 말을 들어도 남의 일처럼 여기는 사람들이 의외로 많다는 점이다. 내 눈에는 지금 사방에서 날아다니는 총탄들, 여기저기에 폭탄이 떨어져 땅이 움푹움푹 패고 건물이 무너지는 광경이 선명하게 보인다. '분노의 포도'에 나오는 여인이 굶주린 남자에게 젖을 물려주고, 난쟁이가 작은 공을 쏘아 올리려 한다고 해서 전쟁터에도 그런 희망이 있다고 믿는다면 몽상가 아니면 문학소년이다.

살벌한 경제전쟁을 종식시킬, 앤서니 기든스의 '제3의 길' 같은 것은 과연 있는 것일까? '파이낸셜 타임스' 칼럼니스트 마틴 울프는 제3의 길을 가리켜 "유럽의 문제해결에 전혀 도움을 줄 수 없는 화려한 수식어에 불과하다"고 했다.

　제3의 길이 있든 없든 분명한 것이 하나 있다. 적어도 이 글을 쓰는 나 자신이 살아 있는 동안에는 그런 길이 세상에 나타나지 않을 것이라는 점이다. 그 길이 마련되기 전에 나는, 어쩌면 당신도 이 세상을 떠난다.
　그러니 당신이 경제활동을 하는 사람이라면 경제게임의 본질을 이해하고 그것에 맞게 변화하고 행동해야 한다. 총체적 중산층 국가로 불리던 일본마저 그 게임의 본질을 이해하고 실천하지 못해 중산층이 무너지고 있다.
　이 게임은 지극히 단순하다. 누가 이익을 더 많이 낼 수 있는 구조를 갖췄는가, 그것뿐이다. 다른 이데올로기는 고려하지 않는다. 지역경제를 생각하거나 정치적인 고려를 하거나 근로자들의 기득권이나 생존권에 지나치게 신경을 쓰거나 하게 되면 그것은 곧 경쟁력 상실로 이어진다. 따라서 정부가 중소기업이나 무슨 무슨 협회 제품을 우선 구매해주는 것이 과연 잘하는 처사인가에 대해 나는 의문을 갖는다. 어찌 보면 협회라는 진입장벽을 세워놓고 끼리끼리 해먹는 것같이 느껴지기 때문이다.

　20만 명의 노동자를 해고했던 GE 총수 잭 웰치의 철학은 "사람에게 투자하라"는 것이다. 나도 그렇다. 사람에게 투자하는 것과 무자비한 정리해고가 모순으로 생각되는가. 루이스 빌이라는 사람이 이런 말을 했다. "이웃을 사랑하라. 그러나 누구와 이웃이 될 것인지 선택하라." 나는 이렇게 말하고 싶다. "직원을 사랑하고 직원에게 투자하라. 그러나 누가 회사에 이득을 가져올 직원인지는 가려내자."

근로자들의 요구에 따라 조만간 주 5일 근무제가 실시될 것 같다. 나는 사업상 수많은 나라를 돌아다니면서 그 나라 사람들이 일하는 모습을 바로 옆에서 지켜보았다. 선진국에서 하루 8시간 근무와 주5일 근무제를 지키는 것은 대부분 공무원, 육체노동자, 하급 직원들이다. 다른 사람들, 특히 상급자들의 책임은 무한대다. 미국도 그렇고 유럽도 그렇다. 심지어 놀기 좋아한다는 프랑스도 그렇다. 하급 직원들과 육체노동자들도 근무시간에는 신문을 보거나 딴전을 피우지 않는다.

간부회의가 점심시간을 넘기면 대부분 샌드위치로 때운다. 외국 영화를 보면 상급자들이 일 때문에 가정을 소홀히 하는 바람에 아내에게 이혼을 당하는 장면이 부지기수다. 사장의 책상에는 처리해야 할 서류들이 높이 쌓여 있다. 책상이 말끔한 경우는 마피아 보스이거나 사기꾼이다. 그런데 한국 영화를 보면 사장이나 이사의 책상은 대부분 깨끗하게 청소되어 있고, 술 접대하러 다니다 알게 된 여자와 바람을 피우는 바람에 이혼을 당하면 당했지 절대 일 때문에 이혼 당하지는 않는다.

경제가 어려웠을 때 유럽은 근로자의 수를 줄이기보다는 근로시간을 줄여 전체 근로자를 껴안는 휴머니즘을 실천했다. 이에 비해 미국은 냉혹하게 근로자 수를 줄였다. 세월이 지나자 그 유럽 기업들의 상당수가 미국 기업들에게 넘어갔다.

노동의 세계에서도 악화가 양화를 구축한다. 아무리 변화와 자기 계발을 외쳐도 마이동풍으로 받아들이고 꼼짝도 하지 않는 사람들은 어디에나 있다. 컴퓨터가 중요하다고 아무리 외쳐대도 간부급들 중엔 컴맹이 수두룩하다. 악화를 빨리 내보내는 것이 전체를 살리는 길이다.

레마르크의 휴머니즘 가득한 소설 '사랑할 때와 죽을 때'를 기억하는가. 히틀러가 일으킨 전쟁의 태풍 속에 공습은 계속되고 폐허만 남은 세상에서 주인공 그래비와 운명적인 여인 엘리자베스는 찰나적인 사랑에 빠진다. 눈 덮인 러시아 전선에서 휴가를 받고 온 그래비에게 엘리자베스의 사랑은 존재의 이유가 될 만큼 강렬하다. 죽음의 거리에서 피어난 두 사람의 사랑은 인간성에 대한 자각을 일깨움과 동시에 무엇으로도 갈라놓을 수 없는 사랑의 힘을 보여준다.

4. 이런 사람을 해고하라

그러나 다시금 부대로 복귀한 주인공 그래비는 엘리자베스가 보낸 편지를 읽다가 자신이 살려준 빨치산에게 저격당해 허무하게 죽어간다.
가수 조성모의 '아시나요' 뮤직 비디오에서는 한 병사가 정글에서 베트콩을 경계하지 않고 나비를 구경하다가 총에 맞아 죽는다. 전쟁터에서 전쟁의 법칙을 무시하고 휴머니즘을 찾으면 당신이 죽는다. 구조조정이 지지부진한 것은 전쟁의 법칙을 자꾸만 무시하기 때문이다.

나는 1997년 중순에 달러화를 샀다. 당시 환율이 800~900원이었는데 98년 초에 1800원까지 오르자 다 팔아치웠다. 나 같은 사람 때문에 환란이 생겼다고 말하지 말라. 당신도 내일부터 기름값이 오른다고 하면 오늘 자동차를 몰고 주유소에 갈 것이며, 전쟁이 발발할 위험이 높아지면 슈퍼마켓으로 뛰어가 물건을 하나라도 더 사다 놓을 것이다.
내가 달러를 샀던 이유는 우리 나라 근로자들의 생산성 때문이었다. 그때 미국 캘리포니아 지역의 평균 인건비는 3만 달러로 당시 환율로 환산하면 2400만원이었는데, 내가 체험해본 바로는 한국에서 연봉 2400만원 정도를 받는 근로자의 생산성이 미국인의 절반도 안 되었다.
하지만 물가는 정글 경제주의의 표본인 홍콩보다 더 비쌌고, 양복값은 생산성이 높은 일본보다도 비쌌다. 오죽했으면 홍콩으로 원정 쇼핑 가는 사람들이 줄을 잇고, 홍콩 시내 도처에 그들을 상대로 하는 한국 음식점들이 깔렸을까.

당신이 중소기업 사장이고, 해고하고 싶은 무능력한 직원이 있다면 우선 업무를 과다하게 안겨주고 수시로 업무 내용과 마감일을 변경하면 된다. 그 직원 앞에서는 절대로 웃지 마라. 업무가 과중하다며 인력을 충원해 달라고 하면 무시하라.

자기가 배워서 해도 될 일을 대부분 외부에 발주하는 직원이나 업무 매뉴얼 하나 제대로 만들어 놓지 않는 직원, 시키는 것 이외에는 도대체 할 줄 모르는 직원은 빨리 해고하라. 사장의 의견에 대해 반론을 펴지 못하거나 사장과 싸울 생각을 안 하는 직원, 사장과 똑같은 취미를 새로 시작하면서 그것으로 친해지려고 애쓰는 직원도 역시 무용지물이다.

조직이 크고 정리할 사람이 누구인지 판단이 서지 않는다면 보고체계를 전자시스템이나 e메일 체계로 만들고 실무 기안자가 최초 작성한 문안이 모두에게 전달되도록 하라. 그리고 그 내용에 대해 관리자들이 어떤 의견을 제시하는지 관련자 모두에게 공개하도록 하라. 이때 아무런 의견도 제시하지 못하는 관리자는 허수아비라고 생각하면 틀림없다.

톰 피터스는 '혁신경영'(The Circle of Innovation)에서 어느 농구팀 경영자의 말을 인용하면서 "두 명이 언제나 같은 의견을 제시한다면 복제품을 갖고 있는 것이므로 한 명은 해고하라"고 권한다. 그 원칙대로 해고하라.

5. 능력 중심의 전략적 평가

아울러 모든 간부의 시간별 근무내용을 보고 받아라. 시간이 남아 근무 중에 사우나를 즐기거나 이발소에 가는 임원들을 잡아내라. 잭 웰치는 직무기술서를 쉽게 작성해서 모든 사람이 볼 수 있게 하라고 했다.

물론 이런 일은 당신이 경영자로서 떳떳해야 할 수 있다. 당신의 실력이 신통치 않고, 낙하산을 타고 내려와 다른 사람들 눈치나 보고 있거나, 골프에만 미쳐 있고, 비자금 마련이나 탈세에 혈안이 되어 있다면 당신은 그 누구도 해고해선 안 된다. 해고 영순위는 바로 당신이니까.

좀더 객관적이고 설득력 있는 해고 방법을 찾는다면 사장을 비롯한 모든 임직원을 대상으로 지식평가시험을 실시하고 그 결과에 따르면 된다. 가장 인건비가 많이 나가는 임원급들의 경우는 컴퓨터 시험만 보아도 절반은 털어 낼 수 있다. 한국컨테이너관리공단처럼 인기투표를 해서 내보내는 코미디는 하지 마라.

철저하게 능력에 바탕을 둔 정리해고 방법은 전략적 평가(strategic evaluation)를 통한 것인데, 아래와 같은 질문을 전직원에게 주고 서로 무기명으로 평가하게 한다.

이 평가는 5가지로 나누어 시행한다. 같은 팀에 소속된 사람들끼리 하는 근거리 평가, 업무 협조가 이뤄지는 다른 팀에 소속된 사람들을 평가하는 원거리 평가, 상사들이 아래 직원들에게 하는 하향 평가, 부하 직원들이 상사들에게 하는 상향 평가, 자신을 스스로 평가하는 자기 평가가 그것이다. 최고경영자는 전 직원으로부터 무기명 평가를 받고 그 결과를 공개해야 한다.

각 질문에 대한 답은 '아주 부족하다', '부족하다', '보통이다', '많다', '아주 많다'로 하고 각각의 답에 대해 1~5점을 준다. 업종별 비중에 따라 어떤 항목은 점수를 두 배로 계산할 수도 있을 것이다.

통계를 내보면 자기 평가의 평균점은 언제나 근거리 평가에서 나온 평점보다 1점 이상 높고 원거리 평가와 비슷한 수준을 보인다. 즉 자기

실력을 정확하게 모른다는 말이다. 자기 평가가 다른 평가 수치보다 현저히 높으면 자기 계발은 하지도 않으면서 불만만 많은 사람이므로 조속히 내보내는 것이 좋다. 이 방법을 활용하면 다른 사람들은 능력이 있다고 보지만 경영자는 미처 능력을 알지 못했던 직원을 발견하는 기쁜 경우도 있다.

여기에선 이 글을 읽는 독자들이 자기 자신을 평가할 수 있도록 문항을 만들어봤다. 각 문항에서 복수 선택이 가능한 경우에는 높은 점수를 취하면 된다.

1. 전문성(업무에 필요한 전문지식을 충분히 갖췄는가): 업무를 보면서 다른 사람에게 자주 물어보면 1점, 담당 업무에 정통하면 2점, 경쟁사에 대해서도 잘 알고 있으면 3점, 해외 동향이나 업계의 미래에 대해 강의할 수 있는 수준이라면 5점, 다른 부서들의 업무도 잘 알고 있으면 10점.

2. 컴퓨터 사용능력: 전혀 모르면 1점, 문서작성과 메일을 사용하는 수준이면 2점, 필요한 정보를 인터넷에서 찾을 수 있고 액셀을 조금 알면 3점, 액셀에 능통하면 4점, 오피스 프로그램 전체를 능숙하게 활용한다면 10점.

3. 집중력(업무를 볼 때 산만하지 않으며 짧은 시간에 일을 처리하는가?): 업무 도중에 전화를 받았다가 다시 일에 집중하려 할 때 읽던 서류를 처음부터 다시 봐야 한다면 1점, 업무 중에 다른 사람들의 전화 통화내용이 귀에 다 들어오면 2점, 학창시절에 벼락치기로 시험공부를 했어도 중간은 갔다면 3점, 두 명하고 오목이나 바둑을 동시에 둘 수 있다면 4점, 서너 가지 업무를 동시 다발적으로 진행해도 문제가 없다

면 5점.

6. 상사와 대판 싸워봤어야

4. 세심함(일을 할 때 세부적인 것들도 하나하나 챙겨나가는가): 빌딩 문을 열고 들어갈 때 뒤에 사람이 오는지 돌아보지 않는다면 1점, 차가 막혀 약속시간에 늦을 것 같을 때 상대방이 이해해주려니 생각하면 2점, 줄서기를 할 때 반드시 순서를 확인한다면 5점, 상대방에게 일 처리를 부탁하고 난 뒤 반드시 결과를 확인한다면 7점, 두 번째 만난 여자(남자)가 커피에 설탕과 크림을 어떻게 넣는지 알고 대신 타 줄 수 있다면 10점.

5. 우선순위 판별력(가장 중요한 일이 무엇인지를 판별해 내는가): 실수로 연체료를 납부한 적이 있다면 1점, 시간에 쫓겨 건강진단을 놓친 적이 있다면 2점, 일의 진행에 대한 보고를 자주 하는 편이라면 3점, 전자제품을 샀을 때 반드시 설명서를 숙독한다면 4점, 세상없어도 가족의 생일에는 일찍 귀가한다면 5점.

6. 현장 파악력(책상에만 앉아 있고 생산현장이나 판매현장을 등한시하는 것은 아닌가): 다른 사람들의 말만 주로 듣고 있다면 1점, 크로스 체크를 해본다면 3점, 현장에 가서 눈으로 직접 보아야 하는 성격이라면 4점, 직접 현장에서 정기적으로 일을 해본다면 10점.

7. 反권위주의(권위주의를 신봉하는 것은 아닌가): 명절 때 회사 상사들에게 인사를 다녀야 마음이 편하면 1점, 하급자가 올린 기안서를 내용이 아니라 토씨나 고쳐주는 스타일도 1점, 아버지 같은 상사를 원한다면 2점, 윗사람과 말할 때 언제나 눈을 본다면 3점, 상사와 크게

싸운 적이 있다면 5점.

8. 협상력(거래선 등과 협상을 하는 능력은 있는가): "인간적으로 잘 해봅시다"라고 말하는 스타일이면 1점, 협상 파트너의 학연, 지연 등을 찾으려 한다면 2점, "전권을 갖고 있지 않아 허락을 받아야 한다"고 말한다면 3점, 협상에 대한 책을 3권 이상 읽었거나 세미나에 참가한 적이 있다면 5점, 협상 파트너가 할 만한 말을 미리 적어보고 윈-윈 게임을 준비한다면 10점.

9. 문제해결 능력(뜻하지 않은 문제가 닥칠 때 당황하지 않고 독자적으로 해결할 수 있는 능력): '마마보이'라는 말을 자주 들으면 1점, 회사 일을 자주 가족에게 털어놓는다면 2점, 문제가 발생했을 때 즉시 상사에게 보고하면 3점, 문제 발생시 도움을 얻을 수 있는 경험자들을 찾아 나서면 4점, 자신이 제시한 해결책이 대부분 채택된다면 10점.

10. 자기개발 의지(지식 축적을 위해 투자하는 시간은 얼마나 되는가. '교양 함양'과 관련된 시간은 제외): 일주일에 5시간 미만은 1점, 5~10시간이면 2점, 11~15시간이면 5점, 16~20시간이면 8점, 20시간이 넘으면 10점.

11. 책임감(자신의 역할과 입장을 충분히 알고 책임을 전가하거나 회피하지 않는가): 고객과 분쟁이 생겼을 때 고객에게 "법대로 하라"고 한다면 1점, "나는 담당자가 아니므로 내게 화내지 말라"고 하면 2점, 당신의 실수로 인해 회사에 손해가 발생했을 때 당신이 배상해야 한다고 생각하면 5점, 맡은 일을 하기 위해 개인적인 비용을 쓰기도 한다면 10점.

12. 인간관계(제반 인간관계를 원만하게 이끌어가면서 사람들로부터 도움을 끌어내는 능력): 사람들과 언성을 높이는 경우가 많으면 1점, 동종 업계에 친구가 많다면 2점, 장례식이나 각종 모임에 반드시 얼굴을 내민다면 3점, 다른 사람의 도움 요청에 적극적으로 응하는 성격이라면 5점, 거래관계가 끝난 사람들도 계속 만난다면 10점.

13. 외국어 능력: 잘 모르면 1점, 관광이나 쇼핑 정도는 할 수 있다면 2점, 읽고 쓰는 정도면 3점, 영문으로 된 법률 계약서를 이해할 수 있다면 7점, 외국인들과의 모임에서 한두 시간 이상 대화를 주도하며 웃고 떠들 수 있으면 10점.

7. 세액공제와 소득공제의 차이는?

14. 표현력(자신의 생각이나 문제를 정확하게 발표하고 글로 쓸 수 있는 능력): 수줍어하고 내성적인 성격이어서 발표를 두려워하면 1점, 써놓은 원고만 읽어나가는 스타일이라면 2점, 정부 기관에 보내는 문서 작성에 문제가 없으면 3점, 연애편지를 잘 쓰면 5점, 평소에 말을 잘한다는 평가를 받아왔다면 10점.

15. 창의력(이미 알려진 방법 이외의 새로운 것들을 찾아 제시하는가): 고슴도치를 모델로 내세운 신문광고를 30분 동안 떠올려 보라. '고슴도치도 제 자식은 예쁘다고 한다'는 말만 생각나면 1점, 그밖에도 2~3개가 더 생각나면 3점, 4~5개면 7점, 6~7개면 10점, 8개 이상이면 15점.

16. 업무개선 능력: 지난 6개월간 개선한 것이 없으면 1점, 불편함을 아주 잘 참아내는 인내심이 많으면 2점, 음식점에서 시킨 음식이 짤 때

주인에게 주저 없이 짜다고 말하면 3점, 집에서 가구 재배치를 자주 시도한다면 4점, 자신의 성격을 변화시켰던 적이 있거나 업무를 자주 개선시켰다면 10점.

17. 이해능력(새로운 것을 들었을 때 이해하는 능력과 속도): 아래의 글을 두 번 읽고 다른 사람에게 설명할 수 있다면 10점, 이해하는 데 시간이 좀 걸린다면 4점, 먼저 이해한 사람의 설명을 듣고 나서야 이해한다면 3점, 옆에서 설명해도 무슨 소리인지 통 모르면 2점, 이런 문제를 왜 풀어야 하는가 생각되면 1점.

> 빛의 속도는 1초당 30만 km이며 불변한다. 빛보다 빠르게 나는 투명한 우주선이 있다. 이 우주선 내부의 바닥부터 천장까지 높이는 15만 km다. 천장에는 거울이 붙어 있고 바닥에는 전구가 달려 있다. 이 우주선이 빛의 속도로 날아갈 때 바닥에 있던 전구에서 순간적으로 빛이 나왔다고 치자. 그 빛은 우주선 천장까지 올라갔다가 거울에 반사되어 다시 바닥에 수직으로 1초 만에 떨어질 것이다. 그러나 우주선이 날고 있으므로 밖에서 본 그 빛은 '∧'자 모양으로 움직인다. 그래서 빛이 움직인 거리는 30만 km보다 더 길게 나타나며, 밖에서는 그 시간이 1초보다 더 길게 느껴진다. 즉 우주선 안에서 느끼는 시간과 밖에서 느끼는 시간이 서로 다르다.

18. 가족관계(가정을 소중히 여기고 돌보는 정도): 양말을 뒤집어 벗는다면 1점, 배우자의 생일, 결혼기념일을 반드시 챙긴다면 3점, 귀가가 늦어질 때 미리 가족에게 알린다면 4점, 살인강도나 범죄자에게도 사랑하는 애인이 있는 이유를 설명할 수 있다면 5점.

19. 경리 마인드: 세액공제와 소득공제의 차이를 모르면 1점, 자기 봉급에서 떼어지는 각종 세금에 대해 구체적으로 알고 있으면 4점, 회사의 대차대조표를 이해하는 데 어려움이 없으면 5점.

20. 기획능력(시키는 일만 하는 게 아니라 업무의 방향을 스스로 결정할 수 있는 능력): 사랑하는 사람을 위한 이벤트를 독자적으로 펼칠 수 있다면 3점, 수십 명을 데리고 가는 단체 여행에서 리더가 될 수 있다면 4점, 여러 모임에서 주도적인 역할을 많이 했다면 6점, 자신의 1년 목표를 세우고 실행에 옮기는 타입이라면 8점, 회사 안에 지식창고를 스스로 만들 수 있다면 10점, 해당사항 없으면 1점.

8. 새도 사무라이

21. 부하 직원 육성능력(동기를 부여하며 부하의 능력을 향상 시켜 나가는 능력): 자신이 지시한 일을 보고 받을 때 "바쁘니 나중에 보고하라"고 하면 1점, 일을 급하게 줬다가 다른 일을 또 준다면 2점, 자신의 공을 직원들에게 돌리는 경우가 많다면 3점, 일이 많을 때 직원들과 남아 같이 일을 한다면 4점, 부하 직원의 말은 언제나 끝까지 경청한다면 5점.

22. 결단력: 무엇이든 작심삼일이었다면 1점, "직장을 때려치워야지" 하고 말만 해온 기간이 5년이 넘으면 2점, 점심을 먹거나 물건을 살 때 결정을 빨리 내리는 편이라면 3점, 담배나 무엇인가를 끊은 경험이 있다면 5점.

23. 경영자 의식(경영자와 어느 정도나 눈높이가 같은가): 동료들과 의견이 일치하는 경우가 많다면 3점, 자신의 생각이 간부진의 생각과 같은 경우가 많다면 4점, 사장의 생각이 무엇인지 정확하게 파악해왔다면 10점.

24. 냉철성(업무를 수행하는 데 있어 정이나 사적인 감정에 치우치

지 않으며 이성적으로 판단하는 능력): 회사일로 가족에게 자주 짜증을 내다면 1점, 흥분을 잘 한다면 2점, 상사로부터 꾸지람을 들었을 때 '잘못은 인정하지만, 왜 좋은 말로 못해?' 하는 불만이 생긴다면 3점, 그 누구의 보증 부탁도 거절한다면 4점, 술을 많이 먹어도 실수한 적이 없다면 5점.

25. 법 이해·준수능력(업무와 관련된 모든 법에 대한 이해능력): 법과 관련된 문제는 전문가들에게 맡겨야 한다고 생각하면 1점, 운전을 하지만 교통사고 관련법규를 모른다면 2점, 법전을 들춰본 적이 있거나 인터넷 법률 사이트에서 법을 검색해본 적이 있다면 3점, 부동산 매매계약서를 혼자서 작성할 수 있다면 4점, 변호사가 잘못하는 부분도 찾아낼 정도라면 5점.

평가방법: 총점이 50점 안팎이라면 다른 사람들이 당신보다 더 나은 대우를 받는다고 입술을 내밀면 안 된다. 80점 근처라면 경영자가 볼 때 당신의 대체비용이 높은 것은 아니다. 110점 근처라면 당신은 좋은 대우를 받고 있어야 한다. 140점 이상이라면 당신은 무슨 일을 해도 성공할 수 있을 것이다.

경영자가 볼 때 이런 전략적 평가는 '살생부'를 만들기 위한 준비일 수도 있지만, 노력하고 능력을 개발하는 사람에게 더 나은 대우를 해주기 위한 근거가 되기도 한다. 누군가는 내게 마쓰시타 고노스케의 '인덕 경영'을 언급하면서 "가치창출과 능력만으로 사람을 평가하지 말고 품격과 덕으로 사람을 이끌어야 한다"고 할지도 모르겠다. 하지만 일본인의 민족성은 우리와는 너무나도 다르다. 또한 조직 구성원이 수만 명에 달하면 언제나 악역이 따로 있다. 내가 아는 일본인들은 그 악역을 '섀도 사무라이'(Shadow Samurai)라고 부른다. 사장을 대신해 조용히 어둠 속에서 무능력한 직원들에게 칼을 휘두른다는 것이다.

9. 아픔을 이겨내는 경영자

'U571'이라는 영화에서 잠수함 함장은 자신이 아끼는 부함장이 승진을 위한 추천서를 써달라고 간청하지만 써주지 않는다. 부함장은 모든 병사를 동생처럼 아끼고 병사들 역시 부함장을 형처럼 생각하고 따른다. 즉 사랑의 교류가 있는 것이다.

하지만 전시에 지도자는 부하 가운데 일부의 희생을 감수해야 할 때가 있다. 함장은 부함장이 그런 희생을 각오하기엔 정이 너무 많다고 여겼던 것이다. 이 시대 역시 그런 아픔을 이겨내는 경영자를 요구하고 있지 않을까.

이 어려운 시기에 해고하라는 말만 해서 직장인들에게는 미안하다. 직장인들에게 말하고 싶은 것도 물론 있다. 그것은 "당신이 부단히 자기 계발을 하고 있는데도 실력이 아니라 아부가 판치고 그런 상사들 밑에서 신음하고 있다면 빨리 사표를 내라"는 것이다.

추천 도서

▷ **몰입의 즐거움**

(미하이 칙센트미하이 지음, 해냄출판사, 1999)

저자가 주장하는 '몰입'(flow)이란 삶이 고조되는 순간에 물 흐르듯 행동이 자연스럽게 이루어지는 느낌을 표현하는 말이다. 우리의 일과 일상들을 몰입으로 얼마나 채울 수 있느냐에 따라 삶의 질이 달려 있음을 칙센트미하이는 설득력 있게 보여주고 있다.

▷ **천하무적 홍대리**

(홍윤표 글·그림, 일하는사람들의 작은책, 1998)

평범한 직장인이던 저자가 1996년 문화센터 만화 강좌에 등록하고 나서, 1년 동안 밤마다 만화와 씨름해서 선보인 작품이다. 주인공인 홍대리의 인간적이면서도 어이없는 행동들에 웃다 보면, 그것이 한국 사회 직장인들의 솔직한 초상화 같다는 생각이 든다. 같은 제목의 2권(2000), 3권(2000) 역시 재미있다.

▷ **회사 가면 죽는다**

(조봉진·홍성태 기획, 현실문화연구, 1995)

'경제주의 담론의 비판을 위한 필드스터디'라는 부제가 의미하듯이, 회사를 둘러싼 다양한 이슈들을 '구조'의 관점에서 이야기한다. 소장 사회과학자들의 덜 학술적이지만 더 생생한 목소리를 들어보는 즐거움이 있다.

회사 가면 죽는다
조봉진·홍성태기획
현실문화연구

5장
똑똑하면 성공하나?

자주 그리고 많이 웃는 것
현명한 이에게 존경을 받고
아이들에게서 사랑을 받는 것
정직한 비평가의 찬사를 듣고
친구의 배반을 참아 내는 것
아름다움을 식별할 줄 알며
다른 사람에게서 최선의 것을 발견하는 것

건강한 아이를 낳든
한 뙈기의 정원을 가꾸든
사회 환경을 개선하든
자기가 태어나기 전보다
세상을 조금이라도 살기 좋은 곳으로
만들어 놓고 떠나는 것

자신이 한 때 이 곳에 살았음으로 해서
단 한 사람의 인생이라도 행복해지는 것
이것이 진정한 성공이다

(미국의 사상가 Ralph Waldo Emerson이 쓴
'무엇이 성공인가')

'다큐멘터리 성공시대'라는 방송 프로그램이 있었다. 교훈적인 내용과 인생의 극적인 성공을 소재로 상당한 화제가 되었던 이 프로그램이 소개한 출연 인물들은 총 187명이었는데, 그들의 직업은 다음과 같다 (목요통신, 2001).

- 61명: 기업인(제조업: 37명, 벤처: 9명, 식품·요식·제과업: 13명, 서비스업: 2명)
- 50명: 문화·예술인(음악: 14명, 영화·연극·공연: 7명, 미술·만화·사진: 10명, 애니메이션: 2명, 광고: 3명, 문학: 4명, 무용: 3명, 디자인, 패션: 5명, 박물관: 2명)
- 10명: 전문인(특수분야)
- 9명: 의료인
- 9명: 교수·학자·강사
- 8명: 행정·공무원·정치인
- 7명: 스포츠
- 7명: 농업
- 5명: 샐러리맨
- 5명: 법조인
- 5명: 사회복지·시민운동·종교인
- 3명: 언론·방송인
- 3명: 요리
- 2명: 자녀 교육(어머니)
- 1명: 군인
- 1명: 현장 근로자

전체 187명 중에서 기업인과 문화·예술인이 각각 32.6%, 26.7%로 전체의 60% 정도를 차지했다. 그런데 일반적인 예상과는 달리, 이 프로그램을 제작하는데 가장 어려운 점은 섭외 문제였다고 한다. 많은 사람들이 '성공'이라는 단어의 부담감 때문에 섭외를 거절했다는 것이다.

제5장 똑똑하면 성공하나? / 261

그토록 성공하려고 하면서도, 왜 많은 사람들은 성공이라는 평가를 두려워하는 것일까?

이 장은 이러한 의문에서 시작한다. 도대체 성공이란 무엇인가? 성공은 정의될 수 있는가? 한국 사회에서 성공은 외국의 경우와 다른가? 어떤 특징을 가지고 있는 사람들이 성공하는가? 그리고 '쪽집게 과외'처럼 성공으로 가는 지름길은 존재하는가?

모든 현상을 관점에 따라 다르게 해석할 수 있는 것처럼, 성공의 문제도 예외는 아니다. 따라서 이 장에서는 다양한 성공에 대한 논의와 관점들을 비교·제시하고자 한다. 이 장이 끝날 무렵, 각자가 생각하는 성공의 그림이 조금이라도 그려지기를 바란다.

<그림 5-1> 관점의 차이: 상

제1절 똑똑하다는 것이 뭔데?

　성공이라는 주제 이전에, 사람들이 흔히 성공에 이르는 매개 고리로서 언급하는 지능을 먼저 이야기해 보자. 흔히 말하는 '똑똑하다'는 것은 무엇인가? 똑똑한 사람들은 그렇지 않은 사람들보다 더 많이 성공하게 되나?

　똑똑한 사람이 지능이 높고, 지능이 높은 사람이 그렇지 않은 사람보다 성공할 확률이 높다면, 상황은 깔끔할 것이다. 하지만 현실에서는 양상이 전혀 그렇지가 않다. 지능이 높은 것과 똑똑한 것은 별개로 여겨지고, 똑똑해서 성공하는 것도 아니라고 한다.

　이러한 불일치는 지능, 지능지수(IQ; Intelligence Quotient), 지능검사에 대한 개념적인 혼란에서 비롯된다. 사람들은 흔히 지능과 지능지수(IQ)를 정확히 구별하지 않고 사용하는 경향이 있다. 그래서 지능이 높다는 것은 IQ가 높다는 의미로 통용된다.

<그림 5-2> 관점의 차이: 하

하지만 지능과 IQ는 엄연히 다른 개념이다. IQ는 지능의 여러 가지 요소들 중 그 일부를 지능검사를 통해 산출한 결과를 의미한다.

현대적인 의미의 지능검사의 시작은 1904년 프랑스로 거슬러 올라간다. 당시 프랑스 교육부는 정신적 '결손' 아동과 단순히 학습이 부진한 아동을 정확히 구별하는 방법을 찾아내고자 했고, 이에 부응하여 고안된 것이 Binet-Simon 지능검사이다. 그리고 이 지능검사는 폭발적인 인기를 끌며 전세계적인 표준으로 자리잡게 된다(村田孝次, 1992; Sternberg, 1996).[1] 지능검사를 둘러싼 무수한 오해와 왜곡들은 여기서 시작된 것이다.

지금까지의 연구들을 살펴보면, IQ가 한 개인의 현실적인 문제에 대해서는 예측할 수 있는 것이 거의 없지만, 학교 성적과는 상당히 밀접한 관계가 있는 것으로 나타났다. 지능검사가 처음부터 학교 교육을 위해 만들어진 것이었음을 염두에 두면, 이러한 결과를 쉽게 이해할 수 있다.

이처럼, IQ가 개인의 사회적 성공이나 인생을 제대로 설명하지 못한다는 점에 근거하여, 최근에 기존의 지능관이 지닌 협소함을 비판하면서 몇 가지 대안적 이론들이 제안되었다. 그 중에서 Gardner의 다중지능 이론, Sternberg의 지능의 삼각형 이론, 그리고 정서 지능을 잠시 후에 살펴볼 것이다.

지능을 둘러싼 두 번째 논쟁점은 IQ가 수행된 결과만을 반영할 뿐, 개인이 지닌 잠재력에 대해서는 거의 말해 주는 것이 없다는 것이다. 예를 들어, 승엽이와 찬호가 어떤 시험에서 똑같이 80점을 맞았다고 하자. 그런데 선배나 선생님으로부터 문제해결에 대한 약간의 도움과 힌

---

[1] 지능검사에 관한 간략한 역사는 Sternberg(1996)의 61~142쪽에 훌륭하게 요약되어 있다.

트를 받을 경우, 승엽이의 점수는 95점까지 올라가고 찬호의 점수는 85점에 그쳤다. 이 때 승엽이와 찬호의 실력을 같다고 볼 수 있는가? 기존에서는 이러한 차이를 구분할 수 있는 마땅한 측정도구가 거의 없었다.

둘의 실력이 다르다고 인정한다고 해도 문제는 여전히 남아 있다. 즉, 그 차이(각각 15점과 5점)는 누구의 것인가? 승엽이와 찬호의 것인가, 아니면 도와준 선배의 몫인가? 기존의 IQ는 '개인이 가진' 특성으로 정의된다. 그러나 여기서 나타난 차이 점수는 개인에 의한 것이 아니라 관계와 맥락 속에서 나타난 점수이다. 따라서 이 점수는 상호주관적인 성격(inter-subjectivity)을 지니고 있다. Vygotsky가 주장하는 근접발달영역(ZPD; Zone of Proximal Development) 역시 이러한 배경 속에서 이해될 수 있다.

지능에 대한 기존의 개념이 가지는 이러한 두 가지 문제점들을 염두에 두고, 최근의 몇몇 지능 이론들을 살펴보자. 먼저 Gardner의 다중 지능 이론을 살펴본 후, Sternberg의 지능 이론과 정서 지능을 다르기로 하자.

1. Gardner의 다중 지능 이론

지능을 연구하는 전문가들이 지능을 정의할 때 공통적으로 포함시키는 명제는 ① 주위 환경에 적응하는 능력과 ② 경험으로부터 배우는 능력이다(Sternberg, 1996). 경험으로부터 배우는 능력이라는 말 속에는 똑똑한 사람들도 실수할 수 있다는 사실이 암시되어 있다. 그러므로 똑똑한 사람이란 실수를 하지 않는 사람이 아니라, 그로부터 배워 다시는 실수를 되풀이하지 않는 사람이다.

Howard Gardner(1983, 1999)는 이러한 이론적 배경 하에, 지능이 높은 사람은 모든 영역에서 우수하다는 종래의 획일주의적인 지능관을 통렬히 비판하였다. 대신에 인간의 지적 능력은 서로 독립적이며 상이한 여러 유형의 능력으로 구성된다는 다중 지능(MI; Multiple Intelligence) 이론을 제시하였다. 그가 제시하는 7개의 지능은 다음과 같다.

① 언어적 지능: 단어의 의미와 소리에 대한 민감성, 문장 구성법의 숙련, 언어 사용방법에 대한 이해(예: 시인, 정치가, 연설가, 교사)
② 논리·수학적 지능: 사물과 상징, 그 작용 및 작용간의 관계에 대한 이해, 추상적 사고 능력, 문제를 인지할 수 있는 능력과 이유를 찾으려는 능력(예: 수학자, 과학자)
③ 공간적 지능: 시각적 세계를 정확하게 지각하는 능력, 지각된 것을 변형시킬 수 있는 능력, 물리적 자극 없이 시각경험을 재생할 수 있는 능력, 균형과 구성에 대한 민감성, 유사한 양식을 감지하는 능력(예: 예술가, 항해사, 기술자, 건축가, 외과의사)
④ 신체·운동적 지능: 표현하거나 목적을 직접 나타내기 위해 자신의 신체를 숙련되게 사용, 사물을 능숙하게 다루는 능력(예: 무용가, 외과의사, 운동선수, 공예인, 배우)
⑤ 음악적 지능: 개개의 음과 음절에 대한 민감성, 음과 음절들을 더 큰 음악적 리듬이나 구조로 결합하는 방법에 대한 이해, 음악의 정서적 측면에 대한 이해(예: 음악가, 작곡가)
⑥ 개인간 지능: 타인의 기분, 기질, 동기, 의도를 파악하고 구분 짓는 능력, 타인에 대한 지식에 따라 행동할 수 있는 잠재력(예: 정치가, 종교인, 부모, 교사, 사업가, 행정가)
⑦ 개인내 지능: 삶에 대한 자신만의 감정에 대한 접근, 행동을 주도하고 이해시키기 위해 감정을 유도하는 능력(예: 소설가, 임상가)

종래의 지능 이론들이 언어적 지능과 논리·수학적 지능만을 지나치게 강조한 나머지, 학교나 가정은 그 외의 지능이 우수한 사람들의 능력을 제대로 인정하거나 개발해 주지 못했다고 Gardner는 지적한다. 그는 사회의 각 전문분야에서 성공한 사람들의 지능을 분석하여, 이들이 언어적 또는 논리·수학적 지능이 아니라 그 직업이 요구하는 특정 지능을 우수하게 갖추고 있다는 경험적인 결과를 제시하고 있다 (Gardner, 1993).

이러한 Gardner의 이론에 의거하면, 앞서 언급한 지능과 성공의 불일치를 자연스럽게 설명할 수 있다. '성공과는 무관한 것처럼' 보인다고 했던 지능은 바로 언어적 지능과 논리·수학적 지능에 국한된 것이다. 하지만 성공이란 이 두 가지 지능에만 의존하는 것이 아니며, 박찬호나 조수미와 같이 자신의 분야에서 두각을 나타낸 사람들도 지능이 높다고 말할 수 있는 것이다.

2. Sternberg의 지능의 삼각형 이론

다음으로는 사랑의 삼각형 이론에서 만난 적이 있는 Sternberg의 지능 이론이다. 그는 지능에 있어서도 삼각형 이론(triarchic theory)을 제시한다. 먼저 그의 고백을 들어보자. 너무나 절절하고 감동적인 내용일 뿐더러, 이 책의 주제인 정체성, 사랑, 직업, 성공과도 모두 관련이 있기에 장문을 인용한다.

> 나는 나 자신을 행운아라고 생각한다. 정년까지 자리를 보장받은 Yale 대학의 정교수이고, 많은 상을 탔고, 600편이 넘는 논문과 단행본을 출간했고, 지금까지 1,000만 달러 규모의 연구기금과 계약을 따냈다. 또 미국예술과학원의 회원이고, 미국의 인명록(Who's Who in America)에도 이름이 올라 있으며, 사랑스러운 아내와 두 명의 훌륭한 아이들을 두고 있다.
> 그런데 나의 이런 행운이 결실을 맺지 못하고 실패로 끝났을 수도 있었다

는 생각을 하면 참 어이가 없다. 나는 어렸을 때 IQ 테스트에서 영점에 가까운 점수를 받았다. 그런데 그 사실이 행운과 무슨 관련이 있느냐고? 왜냐하면 그로 인해 나는 초등학교 시절부터 장차 성공하려면 IQ를 믿어서는 안되겠다는 것을 알았기 때문이다.

… 초등학교 시절, 나는 IQ 테스트 때문에 큰 절망감을 맛보았다. 당시 나는 테스트에 지나칠 정도로 불안해하는 경향이 있었다. 나는 너무 당황해서, IQ 테스트의 문제를 풀 수가 없었다. 첫 장의 처음 두 문제를 가지고 끙끙거리는데, 다른 아이들이 다음 장으로 종이를 넘기는 소리가 요란하게 났다. 내게 있어서 IQ 테스트 게임은 시작도 하기 전에 끝나고 만 것이다. 그리고 그 결과는 늘 나를 따라 다녔다. 나는 게임에서 진 것이다.

… 그 다음은 어떻게 되었는지, 그것은 물어볼 필요조차 없었다. 아무도 저능아에게는 많은 것을 요구하지 않는다. 초등학교 저학년 시절 담임 선생님들은 내게 많은 것을 요구하지 않았다. 그러나 다른 많은 학생들과 마찬가지로 나는 담임 선생님의 마음에 들려고, 선생님의 기대에 부응하려고 애썼다. 그런데 눈여겨보아 주지 않는 것이었다.

… 그런데 나는 아주 운이 좋았다. 초등학교 4학년에 진급하면서 나는 알렉사 선생님 반에 들어가게 되었다. 3학년까지의 담임 선생님들은 나이도 많고 테스트를 철썩 같이 신봉하는 그런 선생님들이었지만, 갓 대학을 졸업한 알렉사 선생님은 IQ 테스트 점수가 무엇인지도 몰랐고 또 개의치도 않았다. 그녀는 내가 지금보다 더 잘할 수 있다고 생각했고, 그래서 내게 더 많은 것을 요구했다. 그리고 그것을 얻어냈다. 왜냐고? 그건 내가 3학년 때까지의 담임 선생님들에게 했던 것보다 더 많이 그녀를 기쁘게 해 주고 싶었기 때문이었다. 만약 그녀가 그렇게 나이가 많지 않고 또 애석하게도 결혼하지 않았더라면, 나는 그 자리에서 청혼했을지도 모른다. … 나는 난생 처음 전과목 A를 받은 학생이 되었고, 그 후에도 계속 그 상태를 유지했다.

… Yale 대학 심리학과 1학년 시절, 나는 출발이 순조롭지 못했다. 심리학 개론에서 C학점을 맞은 것이다. 앞으로 심리학을 전공할 사람으로서는 좋은 출발이 아니었다. 이것은 내 IQ의 예측이 옳았으며 나는 무능력하다는 예단을 더욱 강화시켰다. 심리학 교수도 나와 같은 의견이었다. … 그래서 매우 유용한 학문이라고 생각한 수학으로 전공을 바꾸었다. 그러나 이것도 그리 탁월한 선택은 되지 못했다. 수학 개론에서 C보다 못한 학점을 받고는 결국 심리학으

로 되돌아오고 말았다. 하지만 상급 학년에 진학하면서 좋은 성적을 내기 시작했다.

… 나는 지금까지 21년 동안 심리학 교수로 재직해 오고 있다. 그리고 한 가지 확실하게 말할 수 있는 것이 있다. 심리학계에 20년 이상 몸담아왔지만 심리학 개론이나 기타 예비 과목에서 A학점을 얻기 위해 외운 것들을, 그 뒤에 다시는 외울 필요가 없었다는 것이다. 특히 교재나 강의를 암기해야 할 필요는 전혀 없었다. 연구를 하다가 기억이 나지 않으면 책을 펴고 찾아보면 되었다. 현재 대학교육을 포함한 각급 학교에서는 달달 잘 외우는 학생에게 A를 준다. 하긴 미국만 그런 것이 아니라, 다른 나라들도 암기를 지나칠 정도로 강조한다. 문제는 각 학문분야의 요구사항이 그 학문분야에서 정말 필요한 요구사항과 잘 일치하지 않는다는 것이다(Sternberg, 1996).

Sternberg(1985)는 지능이 분석적 능력, 경험적 능력, 맥락적 능력으로 구성되어 있다고 주장한다. 첫째, 분석적 능력이란 새로운 지식을 획득하고, 이를 문제해결에 논리적으로 적용하는 능력을 말한다. 학교에서 수행하는 문제해결은 주로 분석적 능력에 의존하므로, 분석적 능력이 뛰어난 사람은 기존의 지능검사나 성취도검사에서 높은 점수를 얻게 된다.

둘째, 경험적 능력은 주로 통찰력(insight)을 의미하는데, 통찰력은 선택적 부호화, 선택적 결합, 선택적 비교 능력으로 구성되어 있다. 선택적 부호화는 사고나 문제해결 과정에서 중요하고 적절한 정보에 주의를 기울일 줄 아는 능력이다. 예를 들어, 새로운 사업을 구상하는 기업가가 사업을 망칠 수 있는 치명적인 위험 요인에 주의를 기울이지 않으면 그 사업은 실패하게 된다. 선택적 결합은 처음에는 서로 관련이 없어 보이는 요소들을 연결시켜 다소 다르거나 새로운 것을 창출해내는 능력이다. 선택적 비교는 이미 있는 것들을 새로운 각도에서 보고, 이로부터 새로운 것을 유추해 낼 수 있는 능력을 뜻한다.

마지막으로, 맥락적 능력은 현실 상황에서의 적응력을 강조한다. 맥락적 능력은 기존의 IQ나 학업성적과는 무관한 능력이다. 이 능력은 정규 교육을 통해 길러지는 것이 아니라, 일상의 경험에 의해 획득되고 발달하는 능력이다. 맥락적 능력은 실용 지능으로도 불린다.

Sternberg(1996)는 기존의 지능관과 자신의 이론을 비교하면서, 지능에 대한 자신의 입장을 피력했는데 그 내용은 다음과 같다. 지능에 대한 좋은 가이드라인이라고 생각해도 괜찮을 듯하다.

① 종래의 지능검사는 지능의 아주 작은 부분을 측정한 것이지, 전반적인 부분을 측정한 것은 아니다.

② 지능은 늘 수정 가능한 것이다. 따라서 개인의 지능은 어떤 수치로 한번 고정되어 평생 그대로 남는 것이 아니다. 오히려 살면서 높아지기도 하고 낮아지기도 한다.

③ 지능은 사지선다형 테스트만으로 대충 측정할 수 있는 것이 아니다. 따라서 다양한 반응을 유도해 낼 수 있는 테스트들이 이러한 사지선다형 테스트를 보완해야 한다. 테스트는 그 종류에 따라 혜택을 보는 사람이 달라지기 때문에, 다양한 테스트 도구를 이용하는 것이 중요하다.

④ 지능은 수량의 문제가 아니라 균형의 문제이며, 그것을 사용하는 시기와 방법에 대한 문제이다. 지능은 어떤 목표를 달성하려는 노력을 기울일 때 발휘된다.

⑤ IQ와 같은 분석적 능력을 강조하는 사람들보다는, 그런 능력을 제한적으로 사용하는 사람들이 인생사를 훨씬 더 잘 해결해 나간다.

⑥ 종래의 지능검사는 경험적·맥락적 능력을 잘 측정하지 못한다. 또한 그런 능력들은 기존의 테스트와는 별로 상관관계가 없기 때문에, 우리는 지능의 다른 측면들도 측정해야 할 필요가 있다. 그리고, 현재 측정하고 있는 분석적 능력도 보다 광범위하게 측정해야 한다.

⑦ 학교는 사회에 나가서는 별로 중요하지도 않은 능력을 높이 평

가하는 경향이 있다. 그 결과 학생은 자신이 가장 잘할 수 있는 것을 제대로 못하게 되는 경우가 종종 있다. 아울러 학교는 학생들에게 나중에 부분적인 능력 밖에 발휘하지 못할 선택을 하게 만든다. 그렇기 때문에 학교의 요구사항과 일상생활의 요구사항을 보다 긴밀하게 조화시킬 필요가 있다.

⑧ 지능은 유전과 환경의 영향을 받는다. 그러나, 이 두 가지 변수는 여러 가지 방식으로 상호작용을 하기 때문에 서로 구분하기가 매우 어렵다. 유전이 지능에 미치는 기여도를 수치화하는 것은 여름에는 적도처럼 무덥고 겨울에는 북극처럼 추운 미네소타 주의 평균 기온을 산출하는 것만큼이나 어려운 일이다. 지능의 유전성은 여러 가지 요인에 따라 달라진다.

⑨ 인종과 민족에 따라 나타나는 IQ의 차이는 이들 인종과 민족의 전체적 지능을 반영한 것이 아니라, 부분의 반영일 뿐이다. 많은 증거들을 살펴보면, 이러한 IQ 차이가 거의 전적으로 환경적인 영향 때문인 것으로 밝혀졌다.

⑩ 지능의 중요한 요소로는 탄력성을 들 수 있다. 따라서 학생들에게 여러 관점에서 문제를 살피는 탄력적 태도와, 다른 민족과 문화의 세계사(世界事)에 대한 관점을 파악하는 능력을 길러주어야 한다.

Sternberg는 이러한 지능의 삼각형 이론을 응용하여, 최근에는 분석적 지능(좋은 해결안 찾기), 창조적 지능(좋은 문제 발견하기), 실천적 지능(멋진 해결안 만들기)으로 이루어진 '성공 지능'이란 개념을 제안하기도 했다(Sternberg, 1996). 이러한 성공 지능은 분석적·창조적·실천적 지능이라는 세 측면이 균형을 이룰 때 가장 효과적이고, 세 측면을 가지고 있는 것보다 적절히 활용하는 시기와 방법을 아는 것이 더 중요하다고 그는 주장한다.

3. 정서 지능

끝으로 정서 지능(emotional intelligence)에 대해 알아보자. 일반인들에게도 정서 지능은 많이 알려져 있는데, 먼저 그 개념의 간략한 역사를 살펴보자.

미국에서 정서 지능이 본격적으로 논의되기 시작한 것은 Salovey와 Mayer(1990)가 논문을 발표하고, 미국심리학회가 그 논문에 대하여 논쟁을 벌이면서부터이다. 하지만 대중적인 관심을 폭발시킨 계기가 된 것은 New York Times의 과학 담당기자 Daniel Goleman이 Salovey와 Mayer의 이론을 바탕으로 『Emotional Intelligence』(1995)라는 제목의 책을 출판하고, 이 책의 내용이 Times(1995)에 기사화된 것이 결정적이었다. 덕분에 정서 지능은 세계적으로 가장 주목받는 개념으로 등장하였다.

우리 나라에도 1995년 말에 정서 지능이 소개되면서 엄청난 파장을 불러일으켰다. 그러나 그 과정은 사뭇 한국적이다. IQ의 한계성을 지적하면서, 현실 생활과 보다 관련이 있는 대안으로 제안된 개념이 정서 지능임에도 불구하고, 한국에서의 수용은 "이제 좋은 대학 가려면 IQ만 가지고는 안 된다. EQ도 공부해야 한다"는 방식이었고, 급기야 'EQ 학습지'라는 모순적인 현상까지 목도하게 되었다. 역시 한국의 '학습열'은 세계적이다.

현재 한국에서는 '정서 지능', '감성 지능', 'EQ' 등의 용어가 동시에 사용되고 있는데, 일단 이 글에서는 '정서 지능'이란 용어를 쓰기로 한다. 사실 Times에서 정서 지능을 소개하면서 IQ에 대비되는 의미로 EQ(Emotional Quotient)라는 표현을 사용한 것인데, 그것이 사람들에게 더 많이 어필한 것이다. 하지만 이 개념의 제안자들은 정서 지능을 EQ로 수치화하는 것에 대해 상당히 조심스러운 입장이다. 그 중에서

Goleman의 주장을 들어보자.

> 나는 IQ를 재듯이 정서 지능을 측정하는 것을 반대합니다. 특히 어린 아이 때에는 정서 지능을 수치화하면 안됩니다. 사람들은 흔히 EQ를 IQ와 똑같이 취급하려고 해요. 하지만 "우리 애는 이건 잘 못하는데"라고 말해 버리면 그것은 일종의 '자기 충족적 예언'(self-fulfilling prophecy)[2]이 되어 버립니다 (Griffiths, 1999).

Salovey와 Mayer(1990)는 정서 지능을 다음과 같이 정의한다.

> 정서 지능이란 사회 지능의 한 하위요소로서, 자신과 타인의 감정과 정서를 점검(monitor)하고, 그것들의 차이를 변별(discriminate)하며, 생각(thinking)하고 행동(actions)하는데 정서 정보를 이용할 줄 아는 능력(ability)이다(Salovey & Mayer, 1990).

이러한 정의에 따라, 정서 지능은 보다 구체적으로 아래와 같은 하위 영역으로 구분된다(Salovey & Sluyter, 1997).

① 정서의 인식과 표현: 자신의 정서를 파악하기, 자신 외부의 정서를 파악하기, 정서를 정확하게 표현하기, 표현된 정서들을 구별하기
② 정서의 사고 촉진: 정서 정보를 이용하여 사고의 우선 순위를 정하기, 정서를 이용하여 판단하고 기억하기, 정서를 이용하여 다양한 관점 취하기, 정서를 활용하여 문제해결을 촉진하기
③ 정서 지식의 활용: 미묘한 정서간의 관계를 이해하고 명명하기, 정서 속에 담긴 의미를 해석하기, 복잡하고 복합적인 감정을 이해하기, 정서들간의 전환을 이해하기

---

[2] "자신이 지닌 상대방에 대한 기대, 선입견 등이 상대에게 영향을 미쳐 상대방이 그 기대에 부응하는 행위를 보이게 되는 현상"(한규석, 1995).

④ 정서의 반영적 조절: 긍정적·부정적 정서들을 모두 받아들이기, 자신의 정서에 대해 거리를 두거나 반영적으로 바라보기, 자신과 타인의 관계 속에서 정서를 반영적으로 들여다보기, 자신과 타인의 정서를 조절하기

Goleman(1995)의 경우 위의 모형을 토대로, ① 정서의 자기인식능력(self-awareness), ② 정서의 자기조절능력(self-management), ③ 정서의 자기동기화능력(self-motivating), ④ 감정이입능력(empathy), ⑤ 대인관계능력(social skills)으로 정서 지능을 정의한다.

사실 이러한 정서 지능은 완전히 새로운 이야기는 아니다. 이 개념은 앞서 Gardner가 말한 개인간 지능과 개인내 지능, Sternberg의 맥락적 능력과도 유사한 면이 있다. 자신과 타인의 심리상태에 대해 정확히 알고 그것에 적절하게 행동한다는 것은 소위 '눈치가 빠르다'는 말과도 일맥상통하는 면이 있다.

하지만 이를 실천한다는 것은 그리 간단한 일이 아니다. 오죽하면 Aristotle가 "누구나 화를 내기는 쉽다. 그러나 적당하고도, 적절한 때에, 올바른 목적과 방법으로 화를 내는 것은 쉬운 일이 아니다"고 했을까? 더군다나 학생들에게 하루 동안 자신의 정서 변화를 추적·기술해 보게 하면, 사용하는 단어의 숫자가 의외로 많지 않다. 자신의 정서에 대해서조차 파악이 제대로 안되거나 미분화되어 있는 것이다.

아마도 인생의 성공에서 IQ 못지 않게 중요한 것은 바로 정서 지능일 것이다. 실제로 기업의 인사담당자에 의하면, IQ는 취직을 하는데 도움을 주지만 정서 지능은 승진을 하는데 도움을 준다고 한다. Goleman은 AT&T Bell 연구소의 관리자들에게 가장 뛰어난 사람들의 순위를 매겨 보도록 한 적이 있었는데, 높은 순위를 받은 사람들은 IQ가 가장 높은 사람들이 아니었다고 한다. 그들은 좋은 협력자이며, 동료들에게 인기가 있었고, 자신들의 목표를 달성하기 위해 타인으로부

터 필요한 협력을 잘 구해내는 사람들이었다. 또한 타인을 화나게 하는 '실패한 경영자'에 대한 연구 결과에서도, 경영자들이 기술적인 능력의 부족보다는 '대인관계에서의 결함' 때문에 대부분 실패한다는 것을 알았다(Times, 1995).

<그림 5-3> 정서 지능에 대한 비유(이수정·장근영, 1997)

끝으로, 정서 지능에 대한 가장 적절한 학습방법은 일상에서의 실천과 반복을 통하여 새로운 기술을 배우는 것, 바로 습관의 변화라는 Goleman(Griffiths, 1999)의 지적은 성공이라는 문제와 관련해서 매우 시사하는 바가 크다. 즉, 대인관계 맥락에서 발생하는 일시적이고 인위적인 행동이 아니라, 지속적인 성찰과 실천을 통한 체화(體化)가 정서 지능의 발달에 필수적이다.

제2절 한국 사회에서 성공의 의미

이 책의 마지막 주제는 성공의 문제이다. '부자 되세요'라는 광고 문구가 화제인 2002년 우리 사회에서 과연 성공은 무엇이고, 성공에 이르는 지름길은 있는가? 아니 나 자신은 성공할 수 있는가?

우선 아주 흥미로운 경제학 연구를 하나 보자. Blanchflower와 Oswald(2001)는 1970년대부터 지금까지 약 30년 동안 10만명을 대상으로 조사하여, 인간의 심리현상을 미시경제학적 차원에서 돈으로 환산하는 연구를 발표했다. 그들에 따르면, '행복'한 느낌은 1년에 10만 달러(약 1억 2천만원) 정도의 가치가 있다고 한다. 반대로 실업자의 '불행'을 원점으로 돌리기 위해 필요한 돈은 1년에 약 6천만원으로 나타났다고 한다. 모든 것을 금전적인 가치로 환산하는 과정이 놀랍기만 하다.

그럼 이번에는 한국 사회로 돌아 와서, 우리 나라의 직장인들은 어느 정도 재산이 있어야 부자라고 생각할까? 한화그룹 사보가 임직원 133명을 대상으로 조사한 결과를 보면(한겨레신문, 2002), 직장인들이 생각하는 부자는 재산이 적어도 10억원 이상인 사람이다. "부자가 되기 위한 재산의 기준은 얼마라고 생각하는가"라는 질문에 절반 가량이 '10

억원 이상'(47%)이라고 응답했고, 그 다음은 '20억원 이상'(22%), '30억원 이상'(19%) 순이었다. '5억원 이상'이란 응답은 불과 12%였다.

반면 자신이 평생 모을 수 있는 재산에 대해서는 '1억~2억원'이라고 응답한 소심파와, '5억 이상'이란 낙관파가 똑같이 23%씩으로 공동 1위였다. '1억원 미만'이란 비관파도 17%나 됐다.

또한 이 조사에 따르면, 현재 저축액은 '1천만원 이내'가 가장 많아 54%를 차지했고, '1천만~2천만원'이 27%였다. 2천만원 이상을 저축해놓고 있다는 응답자는 다섯명 중 한 명 꼴인 19%였다. 응답자의 절반은 월급의 20~40% 정도를 저축하고 있으나, 월급의 50% 이상을 저축한다는 사람도 27%로 상당히 많았다. 물론 전혀 저축을 하지 않는 사람도 7% 있었다.

끝으로 "만약 100억원 짜리 복권에 당첨되면 무엇을 하겠느냐"라는 질문에 직장인들은 '부동산 매입'(31%)을 가장 많이 꼽았고, '해외여행'(17%), '사업'(13%), '불우이웃돕기'(12%)의 순으로 응답했다.

10억원 이상은 있어야 부자라고 생각하면서, 동시에 자신은 평생 2억원도 못 벌 것이라고 예상하는 불일치. 아무리 상상이라고 하지만 100억원이 생기고도 다시 부동산 투자를 꿈꾸는 현실. 우리에게 성공은 무엇인가?

박영신·김의철·탁수연(2002)은 IMF 이후 성공에 대한 한국 사람들의 의식이 어떻게 바뀌었는지를 조사했는데, 이 결과를 통해 성공에 대한 우리의 심리 구조를 확인해 보도록 하자. 그들은 초·중·고·대학생 481명과 그들의 부(236명)·모(271명)로 구성된 507명, 총 988명을 대상으로 조사하여, IMF 이전과 이후의 성공관을 비교하였는데 대부분의 결과는 서로 일치하고 있었다.

그 중에서 눈에 띄는 결과들을 확인해 보면, 첫째 "성공은 내가 하기 나름이다"라는 생각이다. 즉 한국 사람들은 자신의 성공과 관련해서 자기조절의 중요성을 두드러지게 강조하고 있다. 여기에서 자기조절이란 대표적으로 '노력'이며, 이외에 '의지', '인내' 등과 같은 개념들을 포함한다. 질문의 선택지 중에는 자기조절, 가정환경, 주위 사람의 도움, 성격, 긍정적 태도, 기타 등이 있었는데, 사람들은 가정환경(32.9%)과 자기조절(31.5%)을 성공의 요인으로 압도적으로 꼽았다.

성공에 관련해서만이 아니라, 실패의 원인에 대해서도 노력이나 의지의 부족과 같은 자기조절의 결여를 가장 중요한 원인으로 지각하고 있었다. 하지만 인간의 행동은 개인적 요소와 환경적 요소의 상호작용을 통해 결정된다는 사실을 염두에 둘 때, 이렇게 '과도한' 자기 통제가 항상 긍정적인 것만은 아닐 것이다.

두 번째로 현저하게 드러난 결과는 한국 사람들에게 가정의 중요성, 나아가 가족관계의 중요성이 매우 높다는 것이다. 본인이 성공하기 위해 가장 도움이 된 사람이 누구인가라는 질문에 대해, 배우자(32.4%)를 가장 많이 지적하였다. '그래도 믿을 건 가족 밖에 없다'는 것이다.

세 번째로는 성공하기 위해 다른 사람에게서 받은 정서적 지원, 정보적 지원, 경제적 지원, 적절한 환경 조성, 협조, 기타 중에서 어떤 도움이 중요했는지를 묻는 것이었다. 이에 대해 사람들은 부모나 배우자와 같이 주위의 중요한 타인으로부터의 정서적인 지원을 가장 중요하게 여기고 있었다. 여기서 정서적 지원이란 정신적 도움, 격려와 칭찬, 관심과 사랑, 나를 믿어줌과 같은 내용들이다.

마지막으로 아버지와 자녀, 어머니와 자녀의 자료를 짝을 이루어 비교하였을 때, 성공과 관련된 의식에서 부모와 자녀 사이에 유사한 점이 별로 없었다. 이러한 결과는 청소년과 그들의 부모세대가 심리와 행동의 다양한 측면에서 분명한 세대 차이를 갖고 있다는 것을 단적으로 보여준다.

이상의 결과에서 나타나는 한국인의 성공관은, 성공은 내가 하기 나름이며, 가장 중요한 타인은 역시 ㅡ이고, 그들의 정서적 지지가 가장 큰 힘이 된다는 것이다. '모든 것은 우리 집에서 이루어진다.'

1. 성공한 사람들

그렇다면 성공한 사람들은 어떤 모습일까? 이에 대한 기존 연구들 중에서 맨 처음 살펴볼 것은 Stanley(2000)의 연구이다. 그는 현재 미국에서 100만 달러 이상의 재산을 가진 733명을 대상으로 그들의 특성을 조사했다. 그 특성에는 가족, 재산과 수입, 유산, 사는 동네, 사는 집, 직업, 교육수준 등 인구통계학적 정보들이 포함되어 있다. 그들의 대략적인 모습은 다음과 같다.

> 54살 먹은 남자
> 28년간 한 여자와 살고 있다
> 평균 3명의 자녀
> 평균 순자산은 920만 달러(중앙값은 430만 달러)
> 연평균 실수입 75만 달러(중앙값 44만 달러)
> 90%가 대학졸업자
> 대학 성적은 우수한 편이 아닌데, 4.0 만점에 평균 2.92

Stanley는 사전조사를 통해 추출한 30가지 성공요인들을 그 중요성에 따라 순위를 매겨달라고 조사대상자들에게 부탁했는데, 그 결과가

<표 5-1>에 제시되어 있다.

<표 5-1> 백만장자들의 성공요인(Stanley, 2000)

순위	성공의 요인들
1	모든 사람들에게 정직하다
1	자기 관리가 철저하다
3	사람들과 잘 어울린다
4	내조/외조를 잘해주는 배우자가 있다
5	다른 사람보다 더 열심히 일한다
6	자신의 일과 직업을 사랑한다
7	통솔력이 강하다
8	남보다 더 뛰어나고자 하는 마음과 성격이 강하다
9	조직력이 있다
10	자신의 아이디어나 상품을 팔 수 있는 능력이 있다
10	현명하게 투자한다
12	남들이 못 보는 기회를 포착한다
13	자기가 직접 운영한다
13	대가가 예상된다면 금전적 위험을 감수한다
15	좋은 조언을 해주는 사람이 있다
15	제대로 인정받고 싶어하는 마음이 강렬하다
17	자신의 사업에 투자한다
18	이윤이 남을만한 곳을 찾아낼 줄 안다
18	활력이 넘친다
20	신체적으로 건강하다
21	지능지수가 높다
22	전문성이 있다
23	좋은 대학을 나온다
24	남 얘기하기 좋아하는 사람들의 비난에 신경 쓰지 않는다
24	자기 분수에 맞게 생활한다
26	신앙심이 두텁다
27	운이 따라 준다
27	일반법인에 투자한다
29	좋은 투자 자문가를 둔다
30	우등으로 졸업한다

예상외로 (혹은 예상대로) 특별한 비법은 없다. 백만장자들이 자신의 성공에 가장 중요하다고 선택한 요인은 '모든 사람들에게 정직하다', '자기 관리가 철저하다'로 나타났고, 그 다음이 '사람들과 잘 어울린다', '내조/외조를 잘해주는 배우자가 있다'의 순이었다. IQ, 출신 대학, 우등 졸업과 같은 지적인 능력들은 사회성이나 도덕성 등에 비해 훨씬 낮은 순위를 기록했다. 사실 언제나 가장 쉬운 것이 가장 힘든 법이다. 모든 사람들에게 정직하고, 자기 관리가 철저하다는 것.

Stanley는 자신의 연구가 Sternberg의 성공 지능에서 힌트를 얻었다고 하는데, 위에서 보고한 사항들 이외에도 흥미로운 점들이 많이 있다. 백만장자들이 그들의 학창시절에 배운 가장 중요한 것은 적절하게 시간을 안배하는 방법과 사람을 정확하게 판단하는 법이고, 그들이 백만장자인 지금도 신발 밑창을 바꿔 신으며(물론 처음에 살 때는 오래 신을 수 있는 좋은 신발을 산다), 가구는 손질해서 계속 쓰고, 쇼핑갈 때는 반드시 목록을 적고, 그 동안 모아둔 쿠폰들을 가지고 간다고 한다. 이 외에 이 책의 주제와 관련이 있는 몇 가지만 더 언급해 보자.

사람들은 우리의 능력이 '평균 혹은 그 이하'라고 등급을 매겼다. 이 경험 때문에 우리는 목표를 달성하기 위해 싸우는 법을 배울 수밖에 없었다.

대부분의 백만장자들은 자신의 한계를 잘 안다. 따라서 학교를 마치기 전에 그들은 자신의 장점과 약점을 정확히 인식한다.

어떤 기준과 기존의 어떤 것 그리고 권위에 대해 의문을 품는 것은 자수성가한 백만장자들과 앞으로 부자가 될 소지가 있는 사람들의 사고방식에서 나타나는 특징이다.

사랑의 감정에 빠져들기 전에 그들은 미래의 배우자감이 이기적이지 않으며, 다정하고, 덕성을 갖추었는지를 알아보는 놀라운 능력을 갖고 있다.

백만장자 세 명 중 두 명이 성공적인 결혼생활을 위해서는 배우자가 술을 절제할 수 있는 사람이거나 아예 하지 못하는 사람이어야 한다고 말하고 있다.

우리가 이러한 백만장자들의 마인드를 똑같이 따라 하면, 마찬가지로 성공할 수 있을까? 사실 이 질문에 대한 대답은 분명하지 않다. 왜냐하면 이 연구가 회고적(retro-spective) 연구이기 때문이다. Stanley의 연구는 어떤 사람들을 과거에서 현재에 이르기까지 추적·조사하면서, 그들의 다양한 변화를 밝힌 것이 아니라, 특정 시점에서 이미 성공한 사람들을 대상으로 과거의 원인을 회상하도록 한 것이다.

이러한 회고적 연구방법은 항상 동일한 논리적 함정에 빠지기 쉽다. 예를 들어 과거의 특정한 경험이 현재의 성공을 만들었다는 주장에 대해, 똑같은 경험을 했지만 성공하지 못한 사람들이 존재하는 한 이 주장은 신뢰롭지 못하다. '다큐멘터리 성공시대' 같은 프로그램 역시 동일한 문제를 안고 있다.

따라서, 보다 믿을 수 있는 결과를 얻기 위해서는 종단적 연구의 필요성이 제기된다. 앞서 1장에서 잠깐 언급한 적이 있는, 하버드 대학 졸업생을 대상으로 했던 두 프로젝트에 대해 간단하게 알아보자.

먼저 Kotter(1995)는 하버드 대학교 MBA 과정의 1974년 졸업생 115명을 20년간 추적하고 나서, 그들의 경력발달이 이전 세대와는 확연히 다른 양상을 보인다고 결론 내린다. 그가 나름대로 '새로운 법칙들'이라고 정리한 내용들은 다음과 같다.

① 평범한 것은 말할 것도 없고, 잘하고 있다는 것에 안주해서도 위험하다.

이런 적당주의는 20년 전에는 맞는 말이었는지 모르지만, 지금부터는 '결코' 성공할 수 없다.

② 어떤 활동에서 뛰어나기 위해서는 기회의 포착과 함께 개인의 장점과 약점을 적절히 조화시킬 줄도 알아야 한다. 그런데 각각의 상황이 요구하는 능력을 갖추기 위해서는 무엇보다도 자기 인식이 필요하다.

③ 성공에 있어서의 필요한 기술과 태도를 개발하기 위해서는 '좋은' 교육을 받는 것은 보다 중요해지고 있다. '좋다'는 것은 기준치가 높은 환경을 뜻하며, 이 교육을 통해 경쟁 상황에서의 자신감을 키우고 보다 많은 것을 배우고 싶은 욕구를 개발하게 된다.

④ 야망을 품은 사람이라면 대학을 졸업하고 전통적인 20세기 회사에 과연 들어갈 것인지에 대해 잠시만이라도 생각해 보아야 한다. 물론 예외는 있겠지만, 크고 유명한 회사의 제의에 흔쾌히 응하는 것이 합리적이던 시대는 지났다.

⑤ 또한 야망이 있는 사람들은 세계의 일반적인 규준보다 경쟁이 심하지 않은 산업들은 피해 가야 할 것이다.

⑥ 단일한 기능적 계층구조를 수직적으로 밟아 올라가는 것은 20세기 전반기에 비하면 지금은 훨씬 의미가 없어졌다.

⑦ 평생 학습을 실현하기 위해서는 그에 적합한 자리와 부하의 성장을 고무시키는 상사, 그리고 실험과 혁신을 허용하는 환경을 찾아야 한다.

⑧ 성공을 추구하는 데에는 항상 어떤 위험이 내재되어 있다. 더구나 지금은 도덕적인 함정이 한 세대 전보다 더욱 만연해 있기에, 윤리적인 판단의 중요성이 점점 더 커지고 있다.

⑨ 훌륭한 부모를 만나거나 좋은 교육을 받는 행운을 누리지 못한 사람들에게는 이러한 교훈들이 특히 중요하다.

다음으로 인생의 성공에 대한 기념비적 업적으로 꼽히는 그랜트 연구(Veilant, 1977; 멘탈휘트니스, 2002)를 보자. 이 연구는 하버드 대학교에서 가장 우수하다고 생각되는 학생 268명을 1937년부터 60년에 걸쳐 연구한 것이다.

연구 결과, 연구대상자들 중 30%는 실제로 누가 보더라도 명백히 성공적인 삶을 살아간 반면에, 30% 정도는 부적응적인 삶을 산 것으로 나타났다. 또한 연구대상자들 중 약 44% 정도가 비즈니스맨으로서 사회생활을 시작했는데, 그들 중 약 17% 정도는 중간관리자 수준까지도 승진하지 못했다. 그리고 약 39%는 50세가 되어서도 여전히 부사장 또는 보좌역에 머물러 있었으며, 약 44%만이 회사의 CEO가 되어 있었다.

연구 대상자들 중 30%가 실패한 삶을 살고, 또한 비즈니스계에 진출한 사람들의 과반수 이상이 CEO가 되지 못했다는 사실은 연구진들에게 매우 커다란 충격이었다고 한다. 왜냐하면, 이러한 결과가 일반적인 기준으로 본다면 절대 나쁜 편이 아니지만, 이 연구의 대상자들이 바로 하버드 대학의 졸업생들이었고, 그 중에서도 특별히 우수하다고 선발된 사람들이었기 때문이다.

아무튼 이러한 내용을 정리하는 과정에서, 연구진들은 개인의 인생 변화와 성공에 대한 다섯 가지 '진실'을 발견할 수 있었다고 한다.

첫째, 성공적인 삶의 모습이라는 것이 명백하게 존재한다는 것이다. 즉, 동일한 출발선상에서 시작하여 35년간 인생을 항해해 간 결과, 성공적인 삶을 살았던 사람들과 적응하는 데 실패했던 사람들이 보여준 인생의 행적은 뚜렷하게 구분된다는 것이다.

둘째, 성공적인 삶을 산 사람과 부적응적인 삶을 산 사람들을 가장 잘 구분해 줄 수 있는 지표는 바로 방어기제(防禦機制)의 차이였다. 여기서 방어기제란 이성적이고 직접적인 방법으로 불안을 통제할 수 없을 때 자아를 보호하기 위해서 인간이 무의식적으로 사용하는 사고 및 행동수단이다. 이러한 방어기제는 <표 5-2>와 같이 여러 가지 형태로 나타나는데, 비현실적이고 무의식적이라는 점에서는 동일하다.

두 집단은 이러한 방어기제의 사용 분포에서 차이가 있었는데, 성공적인 삶을 산 사람들은 상대적으로 성숙한 방어기제를 많이 사용하는

<표 5-2> 방어기제의 종류(Veilant, 1977; Sarason & Sarason, 1996)

정신병적 방어기제(정신병, 꿈 그리고 어린 시절에 공통으로 나타남)

① 부정(외부 현실에 대한): "잘 이해하지 못하는 과목의 기말시험을 앞두고 있는 학생이 그 시험은 사실 별로 중요하지 않다고 스스로에게 말을 하고, 공부 대신 영화를 보러 간다."
② 왜곡
③ 망상적 투사

미성숙한 방어기제(심한 우울증, 성격장애, 청소년기에 공통으로 나타남)

① 환상(정신분열증적 철수, 환상을 통한 부정)
② 투사: "혼외관계를 갖고 싶은 욕망이 강하지만 그것에 대해 죄책감을 느끼는 사람이 그럴만한 이유도 없으면서 부인이 정숙하지 못하다고 계속 비난한다."
③ 건강염려증
④ 소극적-공격 행동(자신을 향한 피학증)
⑤ 행동화(강박적 비행, 도착증)

신경증적 방어기제(모든 사람에게 공통으로 나타남)

① 주지화(고립, 강박행동, 취소, 합리화): "얼마 전에 남편이 사망한 부인이 자신을 떠나간 남편에 대해 분노하기보다는 한국의 장례 의례의 부적절성에 대해 이야기한다."
② 억압
③ 반동형성: "아이에게 분노하고 낙심한 엄마가 아이에게 밤새 탈이 없는지 살펴보기 위해 여러 번이나 확인을 하고, 아이의 등하교 길이 안전한지에 대해 지나치게 걱정한다."
④ 전위(전환증, 공포, 기지): "어떤 사람이 사장에게서 꾸중을 듣고 화가 났다. 그는 집에 돌아와서 부인에게 고함을 질렀다."(사장에게 고함을 지르는 것은 너무 위험할지도 모른다.)
⑤ 해리(신경증적 부정)

성숙한 방어기제(건강한 성인에게서 공통으로 나타남)

① 승화: "공격성이 강한 청소년이 축구 선수가 됨으로써 그러한 감정을 위험하지 않은 방식으로 표현한다."
② 이타주의
③ 억제
④ 예상
⑤ 유머

반면, 미성숙한 방어기제는 적게 사용했다. 그리고 신경증적 방어기제의 경우에는 성공한 사람들과 부적응적인 삶을 살았던 사람들 간에 별다른 차이가 나타나지 않았다.

셋째, 인간이 발달한다는 것은 미성숙한 방어기제를 보다 적게 사용하고, 성숙한 방어기제를 보다 많이 사용하게 된다는 것을 의미한다. 앞서 보았듯이, 성공적인 삶을 산 사람과 부적응적인 삶을 산 사람들 간에 신경증적 방어기제를 사용하는 측면에서는 별다른 차이가 없었다. 신경증적 방어기제의 특징이 남모르게 고통을 속으로 삭히는 것이라는 점을 고려해 보면, 어릴 때나 나이가 들었을 때나 그리고 인생에 성공하거나 실패하거나 주관적으로 고통을 느끼면서 살아가는 것은 마찬가지인 것을 알 수 있다.

또한 이 연구는 연구대상자들의 연령이 증가함에 따라 미성숙한 방어기제는 점차 줄어들고 성숙한 방어기제가 늘어나는 것을 보여주었다. 발달함에 따라 보다 성숙한 방어기제를 많이 사용하며 삶에 적응해 나가는 것, 이것이 바로 인생이라고 연구 결과는 시사한다.

넷째, 연구 결과는 그 누구든지 존경할 만한 면을 가지고 있다는 평범한 진리를 재확인시켜 주었다고 한다. 즉, 부적응적이고 실패한 삶을 산 사람들은 자신들이 본받을 만한 점이 전무할 것이라고 오해하는 경향이 있는데, 실제 결과를 보면 이러한 선입견이 명백한 오해임이 분명하게 드러났다. 설사 현재의 모습에서 장점이라고는 하나도 찾아볼 수 없고, 별 볼일 없어 보이는 사람일지라도 크게 성장할 수 있는 잠재력은 가지고 있었다는 것이다.

다섯째, 성공적인 인생을 살기 위해서 가장 중요한 요인은 바로 정신건강이라는 점이다. 이것이 의미하는 바는 정신적으로 성숙해지는 것, 즉 건강해지는 것이 개인의 인생에서 매우 중요하다는 것이다.

2. 성공하고 싶다면?

지금까지 한국 사람들이 성공과 부자를 어떻게 생각하는지, 그리고 실제로 성공한 사람들의 특징은 무엇인지 알아보았다. 그럼 이제 어떻게 하면 우리가 성공할 수 있을지에 대해 고민할 차례이다.

성공을 위해 무엇보다도 가장 중요한 것은 '적절한 직업 선택'일 것이다. 이러한 경력발달은 4장에서 반복해서 강조한 바와 같다. 참고로 Koch(1997)는 아래와 같은 분류를 제시한다.

<표 5-3> 바람직한 직업과 라이프스타일(Koch, 1997)

성취욕구			
높다	1	2	3
낮다	4	5	6
	회사 조직에서 일하는 것을 선호	단독으로 일하는 자영업 선호	타인을 고용해서 회사를 경영하는 것을 선호

1번 집단은 야망은 크지만 다른 사람들이 구성해 놓은 환경에서 일하는 것을 선호하는 사람들이다. 20세기의 전형적인 회사인이 이러한 범주에 속한다. 최근 들어 이러한 유형에 대한 수요는 줄어들고 있다. 그래도 회사에서 일하는 것을 원한다면, 이 냉정한 시대의 조류를 직시하고 아무리 시대에 뒤떨어진 일이라고 해도 자신의 뜻으로 뚫고 나가겠다는 각오를 해야 한다.

2번 집단에 속한 사람들은 전형적인 전문가들로서, 동료들로부터 인정받기를 원하며 자기 분야에서 1인자가 되기를 원하는 사람들이다. 독립적인 생활을 원하며, 대학처럼 자유분방한 조직이 아니라면 조직생활에 잘 맞지 않는다. 이러한 사람들은 가능한 한 빨리 자영업을 시작해야 한다. 일단 시작한 다음에는, 조직의 덩치를 키우면 경제적 이익이 늘어날 것이라는 점이 눈에 보인다 하더라도, 다른 사람들을 고용하고 싶은 유혹을 이겨내야 한다.

3번 집단의 사람들은 성취욕구와 야망이 높은 동시에, 고용되는 것을 싫어한다. 이 유형은 일반 통념에 얽매이기를 싫어하고 자신의 힘으로 무언가를 이루어내고 싶어한다. 즉 자기 주위에 잘 짜여진 구조나 기구를 건설하고 싶어하는 미래의 기업가들이다.

4번 집단에 속한 사람들은 직업적인 성공에 대한 욕구는 높지 않지만 타인과 일하는 것을 즐기는 유형이다. 이런 사람들은 일상적인 회사 업무든 자원봉사 역할이든 여러 사람이 함께 즐겁게 할 수 있는 곳에서 장시간 일을 하도록 해야 한다.

5번 집단에 속한 사람들은 야심은 없지만 자신의 일에서의 자율성에 대한 욕구가 강하다. 이런 유형의 사람들은 자기 회사를 설립하는 것보다 프리랜서로서 다른 회사의 특정 프로젝트에 참가해 일하는 것이 좋다.

6번 집단의 사람들은 직업적 성공이나 성취에 대한 욕구는 낮지만, 타인들을 조직하고 발전시키는 과정을 즐기는 사람들이다. 교사, 사회사업가, 자선사업가로 활동하는 사람들이 대부분 여기에 속한다. 이런 유형의 사람들에게는 과정 자체가 전부이며, 결과는 그리 중요하지 않다.

하지만 직업만으로는 뭔가 부족하다. 직업만 잘 고른다고 성공하는 것은 아니지 않는가? 우리 나라에서 성공에 대한 이야기를 할 때 항상 등장하는 단골이 있다. Stephen Covey의 『성공하는 사람들의 7가지 습관』(1989)이 그것이다. 워낙 유명하고 수많은 사람들이 읽은 책이니까, 간단하게 습관들을 훑어만 보자(그런데 그렇게 많은 사람들이 그 책을 읽고 감동을 받았다면서, 실제 성공한 사람들은 왜 그리도 적을까?).

　습관 ① 주도적이 되라(Be proactive)
　습관 ② 목표를 확립하고 행동하라(Begin with the end in mind)
　습관 ③ 소중한 것부터 먼저 하라(Put first things first)
　습관 ④ 상호이익을 추구하라(Think win-win)
　습관 ⑤ 경청한 다음에 이해시켜라(Seek first to understand then to be understood)
　습관 ⑥ 시너지를 활용하라(Synergize)
　습관 ⑦ 심신을 단련하라(Sharpen the saw)

　위의 7가지 습관은 단지 병렬적으로 나열된 것이 아니다. 습관들의 연결고리를 필자가 다시 엮어 보면 다음과 같다. 성공의 시작은 주도적이 되는데 있다. 그런데 주도적이 되기 위해서는 어떤 일을 시작하기 전에 그 결과를 마음속에 그려보고 행동해야만 한다. 그렇게 되면 당연히 자신에게 소중한 것을 먼저 하게 될 수밖에 없다.
　그런데 이러한 과정은 나 혼자만 잘한다고 되는 것이 아니다. 성공에는 반드시 타인의 협력이 필요하기에 상호이익을 추구해야만 한다. 그리고 서로에게 무엇이 이익인지 파악하기 위해서는, 반드시 상대방의 말을 먼저 경청해야 한다. 그렇게 하면 협력 작업으로 자연스럽게 시너지가 생길 것이다. 끝으로 이러한 전 과정을 제대로 이루기 위해서는 무엇보다도 개인의 심신을 항상 단련해야 한다.

　여기서 개인에 초점을 둔 습관 ①, ②, ③은 이 책의 다른 장들에서 이미 무수히 강조했던 내용이다. 습관 ④, ⑤, ⑥은 개인 영역을 넘어서 대인관계에 관한 것이다. 재미있는 사실은 Covey가 주장하고 있는 내용들이 그와는 전혀 다른 (어찌 보면 완전히 반대되는) 인생을 살았던, 생태주의 근본주의자 Scott Nearing[3]의 주장과 너무 비슷하다는 것이다. 다음은 Nearing이 나중에 아내가 될 Helen Nearing에게 젊은 시절 보낸 편지의 일부이다(Nearing, 1992).

혼란스러움 대신에 조화롭고 하나된 느낌을 갖기 위해서 하루를 어떻게 보내시나요? 막연하긴 하지만 이 문제는 모든 사람이 부닥치는 것입니다. 어떻게 살아야 손실을 가장 적게 하고 가장 커다란 성장을 이룰 것인가? (보통 이렇게 말하기도 하지요. 어떻게 살아야 가장 적은 고통 속에서 가장 많은 쾌락을 얻을 것인가?) 이 문제는 다음과 같이 분석할 수 있습니다.

1. 관심의 중심. 곧 일상 생활에서 곁가지들을 '떼어버리고' 남은 알맹이를 찾는 일.
2. 누구나 그 속에 들어 있고 어떤 식으로든 닿아 있지만 눈에 보이지는 않으며 열려 있는, 영원한 힘을 가진 우주와 만나는 일.
3. 저마다 자신의 존재를 확인하면서 온 마음을 기울일 수 있는 어떤 일(창조적인 일)을 발견하는 것. 그 일은 저마다의 생계 수단이 될 수도 있고, 그렇지 않을 수도 있습니다.
4. 만족스럽고 오랫동안 지속되는 사회적인 만남, 우정, 개인 관계를 세워 가는 일.
5. 끊임없이 인격체를 성장시키되, 통일되며 원만하며 조화로운 상태로 엮어 가는 일.

Covey에게나 Nearing에게나, 결국 중요한 것은 '자신'이고, '자신의

---

3) Scott Nearing의 좌우명은 다음과 같다. "간소하고 질서 있는 생활을 할 것, 미리 계획을 세울 것, 일관성을 유지할 것, 꼭 필요하지 않은 일을 멀리할 것, 되도록 마음이 흐트러지지 않도록 할 것, 그날 그날 자연과 사람 사이의 가치 있는 만남을 이루어가고, 노동으로 생계를 세울 것, 자료를 모으고 체계를 세울 것, 연구에 온 힘을 쏟고 방향성을 지킬 것, 쓰고 강연하며 가르칠 것, 계급투쟁 운동과 긴밀한 접촉을 유지할 것, 원초적이고 우주적인 힘에 대한 이해를 넓힐 것, 계속해서 배우고 익혀 점차 통일되고, 원만하며, 균형 잡힌 인격체를 완성할 것"(Nearing, 1992).

관심'이고, '관심에 맞는 선택'인 것이다. 물론 이러한 테제는 어느 정도 통제가능한 개인 영역에 국한된 것이다. 대인관계와 환경이란 변수가 개입하기 시작하면 양상은 훨씬 복잡하게 된다. 하지만 인생에서 그러한 복잡함은 거의 피할 수 없다.

3. 다시, 성공이란 무엇인가?

미국 프로야구에서 4할 타율이 사라진 것이 타자들의 실력이 퇴보했다고 한탄하는 사람들에게, Gould(1996)는 평균 타율 4할은 모든 선수들의 타율을 표시한 전체 분포의 오른쪽 꼬리일 뿐이지, 그 자체가 따로 정의될 수 있거나 분리될 수 있는 '것'이 아니라고 날카롭게 지적한 바 있다.

최근 우리 사회에서 화제가 되고 있는 성공 담론 역시 이와 비슷한 논리 구조가 아닐까? 무슨 말인고 하니, 성공이 새삼 화제가 되고 있는 것은 그 변이와 양상이 과거에 비해 훨씬 커지고 다양해졌기 때문인데, 성공에 대해 말하는 사람들은 성공을 (전체 시스템의 일부가 아니라) 따로 분리된 무엇인가로 생각하고 있지 않은지 의심이 든다.

지금까지 성공에 대해 많은 논의들을 했다. 하지만 결국 사람들이 궁금해하는 것은 "어떻게 하면 나도 성공할 수 있을까?"라는 질문일 것이다. 그런데 이 질문에 답하기 위해서는 먼저 성공을 어떻게 정의할 것인지가 결정되어야 한다.

성공에 대한 정의에는 크게 두 가지 방식이 있을 수 있다. 하나는 성공을 '합법적으로 획득한 부(富)의 크기'로 정의하는 것이다. 보통 사람들이 내심 이 정의를 인정하면서도 드러내놓고 주장하기는 쉽지 않은 정의이다.

하지만 아무튼 이 정의를 따르게 되면, 앞서 Gould가 지적한 똑같은 문제에 빠지게 되어 성공의 방정식을 찾는 것은 불가능하게 된다.

왜냐하면 많은 돈을 번다는 것은 한 개인의 속성이기에 앞서, 전체 인구와 맞물린 소득구조의 문제이기 때문이다. 따라서 부자만을 따로 연구한다고 해서 그들이 성공하게 된 비결이 드러날 수는 없다. 성공방정식의 불능(不能)인 경우이다.

심지어 자신에게 재물운이 좋은 날을 기준으로 주식 투자를 하는 경우에도, 주식이란 수많은 사람들이 관여하는 시스템이므로 한 개인의 사주(四柱)로 주식의 주가 변동을 연결한다는 것은 애초에 불가능하다는 결과도 있다(신동아, 2001a).

성공에 대한 또 다른 정의는 성공을 '개인적으로 설정한 인생 목표나 의미'로 간주하는 것이다. 그런데 이 경우에는 어떤 유일한 성공방정식을 정할 수가 없다. 왜냐하면 사람마다 전부 성공의 의미가 다르고, 따라서 그것에 이르는 길도 달라지기 때문이다. 성공방정식의 부정(不定)인 셈이다. 이 때의 결론은 "성공을 원한다면 이렇게 하라"는 정언명령(定言命令)이 아니라, "성공을 위해서는 이렇게 할 수도 있고 저렇게 할 수도 있다. 단, 선택과 책임은 너 자신에게 있다"가 될 것이다.

4. 나는 어떻게 살 것인가?

인간 존재의 무의미성을 처절하게 은유한 '시지푸스(Sisyphus)의 신화'를 들어본 적이 있을 것이다. 시지푸스는 신들의 비밀을 인간에게 누설했다는 이유로, 신들의 저주를 받아 커다란 바위를 언덕 꼭대기까지 밀어 올려야 했다. 그러나 언덕 꼭대기에 도달하면 그는 기운이 떨어져 바위를 놓치고 만다. 바위는 다시 밑바닥으로 굴러 내려간다. 같은 일이 계속 반복함으로써 시지푸스는 영원히 바위와 싸워야 했다.

그런데 미국의 철학자 Richard Taylor는 산다는 것의 의미를 탐구하기 위해, 시지푸스의 신화에 매우 독창적인 질문을 제기한다(Taylor,

1984; Singer, 1995에서 재인용-).

> 시지푸스의 삶에 의미를 부여하려 한다면, 그의 운명은 어떤 방식으로 바꿔어야만 하는가? 첫 번째는 아무런 소득 없이 끊임없이 같은 바위를 언덕 위에 갖다 놓으려고 노력하는 대신에, 그로 하여금 다른 바위를 언덕 위로 밀고 가게 해서 근사한 사원(祠院)을 건설하도록 하는 것이다.
> 두 번째는 그로 하여금, 비록 계속해서 같은 바위를 밀어 올리지만 (그것도 항상 아무 소용없이 그렇게 하지만) 신들이 갑자기 자비로워져서 바위를 올리는 바로 그 행위를 시지푸스가 맹렬히 원하도록 만드는 것이다.

Singer는 『이렇게 살아도 괜찮은가』(1995)라는 책에서, Taylor가 시지푸스의 삶에 의미를 부여한 두 가지 방식은 서로 다른 두 가지 입장에서 유래한 것이라고 말한다.

우선 우리는 객관적으로 가치 있는 목적을 위해 일함으로써 의미 있는 삶을 꾸려 나갈 수 있다. 오랫동안 남아 있을 수 있고 세계에 아름다움을 더해주는 사원을 짓는 것은 바로 그와 같은 목적을 상징한다.

두 번째 가능성은 객관적인 어떤 것에서 의미를 찾는 것이 아니라 내면의 어떤 것, 즉 우리의 동기에서 의미를 찾는다. 이 견해에 따르면, 우리가 하는 것이 가치 있는지를 결정하는 것은 우리의 욕구이다. 따라서 우리가 원하기만 한다면, 어떤 것이든 의미 있는 행위가 될 수 있다.

문제를 해결하기 위해 내부로 시선을 돌리는 사람들은 Taylor가 시지푸스의 삶에 의미를 부여한 방법, 즉 시지푸스로 하여금 스스로 원해서 바위를 언덕 위로 밀어 올리게끔 하기 위해서, 신들이 그의 머리 속에 집어넣은 어떤 신비한 것을 찾아 헤매는 것이다. 반면에 Singer는 삶의 의미는 세계 속으로 뛰어들어가 무엇인가 가치 있는 것을 하는데 있다고 제안함으로써, 시지푸스로 하여금 사원을 지어 세상을 바꾸도록

해야 한다는 해결책을 지지했다.4)

 갑자기 시지푸스의 신화를 길게 늘어놓는 이유는 Taylor와 Singer의 대립이 성공이라는 주제에서도 똑같이 직면하는 문제이기 때문이다. 성공을 객관적인 무엇으로 정의하느냐, 아니면 주관적인 무엇으로 정의하느냐에 우리의 인생은 확연히 달라질 것이다. 우리는 여기서, 이 두 가지 가능성 중에서 어느 한 쪽의 손을 들어줄 생각은 없다. 아니 그럴 능력과 자격이 안 된다고 말하는 편이 정직할 것이다. 하지만 인생의 주관적인 의미가 단지 자아에만 한정된 것은 아니라는 점은 밝힐 필요가 있다. 자아에만 국한된 협소한 모습은 Singer(1995)가 잘 묘사하고 있다.

 자아에 대한 강박 관념은 (미국의) 1970년대와 1980년대 세대가 저지른 가장 뚜렷한 심리적 과오이다. 그렇다고 자아의 문제가 중요하지 않다고 주장하는 것은 아니다. 과오는 문제에 대한 답을 자아에 초점을 맞추어 찾으려 했다는 사실에 있다.
 이 실수는 어린 시절부터 자서전을 쓰겠다고 굳게 결심한 사람이 자서전 집필 이외에는 아무 것도 하지 않음으로써 저지르게 되는 실수에 비유할 수 있다. 그러한 경우 도대체 무엇을 쓸 수 있겠는가? 컴퓨터 앞에 앉아 "나는 지금 자서전을 쓰고 있다"고 타이핑할 수는 있을 것이다. 어쩌면 자서전 집필에 관한 생각을 묘사하면서, 한동안은 이런 방식을 유지해 나갈 수 있을지도 모른다. 그러나 집필하는 경험 이외에 무엇인가 쓸만한 경험을 하지 않는 이상, 자서전은 매우 얄팍할 수밖에 없을 뿐 아니라 그 내용도 재미없을 것이다.

---

4) Carol Gilligan도 이와 같이 보편적인 윤리에 대한 신념을 가진 한 여성의 말을 인용한 적이 있다. "나는 세계에 대해 강한 책임 의식을 가지고 있다. 단지 나의 만족만을 위해 살 수는 없다고 생각한다. 이 세상에 존재한다는 사실 자체가 세계를 보다 살기 좋은 곳으로 만들기 위해 최선을 다해야 한다는 의무를 부여한다고 생각한다. 내가 할 수 있는 일이 아무리 사소한 것이라고 할지라도 말이다"(Gilligan, 1982).

마찬가지로 모든 시간과 정력을 내부로 돌려 '자아를 찾는데' 소비한다면, 그렇게 발굴된 자아는 실체를 갖지 못한 허깨비가 될 것이다. 즉 공허한 자아가 그 소산이다. 물론 누구도 내부로 눈을 돌리는데 이처럼 과다하게 자신의 시간과 정력을 낭비하지는 않는다. 그러나 많은 사람들이 정도 이상으로 낭비하는 것도 사실이다. 그렇게 해서 남는 것은 결국 축소된 삶 뿐이다.

이제 기나긴 대단원의 막을 내릴 시간이다. 정리해 보자. 성공을 위해서 필요한 것은 결국 '나'이다. 자신의 정체성이 불분명한 상태에서는 어떠한 성공방정식도 사실상 무의미하다는 것이고, 일단 내가 있어야 비로소 주관이건 객관이건 나눌 수 있게 될 것이다. 사회적으로도 우리는 '내가 빠진 근대화', '압축 성장'의 파국을 IMF를 통해서 충분히 보지 않았던가?

하지만 그 '나'라는 것은, 아무 것도 안 하고 자아의 심연(深淵)으로 내려간다고 얻어지는 것은 아니다. 이 문제에만 국한시키자면, 모리스 메테를링크(Maurice Maeterlink)가 쓴 '파랑새'의 결말은 여기에 어울리지 않는다. 동화에서는 치르치르와 미치르 남매가 자신의 앞마당에 있던 행복을 두고 헛되이 멀리 찾아 헤매었다.

그러나 이 책에서 말하고 있는, 자아의 탐색은 멀리는 아닐지언정, 반드시 찾아 나서야 하는 것이다. 자아는 그 여행에서 만들어진다.

제 5 장 똑똑하면 성공하나? / 295

당신은 어느 좌석에? (호아킨 라바도 Joaquin Lavado의 작품)

보론 5: 늦가을 비 내리는 고속도로에서 느낀 생각 (강준만)5)

<해설> 1980년대 말 한국의 지식인 사회는 김용옥이라는 무림의 고수를 충격 속에 '바라본' 적이 있다. 그리고 10년이 지나고, 또 다른 고수가 한 명 나타났다. 강준만이다. 그는 김용옥보다 더 집요했고, 더 영악했다. 그리고 철저했다. 강준만에 대한 소개는 신동아와의 인터뷰 기사에 실린 것으로 대신한다.

거침없는 글쓰기로 성역과 금기에 도전해온 전북대 신문방송학과 강준만 교수는 흔히 '전투적 자유주의자'로 불린다. '강준만 현상'이란 그의 독특한 글쓰기 방식과 그 글에 담긴 '도발적인' 메시지(지역주의 비판, 서울대 망국론, 조선일보 제몫 찾아주기 등)를 둘러싼 '충격파'를 일컫는다. 그것은 지난 몇 년 동안 마치 불온한 삐라처럼 지식인 사회의 뒷골목에서 어슬렁거려 왔다.
　우리 사회 '주류'의 언저리를 맴돌던 이 충격파는 시간이 지날수록 자장이 커졌고, 마침내 학계, 출판계, 언론계 등 이른바 지식인사 회의 몸통 한가운데를 꿰뚫는 데까지 이르렀다. 그가 고발하는 '지식인의 위선'이 시대의 중요한 화두로 사람들의 머릿속을 점령해버린 것이다.
　올 들어 '당대비평', '문화과학', '문예중앙', '문학과 사회', 'emerge 새천년' 등 각종 계간지와 월간지들이 앞다퉈 '강준만 현상'을 분석하고 지식인들 사이에 '강준만식 글쓰기'의 미덕과 해악을 두고 불꽃 튀는 논쟁이 이는 것은 그가 10년 동안 벌여온 작업의 사회적 의미와 폭발성을 감안하면 뒤늦은 느낌마저 있다(신동아, 2000).

만일 강준만에 대해서 더 궁금하다면, ① 서점에 가서, 그동안 그가 쓴 엄청나게 많은 책들 중의 하나를 사서 읽거나, ② 『월간 인물과 사

---

5) 귀중한 글의 전재(全載)를 허락해 주신 강준만 선생님께 진심으로 감사드립니다. 출처: 강준만 (2000). 머리말: 늦가을 비 내리는 고속도로에서 느낀 생각. 월간 인물과 사상, 2000년 12월호(32), 7~18. 인물과 사상사.

상』을 구독하거나, ③ 신동아(2000)와 리뷰(1998)에 실린 그의 인터뷰를 참고하면 된다.

어찌 보면, 성공과 지능의 문제를 다루는 이 장의 보론으로 강준만의 글은 뭔가 어색해 보일 수도 있다. 그는 심리학자도 아니고, 사회학자도 아니며, 성공이나 지능에 대한 본격적인 글을 발표한 적도 없다. 하지만 그는 한국 사회에서 벌어지는 많은 현상들에 대해 매우 성실하게 탐구하는 학자임에는 틀림이 없다.

필자가 그의 글을 보론으로 택한 이유는 두 가지이다. 첫째, 보론에서 강준만은 한국의 인간관계 메카니즘에 대해 흥미롭고 예리한 통찰을 보여주는데, 우리 사회에서 인간관계란 성공의 필수불가결한 조건이기 때문이다. 둘째, 앞서 논의한 '성공의 의미'라는 측면에서 본다면 과연 그의 인생은 성공적인지에 대해 학생들에게 질문을 던지기 위해서이다. (♠)

1. 한국인의 '미시적 정서주의'

나는 한 때 인간(人間) 커뮤니케이션 연구에 심취한 적이 있었다. 석사 과정 시절엔 아예 나의 주 전공을 그걸로 삼을까 하는 생각까지 했었다. 이야기가 너무 장황해질 것 같아 그 생각을 포기한 사연은 생략하겠지만, 지금도 언젠가 대중용 인간커뮤니케이션 개론서 만큼은 써보겠다는 생각은 갖고 있다.

인간 커뮤니케이션 이야기를 꺼낸 이유는 십 년 넘게 언론 개혁을 부르짖는 글을 쓰다 보니 이게 곧 인간 커뮤니케이션의 문제이기도 하다는 생각을 하게 되었기 때문이다. 즉, 비록 글쓰기에만 의존하는 것이긴 하지만 어떻게 하면 효과적인 언론개혁운동을 할 수 있을까 하는 고민은 인간 커뮤니케이션의 문제로 귀결되더라는 것이다.

비단 언론개혁운동뿐만 아니다. 한국 정치도 인간 커뮤니케이션의 문제다. 그런 식으로 따지자면 인간 커뮤니케이션 아닌 게 어디 있냐는 반론이 나올 법하니, 얼른 이야기를 좀 더 좁혀 들어가 보자. 외람되지만, 나는 여기서 '미시적 정서주의'(微視的 情緒主義)라는 새로운 조어(造語)를 하나 내놓고 싶다. 우리 인간이라는 게 다 그렇겠지만 특히 한국인들이 더 그런 성향을 갖고 있는 게 아닌가 한다.

한국인들은 매사를 정서적으로 판단하기를 좋아한다. 이건 전혀 새로울 게 없는 사실이다. 그런데 내가 보기엔 정서적으로 판단한다고 하더라도 그것이 반드시 미시적이어야 할 필요는 없다고 생각한다. 즉, '거시적(巨視的) 정서주의'라는 것도 있을 수 있다는 것이다. 달리 말씀드리자면, 세상에 대해 판단할 때에 최종적으론 정서에 의존할망정 일단 세상 전체의 모습을 거시적으로 살펴주느냐 아니면 지극히 부분적인 것에 집착하느냐의 차이는 있을 수 있다는 것이다. 그런데 한국인들은 대체적으로 '미시적 정서주의'를 선호하는 것 같다.

나는 일부 국민의 김대중 대통령에 대한 거의 맹목적인 반감(反感)도 바로 이 '미시적 정서주의'와 무관치 않을 거라고 본다. 나는 부산에 사는 어느 독자가 『한겨레 21』 2000년 11월 8일자에 투고한 글에서 다음과 같은 대목을 읽고 착잡한 생각을 갖지 않을 수 없었다.

> 김대중 대통령이 노벨평화상을 받았다. 그러나 내가 근무하는 학교 학생들의 반응은 그다지 좋지 않은 것 같다. 이곳이 경상도 지역이고, 아직 철없는 사춘기의 학생들이어서 냉소적인 태도를 보이는 것이 아닐까 생각해보았다.

철없는 사춘기의 학생들이기 때문에 더 노벨상에 열광하는 게 당연한 게 아닐까? 우리 나라의 '노벨상 콤플렉스'가 얼마나 뿌리깊은 것인가. 그 콤플렉스에 꽤 감염돼 있을 어린 학생들이 김 대통령의 노벨상 수상에 그다지 좋지 않은 반응을 보였다는 건 무얼 말하는 걸까? 부모와 지역정서의 영향을 받았기 때문이라고 보아야 하지 않을까?

물론 김 대통령은 그간 많은 잘못을 범했다. 그러나 그의 잘못이 노벨상 수상에 대해서조차 그다지 좋지 않은 반응을 보여야 할만큼 큰 것일까? 도무지 이해할 수 없는 일이다. 지역감정 때문이라고만 딱 잘라 말하기 어려운 그 무엇이 있는 게 아닐까? 아니 지역감정이 미시적 정서주의와 결합해 더욱 악화된 경우라고 보는 게 옳을 것이다.

2. 수신제가(修身齊家) 논리의 타락

나는 대단히 착하고 선량하거니와 한국 사회의 개혁을 열렬히 원하는 보통 사람들 가운데 재야 운동권 인사는 물론 시민운동가들에 대해서까지 대단히 부정적인 생각을 갖고 있는 사람들이 많다는 걸 경험으로 잘 알고 있다.

재야 운동권 인사나 시민운동가들에 대해 평가를 하려면 가장 중요한 건 그 사람들이 공적(公的)으로 무슨 언행을 해왔는가를 살펴보고 그에 대한 판단을 내리는 일일 것이다. 그러나 의외로 많은 사람들이 그 과정을 생략하고 사람 자체에 대한 평가로 모든 평가를 대신하려 한다. 뿐만 아니라 사람 자체에 대한 평가 결과가 신통치 않을 경우, 그 사람이 공적으로 해온 언행이 훌륭할수록 평가의 부정성은 더욱 강해진다. 그 만큼 위선과 기만의 정도가 컸다고 보기 때문이다.

이거 결코 농담이 아니다. 정말 그런다. 나는 '박정희 신드롬'도 이런 '미시적 정서주의'의 산물이라고 생각한다. 박정희를 미시적으로 인간 자체만 놓고 보게 되면 『월간조선』 조갑제 씨가 집중적으로 부각시키는 바와 같이 '애국을 위한 고독한 결단'만이 두드러질 수 있다. 박정희에 의해 저질러진 그 무수한 야만적 인권 유린 작태는 박정희라고 하는 인간 자체와는 동떨어진 것으로 간주될 수 있는 것이다.

여기서 지금 내가 문제삼고자 하는 건 그 반대의 경우다. 공적으로는 대체적으로 보아 훌륭한 활동을 한 사람이 있다. 그러나 그 사람에 대한 평가는 양지가 아닌 음지에서 내려진다. 그 음지라는 게 주로 술좌석이다. 그 사람에게 술좌석에서 씹힐 만한 어떤 허물이 있으면 그 사람의 공적 활동은 곧장 쓰레기통에 처 박힌다. 그 허물이 대단히 큰 거라면 그건 당연하겠지만 그건 술좌석에서나 유통될 만한 수준의 것일 뿐 그 이상의 가치는 없는 것이다.

한국인의 그런 특성을 좀 단순화시켜 하나의 캐치프레이즈로 표현하자면, 아마 이런 게 가능할 것이다. "한국인에게 공사(公私) 구분은 없다. 오직 인간관계만이 있을 뿐이다." 이른바 수신제가(修身齊家) 논리의 오도된 타락상이라고나 할까?

한국은 인간관계가 지배하는 사회다. 바로 여기에 한국 사회의 근원적인 딜레마가 있다. 한국 사회에서 권력을 갖기 위해서는 인간관계가 절대적으로 중요하다. 물론 그 인간관계라는 건 연고주의, 정실주의, 패거리주의 등을 포함하는 것이다.

딜레마라는 건 이른바 '개혁'과 관련된 것이다. 한국 사회에서 개혁이라는 건 많은 경우 인간관계와 관련된 것이다. 부정부패라고 하는 것도 거의 대부분 인간관계를 물고 들어가는 것임을 유념할 필요가 있겠다. 인간관계를 존재 근거로 삼고 있는 권력체가 개혁을 한다? 불가능하다고 말할 수는 없겠지만, 대단히 어렵다고 보아야 할 것이다. 인간관계를 개혁의 대상으로 삼을 경우 권력 기반이 무너지고 인간관계를 그대로 유지해가면서 개혁을 한다는 건 시늉에 불과하기 때문이다.

개혁을 지향하는 운동의 경우도 마찬가지다. 운동은 정치다. '사람장사'다. 운동 역시 인간관계를 외면하곤 아무 것도 할 수 없다는 말이다. 게다가 운동은 정치와는 달리 '떡고물'이란 걸 제공하지 못한다. 그래서 더욱 인간관계를 중시해야 하는 건지도 모른다.

3. 집단적 사고에 대한 저항마저도

나는 지난해 5월에 나온, 정신과 전문의 정혜신 씨가 쓴 『불안한 시대로부터의 탈출: 삶의 열망을 되찾고 싶은 이 시대 남자들에게』(명진출판)라는 책을 최근 뒤늦게 읽다가 다음과 같은 부분에 밑줄을 그으면서 많은 생각을 하게 되었다.

> 우리는 살아가면서 자기도 모르는 사이에 '감정을 절제해야 남자답다', '일류 대학을 나와야 성공한다', '숙녀 체면에 …', '모름지기 남자란 ~ 라야 한다' 따위의 집단적 사고에 얽매일 때가 많다. 흔히 내 생각, 내 가치관, 내 신념이라고 생각하는 것 중에 많은 부분이 사실은 부모의 생각, 친구의 가치관, 스승의 신념인 것이다(19~20쪽).

전적으로 공감이 가는 말씀이다. 나는 이 주제에 대해 한 걸음 더 나아가서 내가 느낀 바를 말씀드리고 싶다. 나는 그간 내 나름대론 집단적 사고에 저항하는 글쓰기를 해왔다고 생각한다. 그런데 나는 한 가지 매우 흥미로운 사실을 발견하게 되었다. 집단적 사고에 도전하는 내 주장엔 전적으로 동의하는 사람도 나 개인의 행태에 대해서만큼은 여전히 집단적 사고의 연장선상에서 평가하고 조언을 하더라는 것이다.

예를 들어 말씀드려 보겠다. 논쟁이 잘 이루어지지 않는 우리 풍토에 문제의식을 느껴온 나는 누가 나를 비판하면 일일이 답을 드리는 게 예의이며 또 그게 바람직하다고 생각했다. 그러나 우리의 집단적 사고에 따르면 그건 옹졸하고 품위 없는 짓일 수 있다. 대범과 도량이 부족한 짓일 수 있다. 그래서 '성실하게 답을 드린다'는 줄지에 '악착같이 말대답한다'거나 '끝까지 지지 않으려고 애쓴다' 정도로 폄하될 수 있다는 말이다.

나는 그런 풍토가 서운하다는 말을 하려는 건 아니다. 내가 하고자 하는 말은 그 누가 집단적 사고에 저항하더라도 그 사람이 발을 디딘 마지막 발판만큼은 집단적 사고에 근거해야만 그 저항의 효과를 높일 수 있는 게 우리의 현실이 아니냐 하는 것이다.

4. 실명비판과 인간관계

어느 전공 분야건 학계에서 인간적으로 아주 좋은 평가를 받고 있으며 유능한 리더십을 행사할 수 있는 사람들은 대체적으로 어떤 사람들일까? 내가 보기엔 거의 개혁에 관심이 없는 사람들이다. 나는 지금 그런 사람들을 감히 비판하려는 게 아니다. 담담하게 우리가 살고 있는 세상의 모습을 있는 그대로 살펴보자는 것이다.

여기서도 딜레마라는 건 어느 지식인이 개혁에 관심을 갖고 그 일에 자신의 시간과 열정을 투자하는 순간 그 사람이 동료 지식인 집단으로부터 아주 좋은 평가를 받고 유능한 리더십을 행사할 수 있는 가능성은 점점 더 사라지게끔 되어 있다는 것이다. 물론 예외가 있을 수도 있겠지만, 대체적으로 보아 개혁과 인간관계는 상호 적대적이다.

한국의 지식계가 좌파·진보 진영에서조차 실명 비판에 한사코 저항하는 이유도 바로 여기에 있는 게 아닐까? 실명 비판은 기존 문화와 풍토에선 인간 관계를 파괴하는 것일 수도 있다. 개혁 지향적일망정 따뜻한 인간관계도 누리고 싶다는 그 소박한 열망에 찬물을 끼얹어가면서 실명 비판을 부르짖는 건 결코 많은 사람들의 공감을 얻기 어려운 것이다. 내가 아주 재미있게 읽은 정혜신 씨의 책에서 한 대목을 더 인용해보기로 하자.

> 얼마 전 텔레비전 미니 시리즈에 강석우라는 배우가 오랜만에 나와서 열심히 보았다. 그가 젊었을 때 나왔던 영화『겨울 나그네』. 그 영화에서 로맨틱한 남자 주인공이었던 강석우는 그 때의 그 이미지로 내 기억의 한 모퉁이를 차

지하고 있는 사람이다. 그런데 중년이 된 그가 출연한 미니 시리즈를 보며 나는 상처를 받았다. 극중에서 그는 자기 회사의 젊은 여직원을 농락이나 하는 음흉하고 비열한 사업가로 나왔기 때문이다. … 그렇지만 대중의 생각을 반영하는 것이 드라마 아닌가. 대부분의 드라마를 통해서 나오는 중년의 이미지라는 것들은 이런 것이다. 탐욕적이어서 추한 느낌을 주는 그런 쪽 아니면 인생의 뒤안길로 접어들면서 아무런 힘도 꿈도 없이 자신의 삶을 접고 사는 사람. 중년의 나이로 멋있고 근사하게 살아가는 기분 좋은 적극성을 가진 그런 인물을 드라마에서 부각시킨 적이 있었던가. 그리고 실제 주위에서 그렇게 살아가는 나이든 남자를 만나기가 쉬운가(43~44쪽).

나도 중년이지만, 지식인의 중년 인생도 드라마 속의 중년 인생과 비슷한 것 같아 씁쓸한 생각이 든다. 왜 많은 지식인들이 20대와 30대엔 대단히 비판적인 면모를 보이다가도 40대를 넘어서면 서서히 달라지기 시작해 40대 중반 이후엔 완전히 달라지는 걸까? 몰라서 묻는 게 아니다. 나는 그 이유를 거의 100% 이해할 수 있을 것 같다. 40대란 그간 키워온 인간관계에 대한 '추수'가 시작되는 때가 아닌가. 그와 더불어 나는 40대를 둘러 싼 우리 사회의 '집단적 사고'가 그런 변화를 유도한다고 생각한다.

나는 언젠가 추운 날 자전거를 타고 출근하다가 나의 졸업생 제자(난 이 표현조차 별로 좋아하지 않지만, 쉬운 이해를 위해)가 차 속에서 나를 부르며 아주 안쓰럽게 걱정하는 걸 보며 약간 곤혹스러워 했던 적이 있다. 왜 자전거 출퇴근을 그렇게 초라하게 보는 걸까? 정치인들이 가끔 이미지메이킹을 위해 자전거를 이용하는 이유를 알 것도 같다. 당연하게 생각되어야 할 일이 당연하게 생각되지 않는, 그 집단적 사고의 벽은 언제쯤 깨질 수 있을까?

5. 소름이 돋는 『조선일보』의 '폭력성'

모든 운동이 다 그렇겠지만 언론개혁운동이라는 것도 집단적 사고에 대한 저항이다. 어느 신문을 구독하느냐 하는 건 어떤 화장지를 사느냐 하는 것과는 전혀 다른 문제다. 여론이 모든 걸 결정하는 오늘날의 대중 민주주의에서 신문 구독을 퀵보드, 김치냉장고, 전기프라이팬, 버너, 가족사진 촬영권 등과 같은 경품을 받고 결정하는 건 선거에서 금품과 향응을 제공받고 표를 던지는 것과 다를 바 없는 일이다. 그러나 오늘날의 집단적 사고 앞에서 이런 '훈계'는 대단히 무력하다.

『조선일보』의 문제를 아무리 지적해도 『조선일보』의 다른 장점을 과장되게 열거해가면서 『조선일보』 구독을 포기하지 않으려는 사람들도 많다. 나는 『조선일보』를 보는 모든 사람들이 꼭 『조선일보』처럼 생각하게 될 것이라고는 생각하지 않는다. 더 큰 문제는 전혀 다른 데에 있다. 『조선일보』 독자가 『조선일보』로부터 어떤 영향을 받건 그것보다 더 중요한 건 한국 사회 각 분야의 모든 엘리트들이 스스로 1등이라고 떠들어대며 자기 과시를 하는 『조선일보』를 오직 '힘의 논리'라고 하는 점에서 평가하면서 『조선일보』의 생각에 자신의 언행을 조율하고자 하는 유혹을 받게 될 것이라는 점이다.

나는 『조선일보』의 생각을 존중하지만 자기들의 마음에 들지 않는 사람이나 세력에 대한 비판을 위해선 수단과 방법을 가리지 않는 '폭력성'을 보이는 것에 대해선 소름이 돋곤 한다. 한가지 예를 들어볼까? 김대중 주필은 2000년 8월 12일자 칼럼과 10월 7일자 칼럼에서 김 대통령에 대해 다음과 같이 말한 바 있다.

> 여기서 우리가 걱정하는 것은 김 대통령의 사태를 보는 통찰력과 시국을 판단하는 현명함에 어떤 이상이 생긴 것 아닌가 하는 것이다. 그의 정치적 장점은 논리정연함, 그리고 응집력과 끈기였다. 현명한 판단 아래 논리를 세우지 않고는 어떤 일도 시작하지 않았으며 한번 시작한 것을 끝까지 추구하는 응집력을 보여왔다.

우리 대한민국 국민은 앞으로 2년여를 싫든 좋든 김 대통령이 잡은 조타에 실려 살아가야 한다. 그래서 그의 정치역정과 과거 정치 스타일을 아는 사람들은 그가 지난날 보여줬던 합리성, 총명성, 융통성, 양보성, 그리고 무엇보다 국민의 일반적 생각과 걱정을 헤아리는 대중성으로 되돌아가 주길 바랄 뿐이다. 그들은 김 대통령이 청와대라는 울타리 안에서 자기 생각만 되새김질하는 고집스러운 노(老) 정치인으로 퇴행하기보다 국민들 사이로 나와 국민의 생각을 좇아 융통성을 보이고 그들과 공감대를 형성할 줄 아는 야당성으로 되돌아가 주길 바랄 뿐이다.

이 칼럼들에 따르자면, 김 대통령은 참으로 많은 장점을 갖고 있었던 것으로 보인다. 김 대통령이 논리정연함, 현명함, 응집력, 끈기, 합리성, 총명성, 융통성, 양보성, 대중성 등을 갖고 있었다니 놀랄 일이다. 이게 과연 김 주필의 진심일까? 그렇다면, 김 주필이 지난 94년에 펴낸 『언론, 조심하라구』라는 책에 실린 칼럼에서 내린 김 대통령에 대한 다음과 같은 평가는 어떻게 이해해야 하는 걸까?

20년이 지난 지금 그는 별로 변한 것이 없다. 세상이 엄청나게 변했는데, 그의 언변, 사고, 시국관은 크게 달라진 것이 없다. 그는 오늘의 정당의 현대적 운용을 가로막고 있는 구시대의 마지막 주자인지도 모른다. 그의 정치는 반대와 공격, 타협과 술수로 대변된다. 그는 반대와 강성을 선명의 지름길로 삼아왔다. 지금 이 시대와 국민이 야당에 요구하는 것은 체제의 안정, 권력의 견제 그리고 같이 나라를 만들어 가는 공동의 노력이다.

6. 김대중 주필에 대한 서글픈 생각

한마디로 이야기해서 어지럽다. 효과적인 비판을 위해서라면 마음에도 없는 말을 마구 만들어 해내는 김 주필의 행태에 대해 서글픈 생각마저 갖게 된다. 꼭 우리가 이렇게까지 해야 하는 걸까? 각자 생각은 얼마든지 다를 수 있거니와 비판도 왕성하게 이루어져야 한다. 독설도 좋다. 그러나 그 비판이 저질스러운 권모술수에 의해 이루어진다면 그건 곤란하지 않을까? 김 대통령의 남북대화 시도에 관한 김 주필의 다음과 같은 일련의 비판은 그의 노벨상 수상에 대해 상당수 국민이 그다지 좋지 않은 반응을 보이게 만든 데에 가장 큰 영향을 미친 장본인이 누구인가를 짐작케 하기에 충분하다.

그가 무리해서 첫 단추를 잘못 끼우면 우리는 큰 불행을 맞을 수 있다. 저간의 보도를 보면 김 대통령은 많은 경제적 지원을 하고 대화에 부응하는 분위기를 조성하며 상호주의를 고집하기보다는 양보할 것은 양보하려는 기운을 읽을 수 있다. 그러나 김 대통령은 한국의 미래를 우선적으로 고려해야 한다. 한국을 그의 장중에 있는 '소유물'로 간주해서는 안 된다(4월 22일자).

국민을 또 맥빠지게 하는 것은 이 정부의 대북(對北) 노이로제다. 북한과 김정일을 건드리거나 화나게 하는 일체의 행동을 억제하거나 '알아서 기는' 저자세는 정말 우리를 화나게 한다. 김정일은 이제 남한 내부정치의 한 중요한 요소로까지 부상했다. 이 나라가 어떻게 싸워서 일군 나라인데 이렇게 줏대 없이 북에 이끌려 다니며 온갖 사탕발림에 열중하고 있는가 하는 탄식이 여기저기서 들린다. 심지어 "가부간에 노벨평화상이 발표되는 10월 13일이 빨리 왔으면 좋겠다"는 자조적인 말도 들린다(9월 9일자).

어느 전직 대통령은 그를 향해 '독재자'라고까지 극언하고 있다. 독재자라고 말할 수는 없을는지 몰라도 김 대통령이 그런 소리를 듣게 된 것은 자업자득일 수 있다. … 그의 대북정책은 이제 비판이나 충고 따위는 필요 없다는 식으로 집요하고 단호하게 치닫고 있다. 비판은 마치 자신의 대북업적을 깎아내리기 위한 것쯤으로 받아들이는 인상이다. 그것이 북한의 김정일이 북한을 좌지우지하는 스타일에 영향받는 것이 아니기를 바라는 생각이 들 때도 있을 정도다(10월 7일자).

7. '시장적 성격'이 요구되는 세상

나는 오늘 늦가을 비가 처량하게 내리는 고속도로변의 풍경을 버스 차창을 통해 내다보면서 다소 '센티멘털한' 상념에 푹 빠졌었다. 저 수많은 러브호텔에선 지금 무슨 일이 벌어지고 있을까 하고 궁금해하면서 저들이야말로 인생을 가장 바쁘게 사는 건 아닌가 하는 생각에 슬그머니 미소를 짓기도 했다. 올더스 헉슬리의 『멋진 신세계』에선 청년들을 지배하고 있는 구호 중 가장 중요한 것이 "오늘 즐길 수 있는 것을 절대로 내일로 미루지 말라"는 것이었다던가? 그리고 이 구호는 "14세 때부터 16세 반이 될 때까지 매주 2번씩 그리고 매번 200번씩 반복하여" 그들에게 철저하게 주입된다고 했던가?

이따금씩 버스 속 정적을 깨트리는 요란한 핸드폰 소리에 놀라면서 왜 저들을 저렇게까지 필사적으로 커뮤니케이션을 하지 않으면 안 되는 걸까 하는 엉뚱한 생각을 하기도 했다. 현대인은 늘 바쁘지 않으면 불안해하는 걸까? 나는 에리히 프롬이 말한 '소외된 능동'이라는 개념을 떠올렸다. 진정한 '능동'과 단순한 '분주함'을 구분하지 않은 채, 세상의 흐름과 유행과 집단적 사고에 바삐 끌려가면서 자신이 세상을 능동적으로 살고 있다고 믿는 사람들에게 줄 수 있는 위로와 평안이란 과연 어떤 것일까?

미시적 정서주의야말로 오늘날 우리 시대의 가장 중요한 생존 법칙은 아닐까? 세상을 크게 어렵게 복잡하게 생각하지 않고 자신의 시야를 주변의 인간관계에만 국한시켜 그 곳에서 삶의 의미와 보람을 찾고 더 나아가 그 관점에서 세상을 판단하는 것이 행복에 이르는 최상의 길이 된 건 아닌가? 우리는 인간의 존재가 '퍼스낼리티 시장'(personality market)에 내던져진 상품이 되어 버렸다며 개탄한 프롬의 다음과 같은 진술로부터 과연 얼마나 자유로운 걸까?

성공은 대부분의 경우 시장에서 얼마나 자신을 잘 팔 수 있는가, 얼마나 자신의 퍼스낼리티를 사람들에게 잘 알리는가, 얼마나 멋지게 자신을 '포장'하는가, 다시 말해서 자신을 '유쾌한', '건전한', '의욕적인', '믿을만한', '야망적' 인간인지 아닌지, 더욱이 자신의 가정의 배경은 무엇인가, 그리고 자신이 소속한 클럽은 무엇인가, '적재적소'의 사람을 얼마만큼 알고 있는가 하는 따위에 의해 좌우된다. … 시장적 성격의 목적은 퍼스낼리티 시장의 모든 조건 아래에서 바람직한 인물이 되도록 하기 위해 안전하게 적응하는 것이다. 시장적 성격의 퍼스낼리티는 (19세기의 인간들이 가졌던 것과 같은) 집착할 만한 자아(自我)를 전혀 '가질' 수 없다. 다시 말하면 자기 자신에게 고유한, 변하지 않는 자아를 소유할 수가 없다. 그렇기 때문에 '나는 당신이 원하는 바로 그 사람이오'라고 이야기할 수 있도록 끊임없이 자신을 변형시킨다.6)

'시장적 성격'이야말로 바로 우리 시대의 가장 촉망받는, 유능하다는 사람이 가져야 할 필수적인 조건이라는 데에 이의를 제기할 사람은 없을 것이다. 그런데 문제는 세상을 바꾸고 싶다는 열망을 품고 살아가는 사람도 그러한 '시장적 성격'을 갖지 못하는 한 자신의 열망을 실현하기가 대단히 어렵다는 데에 있다.

서울에서 어느 분으로부터 선물받은 작은 라디오를 버스 속에서 잠시 들었더니 랄프 네이더 이야기가 나온다. 미국 대선에서 민주당에 큰 타격을 준 네이더의 몫이란 과연 무엇일까? 네이더의 지지 세력은 민주당처럼 커질 수 있을까? 그렇게 커지겠다고 애쓰는 순간 네이더의 의미는 사라지는 게 아닐까? 커지려는 노력을 하지 않는다고 해서 그걸 비판할 수 있을까? 네이더의 집권은 영원히 불가능하다는 걸 알면서도 '시지프스의 노동'을 하겠다는 것이 그 지지자들의 뜻은 아닐까? 월간 『인물과 사상』의 2000년 마지막 호를 내면서 갖게 된 두서없는 생각의 편린들이다.

---

6) 에리히 프롬. 김진홍 역. 『소유냐 삶이냐』(홍성사, 1978, 19쇄, 1979). 180~181쪽.

추천 도서

▷ **성공 지능**

(로버트 스턴버그 지음, 영림카디널, 1997)

세계적 심리학자 Sternberg가 지능에 대한 최신 연구들을 기반으로, 인생의 성공과 지능의 문제를 쉽고 재미있게 서술하고 있다. IQ라는 환상을 넘어서, 실제 중요한 것은 창조적, 분석적, 실천적 측면을 지닌 성공 지능이라고 저자는 주장한다. 적절한 인용과 대가다운 문체가 눈에 띄고, 번역도 좋다.

▷ **성공의 신화는 사라졌는가**

(존 프리드만 코터 지음, 다정원, 1998)

본문에 언급된 『새로운 법칙들』(사민서각, 1996)이 다시 번역되어 출판되었다. 리더십 연구로도 유명한 Kotter가 하버드 MBA 1974년 졸업생들을 20년 동안 추적·연구한 보고서이다. 급격한 환경 변화에 따른 개인 경력의 적응과정이 잘 나타나 있다.

▷ **영리한 당신 왜 큰돈을 못 벌까**

(개리 벨스키 등 지음, 현실과미래사, 2001)

제목만 본다면 3류 처세술 책이 연상되지만, 실제 내용은 전혀 그렇지 않다. 인간이 합리적이라는 가정에 이의를 제기한 '행동주의 경제학'의 입장에서 전체 논의가 전개된다. 부동산, 주식, 신용카드 등 개인의 다양한 경제생활 주제에 대해, 매우 신선하면서도 구체적인 정보들을 담고 있다.

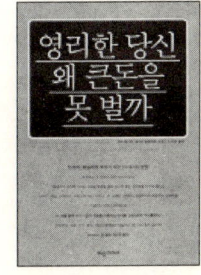

참 고 문 헌

강준만 (1998). '삶'과 '앎'을 분리시키는 식민지 지식인에게: '일상'을 껴안는 조혜정의 '또하나의 문화'. 인물과 사상, 5, 101~125.
강준만 (2001). 노무현과 국민 사기극. 서울: 인물과사상사.
교수신문 (2001). 2006년, 박사대란 온다. 2001년 4월 30일자(201호).
구본형 (1998). 익숙한 것과의 결별: 대량 실업 시대의 자기 혁명. 서울: 생각의나무.
구본형 (1999). 낯선 곳에서의 아침: 나를 바꾸는 7일간의 자기 개혁 프로그램. 서울: 생각의나무.
堀場雅夫(호리바 마사오) (2000). 仕事ができる人できない人. 三笠書房.; 은미경 역 (2001). 일 잘하는 사람 일 못하는 사람. 오늘의책.
권태윤 (2002). 당신은 몇 점입니까?. 월간 인물과 사상, 2002년 3월호, 212~214. 인물과 사상사.
기쁜우리 엮음 (1993). 결혼 소프트: 약혼, 혼수, 결혼 그리고…. 서울: 책이있는풍경.
김애순·윤진 (1997). 청년기 갈등과 자기이해. 중앙적성출판사.
김용학·서병훈·송호근·염재호 (1993). 박사실업자: 학력사회가 밀어낸 지식인. 사회비평, 10, 154~180.
김정운 (2000). 붕어빵과 아동. 문화와 사람, 2, 223~243. 사계절.

김정운 (2001). 아동의 생산과 소비. 한국심리학회지: 여성, 6 (2), 59~79.

김정운·한성열 (1998). 문화심리학 어떻게 할 것인가. 한국심리학회지: 일반, 17 (1), 97~114.

김찬호 (1991). 결혼, 그 닫힘과 열림. 또하나의 문화, 7, 56~70. 또하나의 문화.

김충기 (1999). 진로발달 접근을 통한 진로 계획에 관한 연구. 진로교육연구, 10, 135~182. 한국진로교육학회.

동아일보 (2001a). 박사실업: 女 박사 20년새 30배 증가, 인문학 편중, 취업난 허덕. 2001년 2월 11일자.

동아일보 (2001b). 박사실업: 남자석사보다 못한 여자박사. 2001년 2월 11일자.

류해진 (2001). 각 국의 직위와 직무에 따른 연봉체계. 2001년 6월 29일자. (아이비즈넷 http://www.i-biznet.com/)

리뷰 (1998). 한국 언론의 등에, 강준만과의 인터뷰. 1998년 가을호, 10~55.

멘탈휘트니스 (2002). 나단의 반지: 그랜트 스터디 스토리. 멘탈휘트니스 연구소. (http://mentalfitness.co.kr/).

목요통신 (2001). 특집 다큐멘터리 성공시대 마지막회. 2001년 10월 25일자. MBC.

문은희 (1982). 윤리의 심리분석가 에릭 H. 에릭슨. 현상과 인식, 6 (3), 275~303.

민경환 (1991). 사회심리학 연구의 활성화 방안: 역사 형성에의 참여. 1991년 한국심리학회 심포지움 발표논문. 한국심리학회.

박노자 (2001). 당신들의 대한민국. 한겨레신문사.

박아청 (1999). Erikson의 인간론에 나타난 연구관점의 특징. 인간발달연구, 6 (2), 18~32.

박영신 · 김의철 · 탁수연 (2002). IMF 시대 이후 한국 학생과 성인의 성공에 대한 의식: 토착심리학적 분석. 한국심리학회지: 사회문제, 8 (1), 103~139.

박윤창 · 윤진 (1988). 성역할 태도와 공격적 영화가 공격성에 미치는 영향. 사회심리학 연구, 4 (1), 213~240. 한국심리학회.

성내경 (1995). 정보 시대 그리고 통계. 이화여자대학교 출판부.

송명자 (1995). 발달심리학. 서울: 학지사.

송병국 · 이채식 (1997). 규범적 진로발달 이론에 대한 비판: 진로 의사결정에서의 우연의 영향. 한국농촌지도학회지, 4 (1), 329~337.

신광식 (2002), '사오정 세대'는 미래가 두렵다. 인물과 사상, 22, 287~306.

신동아 (2000). 밀착인터뷰: '독설가' 강준만 교수 11시간 밀착 인터뷰. 2000년 11월호. 동아일보사.

신동아 (2001a). 경제학과 심리학으로 살펴본 사주의 세계. 2001년 8월호. 동아일보사.

신동아 (2001b). 교수사회의 빛과 그림자. 2001년 9월호. 동아일보사.

염재호 · 서병훈 · 김용학 · 송호근 (1994). 한국의 대학교육, 어디에 서 있는가: 6개 직업집단의 시각 비교분석. 사회비평, 11, 118~146.

오세철 (1982). 조직행동, 인간 · 조직의 이론과 문제. 서울: 박영사.

윤진(1985). 성인 · 노인 심리학. 중앙적성출판사.

윤진 · 김도환 (1995). 군복무 경험이 청년초기 발달에 미치는 영향: 대학생의 심리 · 사회적 발달을 중심으로 한 탐색 연구. 1995년 한국심리학회 연차학술대회 발표논문.

이성진 (2001). 한국 아동의 종단적 연구: 회고와 전망. 한국 아동의 종단적 연구자료 디베이스 구축 기념 워크샵 발표논문. 한국행동과학연구소.

이수정·장근영 (그림) (1997). (그림과 함께 보는) EQ 바로 알기. 서울: 동인.

이인식 (1998a). 2040년대의 사이버 섹스. 월간 말, 1998년 3월호, 220~225쪽.

이인식 (1998b). 성이란 무엇인가. 서울: 민음사.

임진영 (2001). 장기종단 자료의 이용방법 및 분석틀. 한국 아동의 종단적 연구자료 디베이스 구축 기념 워크샵 발표논문. 한국행동과학연구소.

정민자 (1996). 결혼 준비 교육 프로그램의 개발에 관한 연구 1. 대한가정학회지, 34 (4), 373~391.

정태연·박제일·김도환 (2001). T-SRM 프로파일: 국내 모 기업의 ○○○○팀을 대상으로. 미간행 보고서.

정태연·최상진·김효창(2002). 아동과 어른 그리고 청소년에 대한 사회적 표상: 성격적, 관계적 및 과업적 특성을 중심으로. 미발표 논문.

정혜신 (2001). 남자 vs 남자. 개마고원.

조봉진·홍성태 (기획) (1995). 회사가면 죽는다: 경제주의 담론의 비판을 위한 필드스터디. 현실문화연구.

조한혜정 (2002). 6일간의 시간 여행: 글로벌, 아시아, 그리고…. 당대비평, 2002년 여름호. 삼인.

조혜정 (1992). 탈식민지 시대 지식인의 글읽기와 삶읽기 1. 서울: 또하나의문화.

조혜정 (1994). 탈식민지 시대 지식인의 글읽기와 삶읽기 2. 서울: 또하나의문화.

중앙고용정보원 (2002). 산업·직업별 고용구조조사: 2001. 한국산업인력공단.

진미석 (2001). NHRD와 대학의 진로교육. 진로교육연구, 13, 61~80. 한국진로교육학회.

진미석(연구책임자)·임언·민무숙 (2000). 여성 고급인적자원의 활용 실태 및 개선 방안 연구(교육인적자원부 수탁 연구). 한국직업능력개발원.

진미석(연구책임자)·장창원·임언·김영화 (2000). 학문분야별 고급 인력 수급전망에 관한 연구(교육인적자원부 수탁 연구). 한국직업능력개발원.

村田孝次 (1992). 發達心理學史. 培風館.; 백운학 역 (2002). 발달심리학사. 시그마프레스.

최내현 (2002). 우리 사회의 이념 논쟁은 가능한가. 월간 인물과 사상, 2002년 6월호, 72~81. 인물과 사상사.

최영진·이기동 (1994). 만화로 보는 주역. 동아출판사.

탁진국 (1993). 경력개발 지향적 조직으로의 변화. 한국심리학회지: 산업 및 조직, 6, 129~142.

탁진국 (1996a). 조직에서의 경력발달에 관한 최근의 연구 동향. 인문사회과학연구소 논문집, 25, 213~279. 광운대학교.

탁진국 (1996b). 조직구성원의 경력개발 장애요인에 대한 지각. 한국심리학회지: 산업 및 조직, 9 (1), 25~36.

통계청 (1999). 인구동태조사. 통계청 사회통계국 인구분석과. (http://www.stat.go.kr/).

한겨레21 (1996). 연구는 씨가 말랐다: 학문 정진하기엔 철저한 후진국, 차라리 유학을 가라. 1996년 12월 5일자(136호).

한겨레21 (2001). 마이너리티: 여자박사, 그 처절한 수난. 2001년 3월 13일자(350호).

한겨레21 (2002). '사'자들의 프리미엄 깨지는가: 능력 따라 소득 차이 커질 미래 직업 지도, 지식 융합 필요한 분야 높은 보수 받을

듯. 2002년 6월 27일자(414호).

한겨레신문 (2002). 직장인 "10억 이상은 돼야 부자". 2002년 6월 12일자.

한규석 (1995). 사회심리학의 이해. 학지사.

한성열 (2001). 발달심리학 강의 노트 (2001년도 1학기). 미간행원고. (고려대 문화심리연구회 http://psychology.or.kr/).

한태동 교수 고희 기념논문집 간행위원회 (1995). 심제(心齊) 한태동(韓泰東) 교수 고희 기념논문집. 서울: 한태동 교수 고희 기념논문집 간행위원회.

홍숙기 (1994). 일과 사랑의 심리학: 남자와 여자의 생활환경과 행복. 나남출판.

홍윤표 (1998). 천하무적 홍대리. 일하는사람들의작은책 출판사.

황상민 (1999), 세대의 계열과 인생주기를 통한 미래 사회 성격의 예측, 현상과 인식, 23 (4), 100~118.

황상민 (2000). 사이버 공간에 또다른 내가 있다. 서울: 김영사.

황상민, 김도환 (2001). 발달심리학의 발달과 심리학적 정체성. 한국심리학회지: 발달, 14 (1), 1~13.

황상민·한규석 (1999). 사이버 공간의 심리: 인간적 정보화 사회를 향해서. 서울: 박영사.

Amendt, G. (1993). *Das sex buch*. Berlin: Elefanten Press.; 이용숙 역 (1995). 섹스북. 박영률출판사.

Baltes, P. B. (1987). Theoretical propositions of life-span development psychology: On the dynamics between growth and decline. *Developmental Psychology, 23*, 611~626.

Bandura, A. (1982). The psychology of chance encounters and life paths. *American Psychologist, 37*, 747~755.

Bem, S. L. (1975). Sex role adaptability: One consequence of psychological androgyny. *Journal of Personality and Social Psychology, 31 (4)*, 634~643.

Bengtson, V. L. (1979). Research across the generation gap. In P. Ragan (ed.). *Aging Parents (41~68)*. LA: University of Southern California Press.

Blanchflower, D. G. & Oswald, A. J. (2001). *Well being over time in Britain and the USA*. Presented at American Economic Association meetings in New Orleans.

Buss, D. (1994). *The evolution of desire*. Basic Books.; 김용석・민현경 역 (1993). 욕망의 진화. 서울: 백년도서.

Buunk, B. P. & Janssen, P. P. (1992). Relative deprivation, career issues, and mental health among men in midlife. *Journal of Vocational Behavior, 40*, 338~350.

Covey, S. R. (1989). *The 7 habits of highly effective people*. Simon & Schuster.; 김경섭・김원석 역 (1994). 성공하는 사람들의 7가지 습관. 김영사.

Covey, S. R., Merrill, R. & Merrill, R. R. (1994). *First things first*. Simon & Schuster.; 김경섭 역. (1997). 소중한 것을 먼저 하라. 김영사.

Cox, T. H. & Harquail, C. V. (1991). Career paths and career success in the early career stages of male and female MBAs. *Journal of Vocational Behavior, 39*, 54~75.

Csikszentmihalyi, M. (1990). *Flow: The psychology of optimal experience*. New York: Harper Perennial.

DOT21 (2001). 경력관리: 직종을 전환할 때 주의할 점. 2001년 06월

27일자(55호). 한겨레신문사.

Dreher, G. F. & Bretz, R. D. (1991). Cognitive ability and career commitment: Moderating effects of early career success. *Journal of Applied Psychology, 76*, 392~397.

Erikson, E. H. (1963). *Childhood and Society*. New York: W. W. Norton.; 윤진·김인경 역 (1990). 아동기와 사회. 중앙적성출판사.

Erikson, E. H. (1968). *Identity: Youth and crisis*. New York: W. W. Norton.; 조대경 역 (1990). 아이덴티티. 삼성출판사.

Erikson, E. H. (1976). Reflections in Dr. Borg's life cycle. *Daedalus, 105 (2)*, 1~28.; 한성열 역 (2000). 노년기의 왐: 영화 '산딸기'의 주인공에 대한 분석을 통하여 (101~172). 노년기의 의미와 즐거움. 학지사.

Evans, D. & Zarate, O. (Illustrator) (1999). *Introducing Evolutionary Psychology*. UK: Icon Books.; 이충호 역 (2001). 하룻밤의 지식여행 4: 진화심리학. 김영사.

Evans, R. I. (1969). *Dialogue with Erik Erikson*. New York: E. P. Dutton.; 한성열 역 (2000). 에릭슨과의 대화 1: 생애 발달 8단계에 관하여 (15~71). 노년기의 의미와 즐거움. 학지사.

Fromm, E. (1956). *The art of loving*. New York: Harper.; 이완희 역 (2989). 사랑의 기술. 문장사.

Gardner, H. (1983). *Frames of mind: The theory of multiple intelligence*. New York: Basic Books.

Gardner, H. (1993). *Multiple intelligence: The theory in practice*. New York: Basic Books.; 김명희·이경희 역 (1998). 다중지능의 이론과 실제. 양서원.

Gardner, H. (1999). *Intelligence reframed*. New York: Basic

Books.; 문용린 역 (2001). 다중 지능: 인간 지능의 새로운 이해. 김영사.

Gergen, K. (1994). *Realities and relationship: Soundings in social construction*. Harvard University Press.

Gilligan, C. (1982). *In a different voice: Psychological theory and women's development*. Harvard University Press.; 허란주 역 (1997). 다른 목소리로: 심리이론과 여성의 발달. 동녘.

Ginzberg, E., Ginzberg, S. W., Axelrad, S. & Herman, J. L. (1951). *Occupational choice*. NY: Columbia University.

Goleman, D, (1995). *Emotional intelligence*. New York: Bantom Books.; 황태호 역 (1996). 감성 지능 상·하. 비전코리아.

Gonick, L. (Illustrator) & Devault, C. (1999). *The cartoon guide to sex*. HarperCollins Publishers.; 변영우 역 (2000). 세상에서 가장 아름다운 SEX. 궁리.

Gould, S. J. (1996). *Full house*. Crown Publishers.; 이명희 역 (2002). 풀하우스. 사이언스북스.

Griffiths, S. (ed.) (1999). 30 *Great minds on the future*. Oxford University Press.; 이종인 역 (2000). 미래는 어떻게 오는가. 가야넷.

Hall, E. (1983). A Conversation with Erik Erikson. *Psychology Today*, June, 22~30.; 한성열 역 (2000). 에릭슨과의 대화 2: 80대 노인으로 다시 보는 노년기 (73~99). 노년기의 의미와 즐거움. 학지사.

Hellman, H. & Hellman, H. (1999). *Great Feuds in Science: Ten of the Liveliest Disputes Ever*. Wiley, John & Sons.; 이충호 역 (2000). 과학사 속의 대논쟁 10. 가람기획.

Holland, J. L. (1973). *Making vocational choices: A theory of careers*. Englewood Cliffs, NJ: Prentice-Hall.

Kenny, D. A. (1994). *Interpersonal perception: A social relations analysis*. New York: The Gilford Press.

Knox, D. & Wilson, K. (1983). Dating problems of university students. *College Student Journal, 17*, 225~228.

Koch, R. (1997). *The 80/20 principle: The secret of achieving more with less*. London: Nicholas Brealey Publishing.; 공병호 역 (2000). 80/20 법칙. 21세기북스.

Kotter, J. P. (1995). *The new rules*. The Free Press.; 이병선·김정한 역 (1996). 새로운 법칙들. 사민서각.

Lee. J. A. (1977). A typology of styles of loving. *Personality and Social Psychology Bulletin, 3*, 173~182.

Levinson, D. J. (1978). *The seasons of a men's life*. New York: Ballantine Books.; 김애순 역 (1996). 남자가 겪는 인생의 사계절. 이화여자대학교 출판부.

Levinson, D. J. (1990). A theory of life structure development in adulthood. In C. N. Alexander & E. J. Langer (Eds.). *Higher stages of human development perspectives on adult growth*. Oxford University Press.

Levinson, D. J. (1996). *The seasons of a woman's life*. New York: Alfred A. Knopf.; 김애순 역 (1998). 여자가 겪는 인생의 사계절. 세종연구원.

Mannheim, K. (1952). The problem of generation. In *Essays on the sociology of knowledge (276~321)*. New York: Oxford University Press.

Marcia, J. A. (1966). Development and validation of ego identity status. *Journal of Personality and Social Psychology, 3*

(5), 551~558.

Martin, K. & Day, D. V. (1994). Do chameleons get ahead?: The effects of self-monitoring on managerial careers. *Academy of Management Journal, 37*, 1047~1060.

Martinez, A. C., Sedlacek, W. E. & Bachhuber, T. D. (1985). Male and female college graduates: 7 months later. *The Vocational Guidance Quarterly, 34*, 77~84.

Miller, A. (1958). The shadow of the Gods. *Harper's Magazine, August 1958*, 35~43.

Nearing, H. (1992). *Loving and Leaving the Good Life.* Chelsea Green Pub.; 이석태 역 (1997). 아름다운 삶, 사랑, 그리고 마무리. 보리.

Rasiel, E. M. (1999). *The McKinsey Way: Using the techniques of the world's top strategic consultants to help you and your business.* McGraw-Hill.; 이승주·이창현 역 (1999). 맥킨지는 일하는 방식이 다르다. 김영사.

Rice, F. P. (1999). *The Adolescent: Development, Relationship, and Culture(9th).* Allyn & Bacon.; 정영숙·신민섭·설인자 역 (2001). 청소년심리학. 시그마프레스.

Salovey, P. & Mayer, J. D. (1990). Emotional intelligence. Imagination, *Cognition and Personality, 9 (3)*, 185~211.

Salovey, P. & Sluyter, D. J. (1997). *Emotional development and emotional intelligence: Educational implications.* New York: Basic Books.

Sarason, I. G. & Sarason, B. R. (1996). *Abnormal psychology.* Prentice-Hall.; 김은정·김향구·황순택 역 (2001). 이상심리학. 학지사.

Schuman, H. & Scott. J. (1989). Generations and collective memories. *American Sociological Review, 54*, 359~381.
Seligman, D. (1981). Luck and careers. *Fortune, 104 (10)*, 60~72.
Shaffer, D. R. (1996). *Developmental Psychology*. New York: Brooks/Cole Publishing Co.
Sheehy, G. (1976). *Passages; Predictable crises of adult life*. New York; Bantam Book.; 정계춘 역 (1978). 패시지스; 생의 위기. 자유문학사.
Sheehy, G. (1995). *New passages: Mapping your life across time*. New York: Ballantine Books.
Singer, P. (1995). *How are we to live?: Ethics in an age of self-interest*. Reed Consumer Books.; 정연교 역 (1996). 이렇게 살아도 괜찮은가. 세종서적.
Singh, D. (1993). Adaptive significance of female physical attractiveness: Role of waist-to-hip ratio. *Journal of Personality and Social Psychology, 65 (2)*, 293~307.
Stanley, T. J. (2000). *The millionaire mind*. Andrews McMeel Publishing.; 장석훈 역 (2000). 백만장자 마인드 1·2. 서울: 북하우스.
Sternberg, R. J. & Barnes, M. L. (eds.) (1988). *Psychology of Love*. Yale University Press.; 최연실·이경희·고선주·조은숙 편역 (1999). 사랑의 심리학. 서울: 도서출판 하우.
Sternberg, R. J. (1985). *Beyond IQ: A triarchic theory of human intelligence*. New York: Cambridge University Press.
Sternberg, R. J. (1986). A triangular theory of love. *Psychological Review, 93*, 119~135.
Sternberg, R. J. (1996). *Successful Intelligence*. New York: Simon

& Schuster.; 이종인 역 (1997). 성공 지능. 영림카디널.
Sternberg, R. J. (1999). *Cupid's Arrow: The Course of Love Through Time*. Cambridge University Press.; 이상원 · 류소 역 (2000). 사랑은 어떻게 시작하여 사라지는가. 사군자.
Stohs, J. H. (1992). Career patterns and family status of women and men artists. *Career Development Quarterly, 40*, 223~233.
Super, D. E. (1967). *The psychology of careers*. New York: Harper & Row.
Taylor, R. (1984). *Good and Evil*. New York: Prometheus.
Tennant, M. C. & Pogson, P. (1995). *Learning and change in the adult years: A developmental perspective*. Jossey-Bass.; 황원철 역 (1998). 성인학습과 삶의 변화. 마산: 경남대학교 출판부.
Times (1995). *The EQ factor*. October 2 (146). 60~68.
Turkle, S. (1984). *The second self: Computers and the human spirit*. New York: Simon & Schuster.
Turkle, S. (1995). *Life on the screen: Identity in the age of the internet*. New York: Simon & Schuster.
Udry, R. (1974). *The social context of marriage*. New York; Lippincott.
Veilant, G. E. (1977). *Adaptation to life*. Little, Brown and Company.; 한성열 역 (1993). 성공적인 삶의 심리학. 나남출판.

필자 소개

- 김 도 환

  김도환은 연세대 심리학과를 졸업하고 동대학원에서 발달심리학으로 석사학위를 받았다. 공군사관학교 전임강사로 근무한 후, 1999년부터 연세대 심리학과 박사과정에 재학중이며, 연세대, 이화여대 등에서 강의했다. 그는 성인 발달심리학을 전공하고 있고, 특히 한국 사회의 맥락이 개인의 발달에 어떤 영향을 미치는지에 관심이 많다.

- 정 태 연

  정태연은 연세대 심리학과를 졸업하고 동대학원에서 발달심리학으로 석사학위를 받았다. 미국 Connecticut 대학에서 대인지각에 관한 연구로 박사학위를 받았다. 1998년 귀국하여 연세대, 중앙대 등에서 강의했고, 현재 중앙대 심리학과 겸임교수, 연세대 인지과학연구소 연구교수로 재직하고 있다. 그는 주로 발달 및 사회심리학과 관련된 주제들을 공부하고 있으며, 특히 한국인의 발달 및 사회적 행동을 역사·문화적 측면에서 탐구하는데 많은 관심을 가지고 있다.

청년기의 자기탐색
전 생애 발달심리학적 접근

초판 1쇄 인쇄 | 2002년 8월 10일
초판 2쇄 발행 | 2003년 3월 25일

저 자 | 김도환・정태연
발행인 | 이완재
발행처 | 도서출판 동인

주 소 | 서울시 서대문구 북아현 3동 192-2
전 화 | (02) 365-6368, 393-9814
팩 스 | (02) 365-6369
등록번호 | 제10-749호(1992. 11. 11.)
전자메일 | dongin@donginpub.co.kr

ISBN | 89-8482-050-4, 93180

정가 9,500원